DETENGA LA
DIABETES
DESDE AHORA

DETENGA LA DIABETES DESDE AHORA

GUÍA PRÁCTICA Y EFECTIVA

Richard Laliberte

Buenos Aires • Madrid • México

DETENGA LA
DIABETES
DESDE AHORA

**Corporativo Reader's Digest
México, S. de R.L. de C.V.**

Departamento Editorial Libros

Editores
Arturo Ramos Pluma
Beatriz E. Ávalos Chávez

Asistencia editorial
Gabriela Centeno

Título original de la obra: *Stopping
Diabetes in its Tracks* © 2002 The
Reader's Digest Association, Inc.,
Pleasantville, Nueva York, Estados
Unidos de América.

Edición propiedad de Reader's
Digest México, S.A. de C.V.
preparada con la colaboración de:

Alquimia Ediciones, S.A. de C.V.
Traducción
Ma. de la Luz Broissin Fernández
Jorge Alberto Velázquez Arellano

Revisión de la traducción
Berenice Flores
Irene Paiz

Revisión especializada
Dr. José Ángel Villamar Angulo

Diseño y supervisión de arte
Rafael Arenzana

Los créditos de la página 288 forman parte de esta página.

D.R. © 2003 Reader's Digest México, S.A. de C.V.
Av. Lomas de Sotelo 1102
Col. Loma Hermosa, Delegación Miguel Hidalgo
C.P. 11200, México, D.F.

Visite **www.selecciones.com**

Envíenos sus dudas y comentarios a:
editorial.libros@readersdigest.com

Esta primera reimpresión se terminó de imprimir el 28 de agosto
de 2003, en los talleres de Gráficas Monte Albán, S.A. de C.V.,
Fraccionamiento Agroindustrial La Cruz, Municipio del Marqués,
Querétaro, México.

ISBN 968-28-0353-5

Editado en México por Reader's Digest México, S.A. de C.V.

Este libro tiene propósitos informativos y no busca sustituir el
diagnóstico hecho por un profesional de la medicina. Algunos
de los medicamentos mencionados en esta obra todavía no
están disponibles en todos los países. Los editores de Reader's
Digest reprueban la automedicación y recomiendan que quien
presente síntomas o tenga problemas de salud consulte
inmediatamente al médico.

IMPRESO EN MÉXICO
PRINTED IN MEXICO

L a diabetes es como alguien que llegó a casa sin ser invitado: ni lo queremos ni se va. Peor aún, exige atención todos los días. Ahora bien, aunque la diabetes no se puede expulsar, sí se puede minimizar su impacto en la salud y la calidad de vida de quienes la padecen.

A diferencia de la mayoría de las enfermedades, la diabetes se centra en el paciente: es usted y no su médico quien está a cargo, y quien quizá se inyecte todos los días. Su médico y su dietista lo ayudarán a diseñar un plan para mantener a raya su nivel de azúcar en la sangre, pero depende de usted escoger los alimentos adecuados, monitorear sus niveles de glucosa en la sangre y diseñar un plan de ejercicios que realmente vaya a seguir. Y aunque ésas son las malas noticias (porque tendrá que poner mucho de su parte), también son buenas porque significan que el control lo tiene usted. Y *Detenga la diabetes desde ahora* le mostrará cómo tomar el control.

Cada capítulo está repleto de información que lo ayudará a manejar su condición, ya sea que tenga diabetes tipo 1, tipo 2 o intolerancia a la glucosa (también llamada prediabetes). Si está usted en riesgo de desarrollar diabetes pero no está seguro de si ya la tiene, aprenderá cómo descubrirlo: un primer paso crítico que no han dado millones de personas. Si ya tiene la enfermedad, contará con gran cantidad de estrategias prácticas, desde planeación de alimentos hasta pérdida de peso y cómo combatir el "agotamiento de la diabetes". También encontrará una guía exhaustiva de las opciones más recientes de fármacos e insulina, y aprenderá a afinar su régimen alimentario para tener el mejor control de glucosa posible.

El vivir con una condición crónica puede ser a veces muy frustrante. Por eso hemos incluido casos reales, inspiradores, de personas como usted que se enfrentaron con éxito a los retos de la diabetes y, como resultado, llevan ahora una vida mejor y más feliz. Finalmente, como los alimentos conforman gran parte de la solución del azúcar en la sangre, hemos reunido unas 50 sabrosas recetas que facilitarán el control de la diabetes.

El mensaje general es de esperanza. Los médicos han avanzado mucho en su capacidad de predecir, diagnosticar y tratar la diabetes con una gran variedad de opciones terapéuticas. Y ahora sabemos lo poderosos que pueden ser la dieta y el ejercicio para atenuar la condición y sus complicaciones. Y lo mejor de todo: si toma usted en serio los consejos sobre estilo de vida que lo ayudarán a controlar la glucosa, llegará a sentirse mejor que nunca.

INDICE

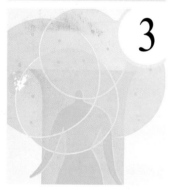

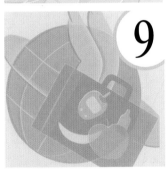

1

Actúe de inmediato

Si padece diabetes y aún no ha tomado las medidas necesarias para atacarla, no hay tiempo que perder. La diabetes es una enfermedad grave, mas está en su poder controlar el alto contenido de glucosa en la sangre y las complicaciones que causa. Si está en riesgo de padecerla o tiene dudas, hágase los análisis necesarios y ¡actúe de inmediato! Comer adecuadamente, bajar de peso y tomar medicamento o insulina, si es necesario, harán que se sienta mejor física y mentalmente ahora y en el futuro.

La diabetes se puede observar desde dos enfoques. Uno de ellos es la situación global que, definitivamente, no es muy buena. La diabetes es la quinta enfermedad más mortal en Estados Unidos y cada vez es más común. El otro enfoque es la situación en pequeña escala: usted. Las noticias en este ámbito son buenas. Ahora la diabetes es una enfermedad que se puede controlar e incluso dominar. Además, las herramientas disponibles para ayuda mejoran continuamente.

Usted no puede ignorar el hecho de que si padece diabetes, no está solo. En todo el mundo, los porcentajes de diabetes han aumentado en proporciones parecidas a las de una epidemia. Durante los últimos diez años, el porcentaje de estadounidenses diabéticos aumentó 40% y el número de personas que luchan contra esta enfermedad es de entre 16 y 17 millones. Por otro lado, aumenta de manera alarmante el porcentaje de niños enfermos, que en el pasado rara vez desarrollaban la forma más usual de diabetes (tipo 2).

La perspectiva consoladora en esta situación de abatimiento y fatalidad es el hecho de que pocas enfermedades graves permiten ser atacadas tanto como la diabetes. Si toma los medicamentos indicados para mantener el padecimiento bajo control, puede vivir una vida plena y activa. Algunas personas que controlan con éxito la diabetes se sienten en general más sanas que en años pasados.

Herramientas para el control

El lado positivo de esta "epidemia" es que las enfermedades crónicas que amenazan a un número creciente de personas atraen el interés de investigadores, compañías y agencias federales de salud que los financian. En la última década hubo avances en la forma en que los médicos entienden, previenen y tratan la diabetes. Note cómo nuevos descubrimientos mejoraron los tres componentes clave del tratamiento de la diabetes:

Control de azúcar en la sangre. Las complicaciones de la diabetes, como enfermedades cardiovasculares, mala visión, enfermedad de los riñones y daño en los nervios, se creían inevitables sin importar los esfuerzos por controlar los cambios erráticos de glucosa en la sangre, el problema principal de la diabetes. Sin embargo, varios estudios importantes en todo el mundo mostraron que si se mantiene un nivel normal de azúcar en la sangre, con medicamentos, insulina, dieta, ejercicio o una combinación de éstos, puede disminuir en gran medida el riesgo de complicaciones. Si le diagnostican la diabetes antes de desarrollar complicaciones, puede evitar por completo problemas de salud relacionados, y a veces sólo con cambios en el estilo de vida. La tecnología para registrar el azúcar en la sangre continúa mejorando, es muy conveniente y es casi indolora.

Estilo de vida. La dieta y el ejercicio son herramientas poderosas para disminuir el azúcar (la glucosa) en la sangre y liberan a muchos diabéticos de medicamentos e insulina. Ahora es más fácil usar estas herramientas de "poder". Las investigaciones recientes acerca de cómo afecta la comida el nivel de azúcar en la sangre mostraron que la dieta no tiene que ser tan restrictiva como solían creer los expertos. Se puede incluir cualquier alimento si se vigila el consumo de calorías. Respecto al ejercicio, éste no tiene que ser tan vigoroso, pues cortos periodos de actividad al día resultan benéficos para la salud.

Drogas. Las generaciones anteriores de medicamentos para la diabetes aumentaron con nuevas drogas que atacan la enfermedad de varias formas. En muchos casos se pueden combinar dichos medicamentos para aprovechar sus diferentes modos de operación. Además, hay varios tipos de insulina (que regula el uso de la glucosa en la sangre del cuerpo) que permiten encontrar un régimen que encaje con los distintos estilos de vida.

¿Padece usted diabetes?

Si no conoce la respuesta a esta pregunta y considera que tiene motivo de duda, quizá sea una razón suficiente para que visite al médico. En sus primeras etapas, cuando es más fácil su control, la diabetes puede ser furtiva, silenciosa y causar daño con lentitud en el cuerpo sin mostrar síntomas claros. No obstante, si usted está alerta a señales sutiles, puede detectar la enfermedad desde el inicio y controlarla.

Es parte de la naturaleza humana no buscar problemas si éstos no lo buscan a uno, lo que explica muy bien que entre una tercera parte y la mitad de los diabéticos no sepan que padecen la

SABÍA USTED

Los investigadores han opinado que es conveniente iniciar una terapia con insulina antes de que se manifieste la diabetes, ya que esto puede ayudar a prevenirla en personas con riesgo de desarrollar diabetes tipo 1, aunque no se sabe con seguridad si esto da resultados satisfactorios. A mediados de 2002, un desilusionante estudio publicado en el *New England Journal of Medicine* mostró que las inyecciones previas a la enfermedad no hacían diferencia. Los investigadores tienen la esperanza de que algún día exista una píldora de insulina, que actúe de diferente manera y pueda prevenir la enfermedad.

enfermedad. De acuerdo con el Colegio Norteamericano de Endocrinología, la mitad de las personas que visitan al médico para un examen ya presentan algunas complicaciones.

¿Cómo puede saber si está en riesgo de padecer diabetes? Hay tres formas fundamentales para enterarse.

Valore sus probabilidades de riesgo. Lo primero que debe averiguar es si algún elemento en sus antecedentes aumenta la factibilidad de desarrollar diabetes. Los factores más importantes que debe evaluar son los siguientes:

▶ **Historial familiar.** Si algún miembro de su familia inmediata (padre, hermano o abuelo) ha padecido diabetes, usted tiene una mayor probabilidad de desarrollarla. El riesgo depende del tipo de diabetes y del parentesco que guarde con el enfermo (el riesgo es mayor entre gemelos idénticos).

▶ **Grupo étnico.** El tipo más común de diabetes (llamado tipo 2) prevalece más entre las personas de origen africano, hispano, nativo o asiático. La otra forma principal (tipo 1) se desarrolla más en la raza caucásica, en especial la procedente de regiones del norte de Europa, como Escandinavia.

▶ **Peso.** El exceso de peso aumenta en forma significativa el riesgo de desarrollar diabetes tipo 2. Es uno de los factores de riesgo más importantes y puede ser controlado.

▶ **Edad.** El tipo 1 generalmente se presenta en niños o adolescentes (rara vez se diagnostica después de los 30 años). El tipo 2 suele desarrollarse después de los 40 años, aunque ahora es muy común en personas de menor edad.

Vigile los síntomas. Aunque las señales de la diabetes suelen ser sutiles al principio, no es imposible detectarlas. Cuanto más progrese la diabetes, más probable será que los síntomas sean claros y molestos. Los síntomas de la diabetes son:

▶ Sed excesiva
▶ Aumento de apetito
▶ Necesidad de orinar con frecuencia
▶ Fatiga
▶ Visión borrosa
▶ Infecciones frecuentes
▶ Hormigueo en manos y pies
▶ Disfunción sexual

Hágase una prueba. El análisis para la diabetes es sencillo: basta con pinchar un dedo para sacar una gota de sangre (algunas pruebas requieren ayuno). Siempre es mejor visitar al médico para una evaluación total si desea definir su diagnóstico. Los análisis de sangre en las campañas de salud o en centros comerciales proporcionan resultados menos precisos que los del médico. Si sus resultados no son positivos, pero sus antecedentes sugieren que está en riesgo, programe una visita al doctor al menos cada año para asegurarse de que nada haya cambiado.

El diagnóstico

No es fácil escuchar que padece una enfermedad crónica. Un día parece que su salud está bien (aunque quizá sospeche que algo está mal) y uno después tiene un problema para el resto de su vida. Pero no se desespere. Es probable que haya padecido diabetes por algún tiempo, pero ahora que lo sabe sólo necesita estar más sano, no más enfermo.

Probablemente sea muy difícil mostrarse optimista al principio. Quizá sienta que su cuerpo lo traicionó o que la enfermedad está fuera de control. Algunas personas asumen que lo peor que han escuchado sobre la diabetes (cierto o no) es inminente y sacan conclusiones de pánico como: "¡Me quedaré ciego!" o "¡No podré volver a comer postre!" Otras son indiferentes y suponen que si hasta ahora lograron vivir con la diabetes, "preocuparse no las llevará a ninguna parte".

Tal vez se encuentre entre el pánico y la negación. Incluso pueda sentirse aliviado al saber finalmente por qué se sentía tan mal. Todas estas emociones son normales. Puede anticipar que pasará por varias etapas emocionales después de recibir el diagnóstico. Es claro que la frase "no puedo creerlo" expresa sentimientos de ira y la comprensión de que hay un camino largo por andar, que a veces conduce a la depresión. Para tratar la consternación que produce un diagnóstico, le recomendamos:

◔ **Observar el progreso de sus emociones.** La próxima vez que replique a un miembro de la familia o que esté confundido y mire por la ventana, vea el momento como si fuera una película mental, una escena emocional en una historia que continúa progresivamente hacia algo mejor. Aceptar sus sentimientos como una parte natural e importante de un proceso en curso es indicativo de que está examinándolos y de que continuará con su vida de la mejor manera.

⮌ **Hablar con alguien.** Si comparte sus emociones con un ser querido, se une a un grupo de apoyo o asiste a una clase sobre la diabetes en donde trate con otros diabéticos, esto lo ayudará a exponer sus sentimientos y a sentirse menos solo.

⮌ **Pensar a corto plazo.** Quizá se sienta abrumado por los cambios que tiene que hacer en su vida, por las habilidades de autocuidado que debe aprender y por la cantidad de información médica que necesita conocer. Finalmente todo ello formará parte de una "segunda naturaleza". Ahora sólo debe enfocarse en objetivos inmediatos ("Hoy iré al dietista") que lo harán avanzar en el camino.

⮌ **Avanzar con firmeza.** La clave es no permitir que el diagnóstico de la diabetes lo paralice. Mientras más pronto actúe, más pronto sentirá que tiene su vida bajo control y empezará a sentirse mejor.

¿Qué puede esperar?

Cuando se diagnostica diabetes, el médico necesita abarcar un gran terreno en poco tiempo. Él deseará saber todo sobre usted: patrones alimentarios, historial del peso, presión arterial, medicamentos que toma, si fuma o bebe, cuán satisfactorio le resulta el sexo, cuántos hijos tiene, el historial familiar de enfermedades cardiacas y cualquier tratamiento que haya recibido para otros padecimientos, incluidos los trastornos endocrinos ỳ alimentarios. Si es mujer, le preguntará sobre el desarrollo de sus hijos. El médico sólo relacionará esta información con su padecimiento y el programa de manejo que seguirá.

El médico le hará también un examen físico que incluye una evaluación cardiaca que puede contener un electrocardiograma (que registra la actividad eléctrica del corazón) y un estudio cuidadoso de boca, pies, ojos, abdomen, piel y glándula tiroides. Le practicarán también varios exámenes que incluyen análisis de lípidos en sangre para el colesterol, entre otras cosas, y al menos dos estudios diferentes de azúcar en la sangre, que indiquen la cantidad actual de glucosa y el promedio de azúcar en los últimos dos o tres meses.

Tal vez le parezca demasiado para empezar, pero esta valoración inicial es la fase más importante de su cuidado general. Otras partes de esta fase pueden incluir preguntas para determinar cuánto sabe respecto a su enfermedad y cuán motivado está para hacer algo al respecto. Después pasará a la etapa siguiente en la que usted será el único responsable de su propio cuidado, y el médico sólo será un recurso para valoraciones posteriores y tratamiento de cualquier complicación.

¿Necesitará usted insulina?

Por lo general, la insulina es sinónimo de la palabra aguja y tratar con este elemento de cuidado es el mayor temor al que se enfrentan muchas personas diabéticas. Pero tendrá que aplicarse inyecciones dependiendo del tipo de diabetes que padezca. Todas las personas con diabetes tipo 1 necesitan insulina (y con frecuencia las inyecciones resultan menos intimidantes de lo que imaginaron), y algunos casos de diabetes tipo 2.

Si padece diabetes tipo 2, su requerimiento de insulina dependerá de varios factores:

▶ **Cuánta insulina produce su cuerpo.** El organismo de la persona que padece diabetes tipo 1 es incapaz de producir insulina; la habilidad del organismo de las personas con diabetes tipo 2 para producir insulina está parcialmente afectada y el daño es diferente en cada caso.

▶ **Cuán bien utiliza el organismo la insulina que posee.** Si a las células se les dificulta usar la insulina naturalmente disponible, es posible que haga falta una dosis suplementaria.

ESTADÍSTICAS

■ Diabéticos en México . . . .**7.5 millones**

■ Porcentaje aproximado de la población que esto representa **7.5%**

■ Número estimado de prediabéticos que desarrollan diabetes tipo 2 cada año . . . **180,000**

■ Número estimado de personas que padecen diabetes y no lo saben . . . . . **6.1 millones**

■ Porcentaje de diabéticos que sufren retinopatía **50%**

■ Lugar que ocupa la diabetes como causa de insuficiencia renal **1**

■ Lugar que ocupa el número de muertes causadas por diabetes tipo 1 en hombres y mujeres mexicanos:

    de 30 a 44 años **3**

    de 45 a 59 años **1**

    de 60 a 74 años **1**

    de 75 años o más **2**

■ Porcentaje en el que un buen control de la glucosa en la sangre de diabéticos tipo 1 disminuye el riesgo de daño en la vista **76%**

■ Porcentaje en el que un buen control de la glucosa en la sangre de diabéticos tipo 1 disminuye el riesgo de insuficiencia renal **50%**

■ Porcentaje en el que un buen control de la glucosa en la sangre de diabéticos tipo 1 disminuye el riesgo de afección nerviosa **60%**

■ Porcentaje en el que un buen control de la glucosa en la sangre de diabéticos tipo 2 reduce el riesgo de insuficiencia cardiaca **35%**

▶ **Los niveles de glucosa.** El médico decidirá si la insulina es necesaria dependiendo de lo arriba de lo normal que tiendan a estar los niveles de glucosa.

▶ **Cuán efectivas han sido otras formas de tratamiento.** La insulina es el último recurso en los casos de diabetes tipo 2, sobre todo cuando las medidas en el estilo de vida y los medicamentos orales no controlan la glucosa.

¿Cómo está usted?

Su médico revisa varios aspectos para decidir cómo tratar la diabetes y en particular uno: la lectura de glucosa en la sangre. Si el azúcar en la sangre es muy alta en su valoración inicial, quizá inicie de inmediato la terapia con medicamentos e insulina, hasta que la cifra descienda. Si usted padece diabetes tipo 2, una vez que la glucosa esté estabilizada y empiece a hacer cambios en su estilo de vida, tal vez pueda olvidarse de la insulina y otros medicamentos.

Una de las cifras en las que el médico se concentra es en el nivel de glucosa en la sangre cuando se está en ayunas. Aunque es necesario considerar otras pruebas y cada caso debe ser tratado en forma individual, puede anticipar las opciones de acuerdo con los niveles de glucosa en ayunas (los números se expresan en miligramos por decilitro). Como guía general:

▶ Si la glucosa en la sangre en ayunas está entre 110 y 125 mg/dl, se padece prediabetes (conocida también como intolerancia a la glucosa), una enfermedad en la que los niveles de glucosa en la sangre aumentan de manera significativa el riesgo de desarrollar diabetes. El consejo es iniciar una dieta más sana y hacer más ejercicio; no es probable que le receten medicamentos o insulina.

▶ Si el nivel de glucosa en la sangre en ayunas es de 126 mg/dl a 140 o 150 mg/dl se padece diabetes desarrollada,

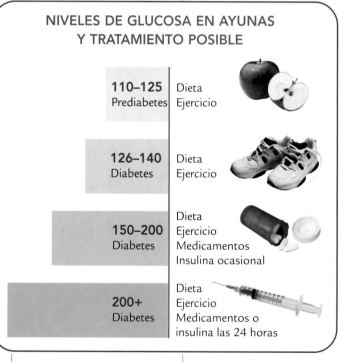

NIVELES DE GLUCOSA EN AYUNAS
Y TRATAMIENTO POSIBLE

110–125 Prediabetes	Dieta Ejercicio
126–140 Diabetes	Dieta Ejercicio
150–200 Diabetes	Dieta Ejercicio Medicamentos Insulina ocasional
200+ Diabetes	Dieta Ejercicio Medicamentos o insulina las 24 horas

pero quizá se pueda controlar la glucosa con una dieta y ejercicio, según la condición y el resultado de otras pruebas.

▶ Si la glucosa excede los 150 mg/dl y fluctúa hasta 200 mg/dl, se pueden requerir medicamentos además de dieta y ejercicio. Quizá se necesiten dosis ocasionales de insulina para mejor control durante el día (después de las comidas, por ejemplo), que es cuando la glucosa suele elevarse.

▶ Cuando la glucosa en ayunas sobrepasa los 200 mg/dl, se necesitan medicamentos o aplicación de insulina las 24 horas, o tal vez ambos, junto con cambios en el estilo de vida.

¿Cuál es el plan de acción?

No hay salida: una vez que tiene diabetes, la padecerá toda la vida y ninguna operación, terapia o medicamento podrá curarla (por ahora). La buena noticia es que controlarla casi puede ser como una cura, pues al disminuir la glucosa en la sangre se detiene la diabetes y se reduce el riesgo de desarrollar los problemas de salud que la acompañan.

Controlar la diabetes es una tarea importante y nadie está más calificado para hacerlo que usted. El control de la diabetes no tiene que ser una tarea de tiempo completo, pero tiene que estar bajo vigilancia durante todo el día, ya sea que usted coma, trabaje o se prepare para ir a la cama. Un equipo de personas lo ayudará, pero los médicos, las enfermeras y los especialistas no son sus principales cuidadores: lo es usted mismo. Su éxito dependerá de seguir un plan de tratamiento que lo ponga a cargo de dicha tarea. Éstas son las medidas clave que debe tomar para tener bajo control la diabetes.

Inicie de inmediato el control del daño

Piense en lo que sucede cuando se derrama miel: se adhiere a los dedos, se pega en todo lo que toca y ensucia la mesa. Ahora imagine un derrame de miel en el interior del torrente sanguíneo; eso es el nivel alto de glucosa en la sangre. Pero, ¿qué sucede? Células, proteínas y grasas se tornan pegajosas, hacen lenta la circulación, impiden la reparación de tejidos y facilitan la adherencia de material en las paredes de las arterias, formando coágulos. El exceso de glucosa daña todo el cuerpo.

Ante tal desastre, usted no deja la miel sobre la mesa. De igual manera, debe limpiar la glucosa en la sangre, lo más rápido y mejor posible, porque lo pegajoso sólo empeoraría las cosas. Al hacerlo, se sentirá mejor de inmediato. Aunque no tenga síntomas de diabetes, llevar a cabo algunas recomendaciones lo ayudará a disminuir el riesgo de los siguientes problemas:

▶ Daño a los delicados vasos sanguíneos que se encuentran en la parte posterior del ojo (la retina), que puede ocasionar problemas de visión.

▶ Capilares dañados en los riñones, que filtran los desechos del cuerpo a través del torrente sanguíneo.

▶ Función nerviosa dañada debido a la menor nutrición por los vasos sanguíneos dañados.

▶ Daño a las paredes de las arterias, lo que facilita la formación de coágulos de sangre y placa que pueden ocasionar ataques cardiacos, apoplejía y presión arterial alta.

Estas complicaciones causan toda clase de daños, incluidas la mala cicatrización, las infecciones, la insensibilidad que puede ocasionar lesiones (especialmente en los pies), la pérdida de la visión, la hinchazón de tobillos, la fatiga, las disfunciones sexuales, etc. Por suerte, las siguientes medidas lo ayudarán a controlar el exceso de glucosa y evitar así estos problemas.

NO ESPERE MÁS

Quizá considere que debe vigilar muchos detalles después del diagnóstico, pero las medidas que debe tomar se reducen a un puñado de objetivos específicos:

➲ Aprenda a analizar la glucosa en la sangre con lancetas, tiras de prueba y un dispositivo llamado glucómetro.

➲ Use los resultados para determinar su promedio de niveles de glucosa en la sangre y cómo tienden a variar durante el día.

➲ Pregunte a su médico o a un especialista en diabetes cómo estabilizar la glucosa en la sangre con la ayuda de dietas y ejercicio.

➲ Entérese; lea todo lo posible acerca de la diabetes (un paso que ya inició).

➲ Programe un examen de la vista un mes después del diagnóstico. El nivel alto de glucosa en la sangre puede causar visión borrosa temporal; un examen de la vista para detectar un daño permanente será más útil unas semanas después, cuando tenga bajo control el nivel de glucosa.

Conozca los problemas y las soluciones

Esta regla opera en negocios, deportes y política, y es de igual importancia cuando se emplea para luchar por la calidad o por el estilo de vida. Usted tiene el poder de controlar la diabetes, pero para usarlo necesita saber cómo. Sin duda, ello significa manejar mucha información sobre su tipo particular de diabetes, medicamentos, variedades de insulina, análisis de glucosa, planeación de comidas y ejercicio. Los detalles no son infranqueables y puede contar con la ayuda de mucha gente, incluidos los especialistas, cuyo único propósito es impartir conocimiento y aclarar su confusión.

Vigile la glucosa en la sangre

La diabetes es una enfermedad silenciosa porque es imposible sentir la glucosa en la sangre, a menos que esté sumamente alta o baja, dos situaciones que se deben evitar. ¿Cómo saber lo que sucede con la sangre en el interior del cuerpo? Sólo hay una forma de enterarse: extraiga una gota de sangre de su cuerpo y haga un análisis. Para esto no necesita visitar al médico (aunque algunas pruebas deben hacerse en laboratorio). Lancetas poco dolorosas, tiras de prueba y glucómetros de uso fácil le permiten conocer el nivel de glucosa en cualquier lugar y momento. Algunas personas hacen lecturas de glucosa en la sangre cuatro o más veces al día, según sus necesidades.

Las lecturas de glucosa en la sangre que usted, no su médico, tomará cada día son un punto de apoyo que le brindará un dominio sobre su enfermedad, pues le proporcionan la información necesaria para su cuidado y le permiten saber cómo varía la glucosa en la sangre durante el día y cuánto cambia en respuesta a la comida, el ejercicio, el estrés o cualquier otra cosa que pueda afectarla. Las lecturas ayudarán a guiar todo, desde los medicamentos que toma y cuándo administrar insulina (si los necesita), hasta lo que desayuna.

Baje de peso

Nada indica con más claridad que está en riesgo de padecer diabetes tipo 2, que el exceso de peso (es causa de 9 de 10 casos de diabetes). El exceso de peso (en especial en el vientre) aumenta la probabilidad de desarrollar resistencia a la insulina, padecimiento en el que las células no usan tanta glucosa (una forma de azúcar de la comida) como debieran. El resultado: acumulación de glucosa en la sangre. Las "llantitas" aumentan también la demanda de insulina del cuerpo, que el páncreas (productor de insulina) quizá no pueda satisfacer, lo que resulta en presión arterial alta. Otros peligros del peso excesivo son el nivel alto de colesterol y las enfermedades cardiacas. Un estudio reciente de la Universidad de Boston indicó que las personas obesas con diabetes tipo 2 tienen una posibilidad del 99 al 100 por ciento de desarrollar algún padecimiento cardiaco a los 85 años.

Bajar de peso es quizá lo más importante que se puede hacer para controlar la diabetes tipo 2. No hay necesidad de una locura; una disminución de peso lenta y firme evita los kilos de más mejor que las dietas intensivas, que no es probable que mantenga. Esté tranquilo: no tiene que adelgazar hasta la talla de una supermodelo para lograr la diferencia. Con que pierda 5 kilos puede tener una ventaja significativa sobre la diabetes.

Elabore su dieta

Si hablamos de comida le sorprenderá saber que lo importante no es la cantidad de azúcar u otros carbohidratos que come, sino cuántas calorías obtiene de todos los tipos de alimentos. Un dietista le enseñará a comer raciones suficientes de comida apetitosa (incluso su favorita, dentro de límites) y a mantener bajas las calorías, para bajar de peso. Si es diabético tipo 1 necesitará balancear el consumo de carbohidratos con las inyecciones de insulina para evitar que la glucosa en la sangre aumente o baje demasiado. Cualquiera que sea su tipo de diabetes, debe poner en acción cinco estrategias alimentarias:

1 Elabore un plan alimentario que controle la glucosa en la sangre con el conteo de carbohidratos e intercambios de comida (vea el Capítulo 4 para detalles de estos métodos).

2 Intente incluir más, y no menos, carbohidratos en su dieta; ellos proporcionan la mayor cantidad de energía con el menor número de calorías.

3 Llénese de fibra. Hace lenta la digestión y esto controla el aumento de glucosa en la sangre después de una comida, mantiene el apetito bajo control al hacer que se sienta satisfecho y se lleva las grasas dañinas de la sangre.

4 Disminuya la grasa saturada de la comida, como hamburguesas y donas; consuma grasas monoinsaturadas más saludables, como cacahuates y aceite de oliva.

5 Coma una variedad de frutas frescas y verduras, como chabacanos, espinacas y tomates, para obtener suficientes nutrientes, como vitamina C y magnesio, de los cuales a veces los diabéticos tienen pocas cantidades.

Haga ejercicio

El ejercicio consume glucosa y esto hace que baje de inmediato su nivel en la sangre. Si lo hace con regularidad, las células harán mejor uso de la glucosa, incluso cuando no esté activo. Así dependerá menos de la insulina o el medicamento. Además, el ejercicio ayuda a perder peso, a disminuir el colesterol y la presión arterial, y a hacer más poderosos el corazón y los pulmones, para disminuir el riesgo de complicaciones de la diabetes.

¿Odia el ejercicio? No se preocupe. Su plan de ejercicio sólo incluye que se asegure de acelerar un poco más su corazón y respiración varias veces a la semana, de preferencia 20 minutos o más en cada ocasión. Los ejercicios aeróbicos clásicos, como caminar, correr y andar en bicicleta, son ideales, pero las tareas comunes, como lavar el auto, podar el césped y limpiar la casa también son útiles.

Controle los riesgos relacionados

Una dieta saludable, hacer más ejercicio y bajar de peso es lo más importante que puede hacer para evitar las complicaciones de la diabetes, pero no son las únicas medidas que puede tomar.

➲ **Pregunte sobre la aspirina.** Los estudios muestran que al tomar una dosis baja de aspirina diariamente disminuye 60% el riesgo de un ataque cardiaco. Consulte con su médico si la terapia de la aspirina es apropiada para usted.

➲ **Deje de fumar.** Además de dañar sus pulmones y aumentar el riesgo de padecer cáncer, fumar estrecha las arterias, lo

CUANDO LA DIABETES ATACA A SU PEQUEÑO

El tratamiento de la diabetes en un niño puede ser más desafiante que en un adulto. De acuerdo con la edad y el temperamento, los niños varían en su habilidad o deseo para comprender lo que les sucede, cuidarse y seguir instrucciones. Pero usted puede guiar a su hijo en el camino hacia un autocuidado responsable de la diabetes tipo 1 (que es la más común en niños) o tipo 2 si tiene en mente estos principios:

INFANTES Y PREESCOLARES

Reconozca cómo la hipoglucemia y la hiperglucemia afectan el comportamiento de su hijo, pues él no sabe expresar lo que siente. Espere algunas batallas con las inyecciones de insulina y los análisis de glucosa durante la época en que el niño aprende a ir al baño, que es cuando él empieza a imponerse, pero manténgase firme. No se preocupe demasiado si la glucosa en la sangre varía entre 150 y 200 mg/dl (más alto de lo recomendado para adultos), pues los niños necesitan más azúcar en la sangre para un desarrollo normal. Olvide tratar de controlarlo. Acepte los patrones alimentarios irregulares y compénselos con la aplicación de insulina de acción más corta cuando su hijo coma algún bocadillo.

NIÑOS DE PRIMARIA

A medida que su hijo se desarrolle física y mentalmente, estará más capacitado para comprender la necesidad de su tratamiento y cooperará más con sus demandas. Edúquelo para que sepa que el hecho de atender su padecimiento protegerá su salud futura, sin asustarlo con los detalles específicos de las complicaciones. Un mejor control de la glucosa en la sangre es más importante ahora, en especial por la noche, cuando aumenta el riesgo de hipoglucemia. Asegúrese de que coma algo antes de ir a la cama y que no se salte comidas. Anímelo a participar en actividades escolares y sociales para que tenga amistades, promueva la autoestima y haga que se sienta menos diferente que los demás niños. Quizá a los ocho años su hijo empiece a aceptar parte de la responsabilidad de las inyecciones y los análisis de sangre; tal vez ayuden los maestros o los compañeros de clase, quienes además tienen la oportunidad de aprender.

PREADOLESCENTES Y ADOLESCENTES

Parte del control empieza a quedar en manos de su hijo. Según los estudios, el control estricto de la glucosa en la sangre desde los 13 años puede prevenir complicaciones en la edad adulta, por lo que debe animar a su hijo para que se haga cargo, pero no espere que el pensamiento de las futuras consecuencias lo motive demasiado. No suelte las riendas: la preocupación sobre lo que otros chicos piensen hará que no se apegue totalmente a su cuidado. Espere una discusión, pero tenga la seguridad de que usar su propio cuidado como excusa ("Mis padres me obligan a hacerlo") lo ayudará a hacer lo correcto. Déle más responsabilidad si ve que es capaz de manejarla. Cuando llegue a la universidad o trabaje, toda la responsabilidad quedará en sus manos.

que aumenta el riesgo de un ataque cardiaco y apoplejía, y disminuye la circulación en las piernas, lo que dificulta la cicatrización de heridas, en especial en los pies. También aumenta la presión y el riesgo de daño en los riñones y los nervios.

⮑ **Baje la presión.** La presión arterial alta contribuye a las enfermedades cardiovasculares y al daño en los riñones. El consumo de suficientes frutas y verduras baja la presión. Y puede bajarla más si ingiere menos sodio (que abunda en los alimentos enlatados) y más potasio de alimentos como papas, yogur, aguacates y plátanos. Disminuya también la cafeína, pues una taza de café aumenta la presión arterial durante unas dos horas.

Siga un programa

En poco tiempo, el manejo de la diabetes se convertirá en un hábito. Una vez que aprenda a usar los medicamentos y se acostumbre a los cambios en la dieta y al ejercicio, la vida cotidiana volverá a la rutina. No olvide visitar al médico con regularidad para asegurarse de que todo marche de acuerdo con el plan. Hágase un estudio físico completo cada año, que incluya un examen de la vista, una prueba de colesterol y un análisis de orina para detectar indicios de daño en los riñones. Entre una y otra consulta, cada tres a seis meses, hágase un análisis llamado hemoglobina A1c, que indica el promedio a largo plazo de glucosa en la sangre.

Dónde obtener apoyo

Usted está a cargo del plan de su programa día con día (y hora tras hora), porque es usted quien siempre está ahí para atarse los zapatos, servirse cereal de salvado, tomarse el medicamento o pincharse el dedo. Sin embargo, piense que no está solo en esto. En realidad, una de las tareas más importantes como gerente y jefe de su cuidado es formar un equipo de profesionales para que lo ayuden.

La primera ayuda es su médico familiar, quien probablemente le diagnosticó la diabetes. Su doctor familiar es un médico general y no un especialista en diabetes, pero el hecho de que

padezca usted una enfermedad específica no significa que tenga que alejarse de él. Los médicos generales tratan más del 90% de los casos de diabetes en el país. Esto se debe a que las compañías de seguros concentran la mayor parte de la atención a través de los médicos generales, que están capacitados para atender una gran variedad de padecimientos, en especial para tratar una enfermedad tan multifacética como la diabetes. Ellos canalizan con especialistas cuando se necesita. Considere a su médico general como su mano derecha, pero cuente con el talento de varios expertos, como:

Especialista en diabetes

Él es un médico especializado en el tratamiento de la diabetes y casi siempre tiene una especialidad en endocrinología, el estudio de las hormonas y el metabolismo. Sabrá más que su médico general respecto a cómo ajustar su tratamiento con la glucosa en la sangre, la comida y el ejercicio; estará actualizado respecto a los medicamentos y la investigación más recientes. Pregunte a su médico general si necesita a este especialista. Si su principal padecimiento es la diabetes y se le dificulta controlar la glucosa en la sangre, es probable que este especialista sea su doctor principal. Si además de la diabetes tiene otros problemas de salud, como obesidad, presión arterial alta o padecimientos no relacionados con la diabetes, continúe visitando a su médico general y consulte al especialista en diabetes cuando surjan preguntas o problemas que el médico general no pueda atender.

Educador en diabetes

Los 15 minutos que está con su médico no son suficientes para que aprenda todos los detalles para tratar la diabetes. Es entonces cuando actúa el educador en diabetes, que generalmente es una enfermera con interés especial en la atención de la diabetes. El educador puede enseñarle a preparar y a administrar la insulina, y a hacerse los análisis de sangre y de orina; también le indicará cómo balancear la dieta y el ejercicio con las lecturas de glucosa en la sangre y le dará una explicación de los efectos de la diabetes en el organismo. Esta persona sabe todo acerca de la enfermedad e incluso puede impartir clases, en las que usted obtendría más información y donde conocería a otros pacientes. El asesor deberá tener las credenciales adecuadas que indiquen que tiene una capacitación especial en la atención de la diabetes y que presentó un examen ante las autoridades médicas correspondientes.

Dietista

El dietista es la persona indicada para ayudarlo a controlar las calorías, a contar los carbohidratos, a localizar grasas ocultas, a separar azúcares y a evaluar intercambios. La planeación de la comida (que incluye todo lo ya mencionado y más) debe acaparar su atención si su objetivo principal es perder peso o armonizar el consumo de glucosa. Por lo general se trata de un dietista titulado, que puede ser también asesor de diabetes titulado, y que lo ayudará a encontrar salud y placer en lo que come al ajustar la comida con el uso de medicamento o insulina, los hábitos de ejercicio y su programa diario. Si algo en su tratamiento cambia o le aburre su plan alimentario, el dietista lo ayudará a hacer un ajuste. La mayor parte del contacto con este especialista será al inicio del tratamiento, cuando establezca su plan de comidas, pero es ideal que lo visite una o dos veces al año.

Oftalmólogo

Debido a que la diabetes es una causa principal de trastornos en la vista, e incluso produce ceguera, necesita prevenir constantemente los problemas de la vista. La única persona calificada para diagnosticar y tratar el daño en la visión causado por la diabetes

DÓNDE OBTENER MÁS INFORMACIÓN

Asociación Mexicana de Diabetes en la Ciudad de México

Topógrafos 7, Planta Baja
Col. Escandón, México, D.F.
Tels. (55) 5516-8700, (55) 5516-8729
www.geocities.com/diabetesac

Federación Mexicana de Diabetes, A.C.

Topógrafos 7, piso 4
Col. Escandón, México, D.F.
Tels. (55) 5277-9549, (55) 5277-9794
www.fmdiabetes.com

Sociedad Mexicana de Nutrición y Endocrinología

Ohio 27
Col. El Rosedal, México, D.F.
Tels. (55) 5213-3767, (55) 5213-1352
sociedad@smne.org.mx

Asociación Mexicana de Diabetes en Querétaro, A.C.

Fray Pedro de Gante 41
Col. Cimatario, 1a. Sección
76030, Querétaro, Qro.
Tel. (442) 213-6976, fax (442) 212-1495

Asociación Mexicana de Diabetes en Jalisco, A.C.

Mexicaltzingo 2176
Col. Las Américas
44150, Guadalajara, Jal.
Tel. y fax (33) 3563-6182
www.diabetes.what.cc

EN BUSCA DE MÉDICOS

Hay muchos médicos, pero, ¿cómo localizar el indicado para usted? Sin importar la especialidad que busque, puede resumir su lista de candidatos si usted:

■ **Pregunta.** Empiece a obtener recomendaciones de amistades, de otros pacientes diabéticos y de los médicos y enfermeras que ya trata. Pregunte lo que sepan sobre cualquier médico que sugieran: ¿Escucha? ¿Trabaja bien con otras personas? ¿Sus pacientes evolucionan bien?

■ **Programa una visita.** Cuando escuche acerca de un médico prominente, haga una cita para conocerlo. Mantenga su asunto médico al mínimo durante la primera visita y enfóquese en hacer preguntas. Investigue si trabaja con su seguro médico, qué pruebas tendría que llevar a cabo y con qué frecuencia debe visitarlo para la consulta. Pregunte si el médico está relacionado con otros profesionales en la atención de la diabetes.

■ **Revisa los diplomas.** Tanto su médico general como el endocrinólogo deben tener estudios en endocrinología o medicina interna y ser miembros de organizaciones relacionadas con la diabetes, como la Asociación Méxicana de Diabetes, o la de Endocrinología.

■ **Pregunta acerca de la experiencia.** Incluso los endocrinólogos no tratan sólo la diabetes, por lo que debe investigar si su médico atiende diabéticos, en particular de su tipo de diabetes y de la misma edad que usted.

■ **Indaga su filosofía.** ¿El médico se apega a terapias bien establecidas o prueba nuevos enfoques? Ninguna de las opciones necesariamente es la mejor, pero el doctor tendrá una opinión sobre los méritos de un enfoque u otro. ¿Está usted de acuerdo con esa forma de pensar?

es un oculista u oftalmólogo, especialista en los ojos. No dependa de los exámenes de un optometrista, que está calificado para revisar la vista y recetar anteojos o lentes de contacto, pero no es experto en enfermedades de los ojos y no puede operar para corregirlas. Planee visitar al oftalmólogo al menos una vez al año, pero no espere al examen anual si nota cambios en la visión o siente dolor o presión en los ojos (signos posibles de daño que requiere atención inmediata). Al buscar un oftalmólogo, localice a uno que sea experto en enfermedades de la retina, sobre todo si la complicación en los ojos está desarrollada.

Podólogo

El nivel alto de glucosa en la sangre lo hace propenso a tener problemas en los pies, porque se dificulta la circulación: no es fácil que la sangre llegue desde el corazón hasta los pies y viceversa. Las pequeñas escoriaciones y las callosidades, comunes en la diabetes, pueden empeorar con gran rapidez si no las atiende con la ayuda de un podólogo (médico especializado en el cuidado de los pies). Su médico general debe revisarle los pies cada vez que acuda a su consulta (y usted también debe hacerlo todos los días). El podólogo es la persona indicada para tratar escoriaciones, callos, callosidades, juanetes, infecciones o cualquier otro problema que pudiera surgir. También puede indicarle cómo mantener sanos los pies. Pida a su médico general o al endocrinólogo que le recomiende un podólogo que tenga pacientes diabéticos.

Dentista

Todo niño de ocho años propenso a las caries sabe (o lo sabrá en algún momento) que dicha bacteria medra con el azúcar. Por desgracia, usted padece diabetes y el alto nivel de glucosa en la sangre lo vuelve propenso a los efectos destructivos de la gingivitis (infección de las encías) sin importar que se cepille los dientes todos los días. Y ésta no es una razón para cambiar de dentista si tiene diabetes; lo único que necesita es asegurarse de visitarlo para revisión y limpieza cada seis meses (como toda la gente debe hacerlo) y preguntarle cómo puede mejorar sus técnicas de cepillado y el uso del hilo dental.

Farmacéutico

Quizá conozca al farmacéutico sólo como una persona que está detrás de un mostrador y pone medicamentos en frascos. Sin embargo, la capacitación especial que reciben los farmacéuticos sobre cómo afectan las drogas el cuerpo (en buena y mala forma) y cómo los medicamentos interactúan entre sí, puede convertirlos en una fuente invaluable de información. Trate de encontrar un farmacéutico que trabaje bien con usted; quizá visite a esta persona con más frecuencia que a cualquier otra de su equipo. El hecho de acudir siempre a la misma farmacia mantiene un registro actual de todos sus medicamentos. Siempre que empiece con un medicamento nuevo, incluidos los remedios que se venden sin receta médica, el farmacéutico puede indicarle cómo reaccionará su cuerpo. Asimismo, puede solici-

tarle que le proporcione un listado de todos los medicamentos que toma (junto con su dosis y los efectos secundarios) para que se las muestre a los otros miembros de su equipo médico cuando los visite.

El especialista en ejercicio

Su médico general puede aprobar un plan de ejercicio, pero no puede asesorarlo. Si no tiene buena condición física y no ha hecho ejercicio desde hace mucho tiempo, tal vez quiera diseñar su programa de ejercicio físico con la ayuda de un fisiólogo capacitado en el ejercicio. Esta persona puede diseñar un programa seguro para usted, ayudarlo a establecer objetivos realistas y darle asesoramiento sobre la forma y las técnicas adecuadas. Usted busca a alguien con capacitación certificada (de preferencia con una maestría) en la ciencia del ejercicio y que tenga un interés especial en ayudar a los diabéticos. Podría tratarse de una educadora en diabetes titulada o, idealmente, una persona titulada en medicina deportiva. Pida a su médico que le recomiende a un fisiólogo con el que él haya trabajado con anterioridad.

Su asesor

Es muy probable que usted necesite ayuda para manejar los aspectos emocionales de la diabetes; sin embargo, sabe muy bien que no es estrictamente un asunto de salud mental. Es más probable que las personas enfadadas, deprimidas o ansiosas descuiden su enfermedad, por lo que el apoyo emocional puede ayudarlo a estabilizar la glucosa en la sangre, al igual que su mente y su estado de ánimo. Para lograrlo, tiene la posibilidad de elegir entre tres tipos básicos de expertos en salud mental. Un psiquiatra es un médico que recibió capacitación avanzada en trastornos psicológicos y puede prescribir medicamentos, como ansiolíticos o antidepresivos. Un psicólogo no tiene título médico y no puede recetar medicamentos, pero puede ayudarlo a reconocer y a superar las formas destructivas o autodestructivas de pensar. Un trabajador social en general tiene menos capacitación en salud mental (típicamente una maestría); no obstante, puede ayudarlo a manejar los problemas emocionales y los desafíos de tratar con compañías de seguros, hospitales y agencias gubernamentales.

Listo para continuar

Sabe con exactitud la clase de oponente que enfrenta, conoce las herramientas a su disposición, formuló un plan de batalla y un equipo que lo ayude a ponerlo en acción. ¿Qué necesita para ganar la batalla? Lo mismo que necesita para triunfar en casi cualquier otra lucha: paciencia, fortaleza, determinación, habilidades de buena comunicación, la habilidad para cooperar con su equipo y la seguridad de tener éxito; pero no menos importante, un sentido del humor que no puede ser dañino.

Una actitud de seguridad puede ser la cualidad más importante de todas. Es fácil sentir (en especial después del diagnóstico) que la diabetes ya ganó la batalla: le robó la salud y lo hizo sentirse como una persona "enferma" o "dañada". Entonces, ¿qué objeto tiene luchar, cuando sabe que su condición esencial no cambiará? Esos pensamientos sombríos son las seducciones del pesimismo y el derrotismo. Si cede ante ellas (y la mayoría de las personas cede, al menos un poco y parte del tiempo), la diabetes en verdad habrá ganado. Reconozca estos sentimientos cuando los experimente, pero no ahonde en ellos, sólo continúe avanzando.

La verdad es que la diabetes es muy parecida al jugador clásico que primero lo derriba y luego le da la espalda, porque no espera que se levante y le devuelva el ataque. Defenderse cuando la diabetes baja la guardia significa que se negó a convertirse en víctima de la enfermedad. Descubrirá que puede propinarle unos buenos golpes a la diabetes con una dieta adecuada, ejercicio y medicamentos, aunque usted nunca deseará darle la espalda.

Si desea luchar, encontrará muchas debilidades en la diabetes que podrá explotar. No lo olvide: tiene un equipo de amigos respaldándolo, que sabe cómo tratar los peores trucos de la diabetes. Sin embargo, es su batalla. Enróllese sus mangas, cierre el puño y prepárese para derribar a la diabetes.

2

Qué es la diabetes

No puede verla y, por lo general, no la siente; entonces, ¿qué es con exactitud la diabetes? Es una enfermedad compleja que afecta todo el cuerpo, y a ratos parece difícil tratarla. Sin embargo, si usted aprende lo básico estará preparado para luchar contra su padecimiento. La educación es la base del cuidado. Mientras más sepa acerca de la diabetes, mejor podrá utilizar todas las herramientas a su alcance para mantener bajo control el nivel de glucosa en la sangre y evitar complicaciones que le impidan disfrutar la vida.

Exactamente, ¿qué es la diabetes? A diferencia de como ocurre con "presión arterial alta", el término no describe una situación clara. A los médicos se les dificulta describirla. ¿Es un trastorno endocrino, una enfermedad relacionada con la sangre o un problema metabólico? Es todo y parte de esto.

Si no comprende lo que es la diabetes, no está solo. Y vale la pena indagarlo, porque siempre que enfrenta una misión importante (como el tratamiento de la diabetes) se debe reunir la información para actuar en forma efectiva.

Aparte de ser compleja, la diabetes suele ser causa de conceptos erróneos. Por ejemplo, muchas personas piensan que se origina por comer demasiada azúcar, pero éste no es el caso. También se cree que padecer diabetes significa tener que inyectarse constantemente insulina, pero, aunque mucha gente se beneficia con tratamientos que incluyen inyecciones, millones de personas pueden controlar su enfermedad al efectuar cambios relativamente simples en su estilo de vida.

La palabra *diabético* define a las personas que padecen la enfermedad. Y esto puede carecer de importancia, pero vale la pena aclararlo: usted no debe sentirse mal si lo llaman diabético; a fin de cuentas es un estado y su vida no es la diabetes, incluso si su cuidado exige su atención. La diabetes puede controlarse día a día, lo cual le permite disfrutar los aspectos verdaderamente importantes de su vida que en realidad definen quién es usted.

Derrame oculto de combustible

Imagine que su cuerpo es un intrincado sistema de carreteras, calles y autopistas y que los millones de autos que lo recorren son sus células. Cada carro necesita abastecerse de combustible y, por fortuna, la gasolina abunda. Si todo funciona con normalidad, autos y gasolina se reúnen, los tanques de combustible se abren, se abastecen de gasolina y los autos siguen su camino, rebosantes de la energía que necesitan.

Ahora suponga que algo no funciona bien. La gasolina fluye de la bomba, pero no hay nadie cerca que abra los tanques de combustible de los autos. La gasolina se derrama, inunda los caminos, corre por las cunetas y contamina todo el sistema. Así es la naturaleza de la diabetes.

En la enfermedad de la vida real, la fuente de energía (la "gasolina") es la glucosa y el empleado de la gasolinera que abre el tanque equivale a la hormona llamada insulina.

Por qué es importante la glucosa

La glucosa, llamada también azúcar en la sangre, es la fuente principal de energía que abastece el cerebro, los músculos y los tejidos (todas las funciones del cuerpo). Es uno de los grandes dinamos de la naturaleza y proporciona una fuente de energía casi universal a los seres vivos. Los científicos descubrieron cómo está hecha la molécula y lo que hace, pero no han podido crearla en un laboratorio. Sólo las plantas pueden crear glucosa mediante la mezcla mágica de luz del sol, agua y otros elementos, y pasarla a otras criaturas a través de la cadena alimentaria.

Cuando come, su cuerpo descompone la comida en componentes más pequeños y simples que recorren el intestino delgado y pasan al torrente sanguíneo. Una vez en la sangre, estos nutrientes son llevados a las células de todo el cuerpo.

Algunos alimentos se descomponen en varios tipos de nutrimentos. Las proteínas se descomponen en aminoácidos, que suelen usarse para formar o reparar tejido. Las grasas se descomponen en ácidos grasos, que en su mayoría se almacenan como reservas de energía. Los carbohidratos (que incluyen casi todo, desde pan hasta fruta y verdura) se descomponen en glucosa, que se usa casi de inmediato como energía. Para sentirse bien se necesita suficiente glucosa que dé siempre energía a las células.

Con la diabetes, la glucosa en la sangre no llega a las células y entonces carecen de energía, lo que explica por qué la fatiga es característica de la diabetes. Puesto que la glucosa no puede entrar en las células, se concentra en la sangre. El alto nivel de azúcar en la sangre daña el cuerpo. A corto plazo, el exceso de glucosa absorbe el agua de la corriente sanguínea y crea un estado paradójico en el que se necesita orinar con más frecuencia, mientras se siente mucha sed. Demasiada glucosa puede afectar también la lucha contra la infección de los glóbulos blancos del

sistema inmunitario, haciéndolo más vulnerable a las enfermedades. A la larga, el nivel alto de glucosa en la sangre puede causar complicaciones graves, como daño en nervios, riñones, ojos,
vasos sanguíneos, hígado y corazón.

Un cambio violento de la glucosa en la sangre

La glucosa en la sangre fluctúa normalmente durante el día y se
eleva después de ingerir alimentos. En las personas que no
padecen diabetes, estas fluctuaciones permanecen dentro de un
perfil (medido en unidades de miligramos de glucosa por decilitro de sangre) que oscila entre los 70 y los 140 mg/dl. Cuando
se tiene diabetes, los patrones son más erráticos.

▶ Los niveles de glucosa en la sangre se elevan mucho (y no
poco) después de las comidas.

▶ Los niveles descienden con más lentitud cuando el cuerpo
metaboliza la comida ingerida.

▶ En promedio, los niveles de glucosa son más altos de lo
que se considera normal y sano.

▶ Mientras menos control tenga de la diabetes, más probable
será que la glucosa en la sangre presente cambios descontro-
lados entre altas y bajas o que siempre permanezca alta.

El problema de la glucosa en la sangre

En la diabetes no controlada, los niveles de glucosa en la sangre suben después de las comidas y permanecen altos durante el día. En las
personas sanas, permanecen normales, con pequeñas fluctuaciones.

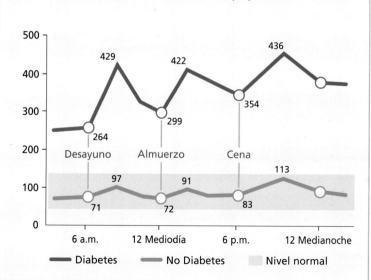

La labor de la insulina

La glucosa puede infligir el daño causado por la diabetes, mas no es la culpable. La verdadera culpable es la hormona insulina, producida por el páncreas. La tarea de la insulina es "abrir" las células para que entre la glucosa. Cuando la glucosa sale de la corriente sanguínea y entra en las células, los niveles de glucosa en la sangre bajan y esto hace que los niveles de insulina también bajen, para que la glucosa en la sangre no disminuya demasiado (un padecimiento llamado hipoglucemia).

Cuando se padece diabetes, la delicada danza de la glucosa y la insulina pierde el ritmo, porque al páncreas se le dificulta producir insulina o porque las células del cuerpo no permiten que haga su tarea la insulina. Esta última condición se llama *resistencia a la insulina,* una alteración en la habilidad del cuerpo para utilizar adecuadamente la insulina. La resistencia a la insulina es la causa fundamental de la mayoría de los casos de diabetes.

Los científicos intentan comprender qué funciona mal y causa la resistencia a la insulina. (En un libro de medicina reciente, en un diagrama de cómo funciona la insulina a nivel celular, muchos pasos del proceso están ilustrados con signos de interrogación.) La complejidad de la función normal de la insulina ocasiona que no haya un buen funcionamiento. Es posible que la resistencia a la insulina ocurra cuando hay problemas en la cadena normal de reacciones químicas que deben ocurrir para permitir que la glucosa se transporte a través de las membranas celulares. Quizá un sistema intrincado de proteínas en las células, llamado cambio metabólico, pierda su habilidad para notar la presencia de insulina y reaccionar de manera adecuada.

Aunque la biología aún es un misterio, es importante recordar que están bien comprendidos los factores que se sabe que aumentan el riesgo de padecer diabetes.

ANTAGONISTAS DE LA INSULINA

La insulina no es la única hormona que afecta los niveles de glucosa en la sangre. Los antagonistas de la insulina u hormonas contrarregulatorias surten un efecto opuesto al de la insulina. Éstos incluyen:

■ **Glucagon.** Lo produce el páncreas junto con la insulina; evita que la insulina disminuya la glucosa en la sangre y hace que el hígado libere glucosa almacenada.

■ **Epinefrina.** Esta sustancia es la llamada adrenalina u hormona del estrés y es liberada por el cuerpo cuando éste percibe un peligro. Aumenta la glucosa en la sangre para que los músculos tengan más energía.

■ **Cortisol.** Es otra hormona del estrés que también puede elevar el azúcar en la sangre.

■ **Hormona del crecimiento.** La produce la glándula pituitaria en el cerebro y hace las células menos sensibles a la insulina.

Identificación: una clave para comprender

Se asumió que la diabetes es una enfermedad. Los investigadores comprendieron que toma varias formas que, aunque similares, difieren en varios puntos importantes. Las dos formas principales son el tipo 1 y el tipo 2 (hay otros tipos menos comunes). Ambas ocurren cuando la glucosa no puede entrar en las células y comparten muchos síntomas que incluyen:

Agotamiento. Si las células no obtienen glucosa y están privadas de energía, se puede padecer fatiga física y mental. El cerebro es un glotón de glucosa y usa mucha más glucosa para su peso que otros tipos de tejido. La fatiga mental puede hacer que se sienta confuso e irritable, mientras que la fatiga física causa debilidad muscular.

Visitas frecuentes al baño. Cuando el cuerpo está inundado de glucosa en la sangre, los riñones, que recirculan nutrientes y filtran desechos, son de los primeros en saberlo. Al tener demasiada glucosa, tratan de excretar el exceso y aumentan la producción de orina, sobre todo cuando los niveles de glucosa en la sangre alcanzan o exceden los 180 mg/dl.

Sed insaciable. Al excretar orina se pierde fluido que el cuerpo necesita reemplazar, y se desencadena una sed enorme.

Ataques de hambre. La ironía de la diabetes es que, aunque a su cuerpo le sobra energía nutricional, las células están hambrientas. Privadas de sustento, piden al sistema del apetito del cuerpo que envíe una llamada para más alimento, lo que sólo crea más glucosa que no puede utilizarse en forma adecuada.

Visión borrosa. La diabetes puede dañar la vista en dos formas diferentes. En una, la falta de fluido corporal debida a la pérdida de orina seca los ojos, comprime el cristalino y distorsiona la visión. En la otra, el exceso de glucosa en la sangre hace que el cristalino se inflame, lo que crea distorsión. Ambos efectos son temporales, aunque la diabetes puede causar otras complicaciones que causen daño visual grave e incluso ceguera.

Infecciones. El nivel alto de glucosa hace que las células del sistema inmunitario sean menos efectivas al atacar los virus y las bacterias que causan infección. Algunos de estos invasores se alimentan de glucosa, lo que facilita que se multipliquen y se conviertan en una amenaza aún mayor. Esto puede causar enfermedades frecuentes en las vías respiratorias superiores (resfriados y gripe), infecciones en las vías urinarias, enfermedades en las encías e infecciones micóticas vaginales.

Sensibilidad en manos y pies. El nivel alto de glucosa puede dañar los nervios, un padecimiento que se manifiesta en las extremidades sensibles al tacto, con una sensación de hormigueo o ardor. El exceso de glucosa también puede afectar los nervios del aparato digestivo y causar náusea, diarrea o estreñimiento.

EL PÁNCREAS

El páncreas es un órgano importante que se asemeja a un renacuajo grande. Se localiza detrás y abajo del estómago. En su "cola", las células beta (agrupadas en los islotes de Langerhans) producen insulina y la liberan cuando es necesario. Otras unidades, las células acinares, secretan enzimas que ayudan a descomponer las proteínas, los carbohidratos y las grasas. El páncreas actúa como un glucómetro, registra los niveles en la sangre y libera insulina en chorros para reflejar los niveles de glucosa. Ayuda a regular el proceso en el que el hígado almacena glucosa como glucógeno, y lo libera en la corriente sanguínea para aumentar los niveles si éstos bajan demasiado. Algunos medicamentos para la diabetes mejoran la función del páncreas.

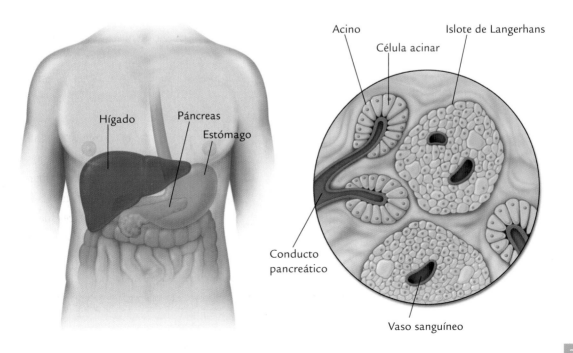

Hígado

Páncreas

Estómago

Acino

Célula acinar

Islote de Langerhans

Conducto pancreático

Vaso sanguíneo

Tipo 1: falta de insulina

¿En qué difieren los dos tipos de diabetes? El tipo 1 es más raro y representa del 5 al 10% de todos los casos de diabetes diagnosticados. En la diabetes tipo 1, el sistema inmunitario destruye células especiales en el páncreas que producen insulina. Estas células, las células beta, son los únicos sitios del organismo donde se produce insulina. Sin ellas, el cuerpo carece de la insulina necesaria para combatir la glucosa y controlar su nivel alto en la sangre.

Las agujas son necesarias. Como el cuerpo no produce insulina, los pacientes tipo 1 necesitan un abastecimiento externo de la hormona, autoadministrado en inyecciones diarias. Por eso, el tipo 1 suele llamarse diabetes mellitus insulinodependiente o DMID, término que se usa con menos frecuencia, porque las personas con diabetes tipo 2 suelen necesitar también insulina. Las inyecciones son inevitables en la vida cotidiana de los pacientes con diabetes tipo 1 y son una de las principales características de esta forma de la enfermedad.

UN VISTAZO A LA DIABETES

	TIPO 1	TIPO 2	GESTACIONAL
Características	Inicio repentino; mucha sed y hambre; orina frecuente; fatiga; náusea y vómito; pérdida de peso	Inicio lento, difícil de detectar; mucha sed; orina frecuente; fatiga; cicatrización lenta; picazón en manos o pies; infecciones frecuentes; pérdida de peso	Sed excesiva, orina frecuente, fatiga y otros síntomas similares a los del tipo 2
Edad al inicio	Veinte años o menos	Cuarenta años o mayor, aunque ha aumentado el porcentaje entre la gente joven	Años de fertilidad
Condición física	Por lo general delgado o peso normal	Exceso de peso, la mayoría de las veces	Embarazo
Causa	El sistema inmunitario destruye las células del páncreas que producen insulina	Falta de ejercicio, dieta inadecuada y obesidad; cuestiones genéticas	Las hormonas producidas por la placenta impiden la función de la insulina
Apoyo del tratamiento	Inyecciones de insulina	Cambios en estilo de vida, insulina y medicamentos	Cambios en el estilo de vida, quizá inyecciones de insulina

Aparece pronto. La diabetes tipo 1 suele presentarse durante la infancia y la mitad de todos los casos se desarrolla antes de los 20 años. La mayoría de los otros casos se inicia en personas de hasta 30 años. Es poco común que un caso de diabetes tipo 1 se desarrolle en una persona mayor de 40. Como se considera una enfermedad de jóvenes (aunque continúa durante toda la vida), al tipo 1 suele llamársele diabetes juvenil. Este término ha perdido valor, porque los adultos pueden padecer diabetes tipo 1 y los porcentajes de diabetes tipo 2 en niños aumentan.

Ataca rápido. El inicio de la diabetes tipo 1 es rápido comparado con el tipo 2, que puede tardar años en desarrollarse. Si usted (o su hijo) tiene el tipo 1, los síntomas clásicos, como fatiga, sed excesiva y exceso de orina, quizá empeoren durante un periodo de unas semanas o meses.

Hay un periodo de "luna de miel". En los primeros meses, después de diagnosticado el tipo 1 y del inicio del tratamiento, el 20% de los pacientes mejora porque el páncreas empieza a aumentar temporalmente la producción de insulina. Este periodo de remisión dura hasta un año, durante el cual los niveles de glucosa en la sangre son más estables y las inyecciones de insulina quizá no sean necesarias. Todas las lunas de miel terminan y los investigadores ven este periodo como una gran oportunidad. Es posible que un día las terapias, aún no perfeccionadas, preserven a tiempo la función de las células beta.

La glucosa en la sangre es inconstante. En la diabetes tipo 1, el páncreas pierde la habilidad para registrar y controlar la glucosa en la sangre. Como resultado, los niveles de glucosa tienden a subir y bajar más que en las personas con diabetes tipo 2, pues su función pancreática está menos dañada. En la del tipo 1, el trabajo del páncreas queda en sus manos, pues usted manejará el nivel de glucosa en la sangre con el horario y las dosis de las inyecciones de insulina. Y ello hará que el control de la sangre se convierta en algo vital (vea el Capítulo 3).

¿Qué causa la diabetes tipo 1?

La diabetes tipo 1 aparece de pronto y, hasta donde se sabe, no se previene con facilidad, algo que no sucede con el tipo 2. Entonces, ¿por qué se presenta el tipo 1?

Los investigadores aún no lo saben, pero hay indicios en la naturaleza de la enfermedad. Se piensa que la diabetes tipo 1 es-

tá relacionada con un ataque mal guiado del sistema inmunitario al tejido del cuerpo, específicamente a las células beta del páncreas. Este tipo de ataque se conoce como una respuesta autoinmune. Otras enfermedades autoinmunes son: lupus, esclerosis múltiple, artritis reumatoide y enfermedad de Graves.

Los científicos estudian los diferentes elementos involucrados en ayudar al cuerpo a distinguir sus propias células de las células extrañas. Finalmente podrán desarrollar nuevas terapias para prevenir y tratar la diabetes tipo 1. Mientras tanto, la pregunta sigue siendo: saber por qué ocurre un ataque autoinmune. Parece que hay varios factores en relación con el tipo 1:

Genética. Un historial familiar de diabetes tipo 1 puede ser el único factor de riesgo más importante para determinar quién padecerá la enfermedad. Aun así, el vínculo genético es débil. Es poco común encontrar a dos personas en una familia que tengan diabetes tipo 1. Si ya padece la enfermedad, sus hijos o hermanos sólo tienen una probabilidad del 5% de desarrollarla. (Por motivos desconocidos, los hombres con diabetes tipo 1 tienen una probabilidad ligeramente mayor de transmitirla a sus hijos, que las mujeres con el tipo 1.) Entre gemelos idénticos, hay sólo una probabilidad del 20 al 50% de que el segundo gemelo desarrolle la enfermedad si el primero la padece.

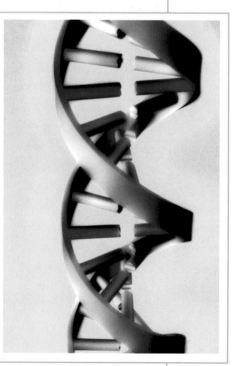

La genética hace a ciertos grupos étnicos más susceptibles que otros a la diabetes tipo 1. Los caucásicos tienen mayor riesgo, pues los estudios mostraron que los blancos que viven en Hawai padecen más la diabetes tipo 1 que los hawaianos no blancos, que comparten el mismo ambiente de la isla.

Aunque la genética no predice por completo la enfermedad, los científicos intentan comprender mejor los genes involucrados en la diabetes tipo 1 y quizá algún día desarrollen terapias genéticas para las personas con mayor riesgo.

Virus. Es posible que la diabetes tipo 1 sea causada por una infección. Y los investigadores creen esto, porque el inicio de la enfermedad parece seguir un patrón estacional, con menos casos nuevos en verano y más en invierno, cuando son más comunes las enfermedades virales. Varios virus han estado implicados como sospechosos, en particular los virus coxsackie, las paperas y la rubeola. Algunos estudios indican que un alto porcentaje de personas recién diagnosticadas con el tipo 1 tienen anticuerpos de virus coxsackie en la sangre, señal de que el cuerpo luchó contra esta infección viral. Se demostró que un pariente del virus coxsackie produce síntomas similares a los de la diabetes tipo 1 en animales.

Algunos investigadores cuestionan el mérito de la idea del virus, pero varias teorías explican cómo podría actuar. Una hipótesis es que el sistema inmunitario no detecta la diferencia entre algunos virus y las células beta que producen insulina en el páncreas. Al repeler el virus, el sistema inmunitario continúa la batalla y ataca el páncreas. Otras teorías sugieren que los virus pueden cambiar las células beta en formas que las hacen parecer extrañas al sistema inmunitario. O destruyen proteínas en el páncreas, productor de insulina.

Leche de vaca. La acción de este agente no está probada, pero hay una investigación que sugiere un vínculo entre alimentar a los niños con leche de vaca antes de los tres o cuatro meses de edad y el riesgo de desarrollar diabetes tipo 1. Las personas con el tipo 1 tienen niveles más altos de anticuerpos que se unen a una proteína de la leche y a una proteína que suele encontrarse en las células beta, pero la relación aún no es clara. Otros estudios descartaron vínculos entre la leche de vaca y la diabetes tipo 1. La preocupación da motivo para no destetar a un bebé o retirarle la fórmula antes de los 12 meses de edad, como lo recomienda la Academia Norteamericana de Pediatría.

Radicales libres. Estas moléculas inestables se forman debido a las funciones corporales naturales (como la respiración) que incluyen el uso de oxígeno. Los radicales libres tienen un solo electrón no apareado, en lugar de los dos comunes, lo que los hace inestables. Al circular por el cuerpo, tratan de adherirse a otras moléculas y dañan células sanas durante el proceso. Las enzimas del cuerpo neutralizan los radicales libres y mantienen dicho daño en un punto mínimo. Las toxinas, como la contaminación del aire y el humo del tabaco, pueden aumentar el deterioro hasta niveles que el organismo no puede manejar en forma adecuada. Los estudios sugieren que las células del páncreas que producen insulina son vulnerables al daño de los radicales libres, por estar menos protegidas por las enzimas que otras partes del cuerpo.

ACERCA DE LOS ESTUDIOS

Al usar una técnica de imágenes llamada cristalografía de rayos X, los científicos de Harvard obtuvieron las primeras imágenes tridimensionales detalladas de células inmunes llamadas células T, que atacan una sustancia extraña. Las imágenes revelaron un mecanismo desconocido de acoplamiento entre las células, que ayudará a los investigadores a comprender mejor las reglas de acción en las batallas del sistema inmunitario. Este conocimiento puede conducir a terapias que ayuden al cuerpo a protegerse contra tipos específicos de ataque. Un grupo de investigadores de la Universidad de Illinois descubrió una forma para mejorar las propiedades de los receptores de las células T. Esto puede ser una oportunidad para manipular el sistema inmunitario en nuevas formas y combatir varias enfermedades autoinmunes.

Tipo 2: alteración del sistema

Comparada con el tipo 1, la diabetes tipo 2 es más común y engloba entre el 90 y el 95% de todos los casos de diabetes. Es también más compleja. El nivel alto de glucosa en la sangre es aún el problema básico. En el tipo 2, el páncreas no deja de producir totalmente insulina. En cambio, el uso de insulina del organismo se ve afectado en diferentes formas.

▶ Las células beta del páncreas pueden producir suficiente insulina, pero tardan en liberarla en respuesta al aumento de glucosa después de una comida. Resultado: cuando el páncreas libera las grandes cantidades de insulina que espera el cuerpo, los niveles de glucosa ya aumentaron en la sangre.

▶ El número de células beta es menor que el normal y al páncreas se le dificulta abastecer la demanda de insulina.

▶ Hay suficiente glucosa e insulina, pero las células no permiten que la insulina actúe (padecimiento llamado resistencia a la insulina). El problema puede tener varias causas: una falta de proteínas llamadas receptores de insulina en las células (considere que la insulina es una llave y el receptor una cerradura), un desajuste de insulina y receptores (las llaves no encajan en las cerraduras) o fallas en la química que permite que pase la insulina a las células. Cualquiera que sea el problema, el resultado es el mismo: la glucosa no puede llegar a donde necesita ir y permanece en el torrente sanguíneo.

▶ El peso corporal excesivo aumenta la necesidad de insulina y el páncreas no puede abastecer tal demanda.

La diabetes tipo 2 suele ser el resultado de una mezcla de estos factores interrelacionados. Por ejemplo: la obesidad demanda más insulina y promueve la resistencia a la insulina.

Los síntomas principales del tipo 2 reflejan los del tipo 1, pero el tipo 2 difiere en otras formas:

Toma tiempo. A diferencia del tipo 1, el tipo 2 se desarrolla lentamente y los síntomas no aparecen de inmediato. Cuando al fin nota que algo está mal, quizá haya padecido diabetes durante muchos años. Eso hace que la diabetes tipo 2 parezca un poco vaga; si aparece tan gradualmente, ¿cuándo se inicia en realidad? Y una vez que se la diagnosticaron, ¿en realidad la padece? Los médicos admiten que es algo difícil decir con exactitud cuándo se inició determinado caso de diabetes, en especial después del hecho. El criterio exacto basado en los niveles de glucosa en la sangre definen con claridad cuándo tiene diabetes y cuándo no. Una vez que la padece, puede controlarla en buen grado, pero nunca desaparece. No existe "un ataque de" diabetes.

Los adultos la padecen más. A la diabetes tipo 2 se le llama diabetes de la edad adulta, porque suele atacar después de los 40 años y es más probable que se desarrolle al envejecer. Un motivo: la resistencia a la insulina aumenta con la edad. Más del 10% de las personas mayores de 60 años padecen diabetes tipo 2. Cabe mencionar que el término diabetes de la "edad adulta" no es adecuado, debido al aumento de los casos en niños.

La glucosa en la sangre es más estable. El páncreas aún produce y libera insulina cuando se necesita (aunque sea poca), y los niveles de glucosa no varían tanto como en el tipo 1, aunque en promedio los niveles de glucosa en la sangre no estabilizados son demasiado altos en el tipo 2.

¿Qué causa la diabetes tipo 2?

Las causas de la diabetes tipo 2 están muy relacionadas con el estilo de vida, en particular con la obesidad, aunque el peso no es el único factor. No es probable que el tipo 2 se desarrolle debido a una sola causa. Parece que varios factores se unen y se agrandan mutuamente, con resultados negativos. Entre otros elementos que pueden intervenir están:

Genética. Los gemelos presentan un potente vínculo genético, mucho más fuerte que en el tipo 1. En el caso del tipo 2, si un gemelo idéntico padece diabetes, hay una probabilidad del 75% de que el otro también la padezca. Si uno de los padres tiene el tipo 2, hay una probabilidad del 20 al 30% de que los hijos la desarrollen. (Si ambos padres tienen el tipo 2, el riesgo de los hijos es de 75%.) El tipo 2 preocupa a los grupos étnicos que parecen tener predisposición y dichos grupos no son los mismos que son más susceptibles al tipo 1. Los blancos tienden a padecer el tipo 1, mientras que las personas de raza negra, lati-

nas, nativas americanas, de las islas del Pacífico y de origen asiático padecen diabetes tipo 2.

Inactividad. La actividad física ayuda al cuerpo a mejorar el uso de insulina, por varios motivos. Los músculos usan la glucosa con más eficiencia que otros tipos de tejido y el ejercicio

desarrolla los músculos. Por desgracia, lo contrario también es verdad: la falta de actividad hace más propensas a las células a la resistencia a la insulina; además de que alienta el aumento de peso.

Una mala dieta. La cantidad que come importa lo mismo que el tipo de alimentos. Es más factible que la comida muy grasosa lo haga aumentar de peso, que cantidades comparables de otros alimentos magros.

Edad. La diabetes tipo 2 es más común con la edad, porque las células de los cuerpos de las personas con más años tienden a ser más resistentes a la insulina. También la gente tiende a ser más sedentaria con la edad. El metabolismo es más lento y las personas comen lo mismo o más. Y todos estos elementos aumentan el riesgo de padecer diabetes.

Obesidad: la gran diferencia

La diabetes tipo 1 no se "exterioriza" y no se puede distinguir entre una persona que la padece y otra que está sana. Esto no suele suceder con las personas que padecen el tipo 2, con peso excesivo u obesas en el 80 o 90% de los casos. El sobrepeso es el factor más importante que contribuye a la diabetes tipo 2. No es casualidad que la mayor incidencia de diabetes en años recientes se equipare a los porcentajes de obesidad, duplicados en los últimos 20 años. Si aumenta unos kilos no significa que padecerá diabetes, pero de acuerdo con los Centros para el Control y Prevención de Enfermedades, más del 13% de los estadounidenses con sobrepeso tienen diabetes y sólo el 3% de las personas con un peso saludable la padecen.

El peligro de la barriga. No toda la carne flácida es igual. Las investigaciones demostraron que la grasa alrededor de la región abdominal (los científicos lo llaman tejido adiposo visceral y la gente, "llantita") contribuye más a la diabetes que la grasa en caderas, muslos u otras partes del cuerpo. Para que tenga una idea del riesgo, mírese en un espejo. Si su silueta se asemeja más a una manzana (más gruesa alrededor del centro) que a una pera (más gruesa abajo de la cintura), su riesgo de enfermedad es mayor. Aún no se sabe con claridad, pero el exceso de grasa en el vientre parece estar vinculado con niveles altos de ácidos grasos, que contribuyen a la resistencia a la insulina, a través de procesos que involucran al hígado, el cual almacena glucosa.

Otros peligros de "diabesidad". La diabetes no es la única enfermedad crónica vinculada con la grasa abdominal. Una "llanta" también es un gran factor de riesgo de enfermedad cardiaca y padecimientos que la acompañan, como presión arterial alta y nivel elevado de grasas en la sangre, como colesterol y triglicéridos. La obesidad, la resistencia a la insulina y los factores de riesgo de enfermedad cardiaca se presentan juntos con tanta frecuencia que los investigadores los consideran expresiones diferentes de un mismo padecimiento, llamado síndrome X o síndrome metabólico.

No es claro cómo los componentes del síndrome metabólico se afectan entre sí, pero en 2001, en Estados Unidos, el Programa Nacional de Educación del Colesterol, parte de los institutos nacionales de salud, definió cómo diagnosticarlo (vea el recuadro). Así, los investigadores de los Centros para el Control y Prevención de Enfermedades anunciaron en 2002 que una cuarta parte de la población padece el síndrome metabólico. ¿Qué significa esto para usted? Si tiene diabetes y una afección cardiaca, pero vigila su glucosa en la sangre, se protege de ambas.

¿Sus genes hacen que se vea obeso? Como la diabetes, la obesidad parece presentarse en familias. Los científicos creen que los genes influyen en cuánto controlan el apetito las hormonas, las enzimas y otras sustancias químicas, al indicar al cerebro que se deje de comer o al establecer lo pesado que considera el

¿TIENE EL SÍNDROME METABÓLICO?

De acuerdo con los institutos nacionales de salud, usted padece el síndrome metabólico y tiene mayor riesgo de padecer diabetes y enfermedad cardiaca si tres de las siguientes medidas concuerdan con usted:

■ Glucosa en plasma en ayunas: 110 mg/dl o más

■ Medida de cintura (hombres): más de 102 cm

■ Medida de cintura (mujeres): más de 89 cm

■ Colesterol LAD (hombres): menos de 40 mg/dl

■ Colesterol LAD (mujeres): menos de 50 mg/dl

■ Triglicéridos: 150 mg/dl o más

■ Presión arterial: 130/85 o más

EL PESO SÍ IMPORTA

De acuerdo con la Asociación Norteamericana de Diabetes, usted está en riesgo de padecer diabetes tipo 2 si está en los porcentajes de peso anotados a continuación, incluso si no ha llegado al punto de la obesidad clínica, como la definen los institutos nacionales de salud.

Estatura (cm)	Peso de riesgo (kg)	Peso obeso (kg)
147.5	58.5	64.9
150.0	60.3	67.1
152.5	62.6	69.4
155.0	64.9	71.7
157.5	66.7	74.4
160.0	68.9	76.7
162.5	71.2	78.9
165.0	73.5	81.6
167.5	75.7	84.4
170.0	78.0	86.6
172.5	80.3	89.4
175.0	82.6	92.1
177.5	85.3	94.8
180.5	87.5	97.5
183.0	90.3	100.2
185.5	92.5	103.0
188.0	95.3	105.7
190.5	98.0	108.9
193.0	100.2	111.6

cuerpo que debe estar. ¿Esto significa que es víctima del destino genético y no puede hacer nada respecto a su peso? No. Los genes contribuyen al peso, pero no son los únicos causantes. Algunos grupos étnicos, con porcentajes de obesidad y diabetes altos, no son gente tradicionalmente obesa. Gracias a la vida sedentaria y al hecho de seguir una dieta alta en calorías y grasa "adoptan" la obesidad y la diabetes.

Usted tiene la llave. Si el peso contribuye tanto al riesgo de padecer diabetes, debe ponerse optimista, porque está casi totalmente bajo su control. Puede controlar el peso y la diabetes tipo 2 con una dieta y ejercicio. Quizá parezca desafiante, pero cambiar el curso de su enfermedad con sólo variar su estilo de vida no es una oportunidad que tengan los pacientes del tipo 1.

Diabetes gestacional: un acto de desaparición

La diabetes gestacional parece inocua al principio. La padecen entre el 2 y el 5% de las mujeres embarazadas durante la segunda mitad de la gestación (generalmente en el tercer trimestre), cuando las hormonas que guían el desarrollo fetal en la placenta interfieren en la función normal de la insulina. Los síntomas son similares a los de otros tipos de diabetes, pero al nacer el bebé, la diabetes gestacional suele desaparecer.

No se tranquilice al pensar que la diabetes gestacional es estrictamente temporal o que no debe ser tomada en serio. Aumenta el riesgo de aborto (aunque en el bebé no aumenta la probabilidad de que nazca con defectos congénitos o diabetes) y a menudo hace que el niño crezca antes de nacer, lo que contribuye a complicaciones durante el parto. (Si ha dado a luz a un niño que pesó cuatro kilos o más, es probable que corra el riesgo de padecer diabetes gestacional.) La mayoría de las mujeres que desarrollan diabetes gestacional es porque su páncreas está débil (y con frecuencia tienen sobrepeso) y ello las hace vulnerables a padecer diabetes desarrollada, lo que ocurre en un tercio o la mitad de los casos.

LOS NIÑOS NO ESTÁN BIEN

La diabetes tipo 2 se conoce como diabetes de la edad adulta, porque ataca después de los 40; pero en estos días ya no es así. En la última década hubo un aumento alarmante de casos tipo 2 en niños. Antes de 1990, el tipo 2 representaba menos del 4% de los casos de diabetes en niños. Ahora representa el 45%, de acuerdo con la Asociación Norteamericana de Diabetes (ADA).

¿Por qué ocurre esto? Los investigadores señalan un aumento importante de obesidad juvenil. El 25% de los niños estadounidenses son obesos (el doble de la cantidad que había en 1970). En un intento por aclarar el riesgo de que los niños obesos padezcan diabetes, los investigadores de Yale que escribieron en *The New England Journal of Medicine,* en marzo de 2002, reportaron que una cuarta parte de los 167 niños y adolescentes obesos que estudiaron ya era intolerante a la glucosa, lo que implica un paso hacia la diabetes.

"Todo esto es muy nuevo y no sabemos con seguridad cómo tratar la diabetes tipo 2 en niños", opina la doctora Sonia Caprio, directora de la Clínica Pediátrica de Obesidad y Diabetes Tipo 2, de Yale. La controversia es si los médicos deben recetar medicamentos para tratar a niños con diabetes tipo 2 o prevenirla en niños intolerantes a la glucosa. Los estudios en adultos sugieren que los fármacos reducen los riesgos, pero se desconocen los efectos secundarios de este tratamiento en los niños. Ya se organizó un estudio de los institutos nacionales de la salud para estudiar el tema y los resultados se tendrán hasta 2008.

Son menos polémicos los beneficios de tratar el estilo de vida que contribuye a la epidemia de la obesidad. "Hay más comida que antes a disposición de los niños a cualquier hora", dice la doctora Caprio. "Se promueve el consumo de comida en niños, en especial refrigerios con muchas calorías y refrescos disponibles en máquinas expendedoras en las escuelas." Las porciones grandes son otro problema. "Los niños están acostumbrados a las porciones inmensas que sirven en los restaurantes."

La doctora Caprio opina que los niños ya son menos activos. Debido a la distancia y la inseguridad, rara vez caminan hasta la escuela y la educación física pierde terreno. Según la ADA, sólo el 25% de los estudiantes adolescentes tienen clases diarias de gimnasia. En casa, los niños dedican mucho tiempo a actividades sedentarias, como ver TV y usar computadoras o juegos de video.

Para contrarrestar estas tendencias, la doctora Sonia Carpio apoya la decisión de algunas escuelas de detectar a los niños obesos y notificar a sus padres sobre los riesgos de salud. La ADA recomienda hacer pruebas de diabetes a niños obesos que tengan otros dos factores de riesgo, como historial familiar, presión arterial alta o que pertenezcan a un grupo étnico con riesgo (raza negra, latinos, nativos americanos, de las islas del Pacífico y de origen asiático). Los padres son el punto real del cambio. "Los padres necesitan saber más sobre la nutrición indicada y jugar más con sus hijos, como lo hacían nuestros padres."

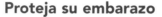

Proteja su embarazo

La diabetes gestacional no se considera una forma grave de diabetes, pero requiere tratamiento, por lo que los obstetras hacen pruebas rutinarias. El nivel de glucosa en la sangre ideal en la diabetes gestacional es el normal en una mujer sana no embarazada. Por fortuna, lograr esto no es difícil debido a que el páncreas aún produce insulina y los niveles de glucosa permanecen estables. El médico le recomendará:

▶ Disminuir la demanda de insulina al dividir el consumo de calorías en comidas más pequeñas y frecuentes, ya que necesitará suficientes calorías para mantener un peso saludable.

▶ Disminuir los niveles de glucosa con ejercicios ligeros, como caminar o nadar.

▶ Usar inyecciones de insulina si se le dificulta controlar la glucosa en la sangre mediante dieta y ejercicio.

Probando: uno, dos, tres

Lo más importante que debe saber sobre la diabetes es si la padece o no. Parece una tontería, pero la diabetes puede sorprender hasta al más inteligente. Las personas con los primeros signos de la enfermedad necesitan vigilar su estado, porque los síntomas no son indicadores del desarrollo de la diabetes.

La ADA recomienda que todas las personas se hagan pruebas de diabetes cada tres años, después de cumplir los 45 (o con mayor frecuencia si enfrentan factores de riesgo, como historial familiar de la enfermedad). Más pruebas es la única forma de corregir el hecho de que, de los 16 millones de estadounidenses que se calcula padecen diabetes, 5 o 6 millones no lo saben. Muchas personas que están en riesgo de padecer la enfermedad, y que podrían detenerla antes de su inicio, no toman medidas preventivas porque no saben que están en peligro.

Por fortuna, la prueba para la diabetes es bastante sencilla e indolora. Sólo necesita un análisis de sangre. La ADA sugiere tres análisis ligeramente diferentes que midan la glucosa en la sangre. Cualquiera de ellos puede darle la información.

Análisis de glucosa en plasma en ayunas

Es probable que si hoy visita al médico, éste le pida un análisis de glucosa en plasma en ayunas. Prográmelo, porque los resultados precisos dependen de que se prepare para el análisis.

En qué consiste. Primero debe ayunar al menos durante ocho horas antes del análisis y sólo tomar agua. Así, cuando le saquen sangre, el sistema gastrointestinal ya habrá digerido toda la comida. De esta manera, sus niveles de glucosa en la sangre estarán en el punto más bajo y proporcionarán la medición inferior típica en usted. Si está sano, la lectura será de 110 mg/dl o menor. Si el resultado es de 126 mg/dl o mayor, usted tiene diabetes. Si la lectura cruza la línea de un mal diagnóstico, el médico quizá desee que repita la prueba otro día, para estar seguros (aunque si la cifra es muy alta, esto no es necesario).

Por qué se usa. El análisis de glucosa en plasma en ayunas es la herramienta preferida para un diagnóstico, porque es sencilla para pacientes y médicos, es relativamente económica y proporciona resultados consistentes; un balance casi perfecto de lo que se desea de un análisis.

➲ **Hágase la prueba en la mañana, no en la tarde.** Cuando los investigadores del Instituto Nacional de Diabetes y Enfermedades Digestivas y del Riñón compararon más de 6,000 resultados de pruebas matutinas con un número similar de resultados vespertinos, las lecturas promedio discreparon 5 mg/dl. Los investigadores llegaron a la conclusión de que la mitad de casos de diabetes que se identificarían en la mañana no se detectarían en la tarde. Un motivo de la discrepancia: las personas analizadas en la mañana han estado más de 13 horas en ayunas, mientras que las analizadas en la tarde sólo unas 7 horas. Este Instituto sugiere que se desarrollen diferentes normas de diagnóstico basándose en cuándo se hace la prueba.

Prueba de glucosa en plasma al azar

Esta prueba se llama también glucosa al azar. Ambos términos se refieren al hecho de que puede hacerse la prueba en cualquier momento y no es necesario el ayuno.

En qué consiste. El procedimiento no es muy diferente al de la prueba de glucosa en ayunas: se saca sangre y se envía a un laboratorio. Pero cuando se tienen los resultados, los obstáculos para el diagnóstico son mayores, porque se asume que

pudo haber tenido glucosa de la comida en la sangre. En personas sanas, la respuesta normal de insulina mantiene la glucosa en la sangre por debajo de 140 mg/dl incluso después de comer. Si una prueba de glucosa en plasma al azar indica un nivel de glucosa de 200 mg/dl o más y tiene síntomas como fatiga, sed excesiva u orina frecuente, es muy probable que tenga diabetes.

Por qué se usa. Como no requiere preparación, la prueba de glucosa en plasma al azar suele hacerse como parte de tomas de sangre rutinarias. El primer indicio de un diagnóstico de diabetes puede surgir como resultado de un examen físico anual y no de un esfuerzo especial de su parte.

➲ **Obtenga confirmación.** No tome como definitivo un resultado único positivo de una prueba de glucosa en plasma al azar. Los médicos casi siempre insisten en confirmar los resultados con una prueba más exacta para detectar la diabetes.

Prueba oral de tolerancia a la glucosa

Esta prueba se considera la regla de oro para un diagnóstico claro de diabetes, porque valora los niveles de glucosa bajo circunstancias muy controladas, por lo que los resultados son muy confiables. Por ser tan pesada (sin mencionar su alto precio y el tiempo que se necesita para hacerla), algunas veces pacientes y médicos la consideran poco práctica.

En qué consiste. Se requiere un ayuno de ocho horas como mínimo. Al llegar al consultorio o al laboratorio le sacan sangre para tener un punto de comparación con las muestras adicionales de sangre que le tomarán en intervalos de una hora, durante tres horas. Luego de la primera toma de sangre debe beber una solución muy dulce que contiene 75 gramos de azúcar (tres veces más dulce que un refresco normal). Cada toma de sangre siguiente ayuda a delinear cómo maneja su cuerpo la glucosa con el tiempo. Los resultados se comparan con un porcentaje normal en cada medición, pero la marca de dos horas es muy importante, pues si su nivel de glucosa en la sangre en ese punto es de 200 mg/dl o más alto, tiene diabetes.

Por qué se usa. Si los resultados de otras pruebas no han sido convincentes, es seguro que el médico necesitará un análisis más exacto. Es recomendable si tiene un historial familiar de diabetes y presenta síntomas obvios, pero ninguna prueba de glucosa en plasma ha confirmado un diagnóstico. O quizá el resultado de una prueba de glucosa en plasma al azar es de más de 200 mg/dl, pero no tiene síntomas; así, el médico podrá contar con un resultado inequívoco. Una versión de la prueba oral de tolerancia a la glucosa es la herramienta preferida para detectar la diabetes gestacional, aunque el criterio para el diagnóstico varía un poco para las mujeres embarazadas.

➲ **Cuide lo que come antes de la prueba.** Dada la sensibilidad de la prueba, algunas sustancias extrañas en la sangre alteran con facilidad los resultados. Informe al médico si toma medicamentos, incluidos píldoras anticonceptivas o complementos nutricionales o de hierbas, pues ellos aumentan los niveles de glucosa en la sangre. Para mejores resultados, los médicos sugieren consumir por tres días muchos carbohidratos antes de la prueba, para imitar la dieta común.

Otras pruebas

Las tres pruebas resumidas arriba y en el recuadro de la derecha (glucosa en plasma en ayunas, glucosa en plasma al azar y prueba oral de tolerancia a la glucosa) son las que casi siempre recomiendan los médicos para hacer un diagnóstico definitivo. Quizá haya oído hablar de otras pruebas, de las cuales se hace mención en el Capítulo 3, pero la mayoría no son confiables para llegar a un diagnóstico y, en algunos casos, no deberían serlo.

Hemoglobina glicosilada. Esta prueba, llamada también de hemoglobina A1c, suele usarse

---

DIABETES POR MEDICIONES

Es importante saber con seguridad si padece o no diabetes. Los médicos toman la decisión basándose en cualquiera de las siguientes mediciones:

PRUEBA: GLUCOSA EN PLASMA EN AYUNAS

Qué hace: Mide la glucosa en la sangre después de un ayuno de 8 a 10 horas

Tiene diabetes si: La lectura es de 126 mg/dl o más en dos pruebas diferentes tomadas en dos días distintos

PRUEBA: GLUCOSA EN PLASMA AL AZAR

Qué hace: Mide la glucosa en la sangre en cualquier momento, incluso después de comer

Tiene diabetes si: La lectura es de 200 mg/dl o más alta y presenta síntomas de diabetes

PRUEBA: TOLERANCIA A LA GLUCOSA

Qué hace: Luego de ayunar 8 horas, mide la glucosa en la sangre antes y después de beber una solución glucosada

Tiene diabetes si: La lectura es de 200 mg/dl o más

después de un diagnóstico para conocer mejor los patrones de glucosa en la sangre, pero se usa más para vigilar el estado de salud durante la enfermedad. Beneficio: más que valorar la glucosa en un momento específico, investiga los patrones de glucosa en la sangre durante dos o tres meses, al observar los depósitos de glucosa en un tipo específico de célula (vea la pág. 81).

Análisis de orina. ¿Las pruebas siempre tienen que hacerse con una aguja? Si la glucosa aparece en la orina, uno se pregunta por qué no la miden sólo ahí. Los niveles altos de glucosa en orina pueden indicar diabetes, pero la cantidad de glucosa en la sangre necesaria para elevar los niveles de glucosa en orina varía de una persona a otra, y la orina con glucosa no siempre está relacionada con un nivel alto de glucosa en la sangre. En resumen: un análisis de orina no es preciso.

Piquete en un dedo. Las pruebas en las que se coloca una gota de sangre del dedo en una tira especial de prueba, que lee un glucómetro, son un apoyo en casa. Muchas personas con diabetes las conocen. Aunque estas pruebas dan resultados bastante exactos para un monitoreo diario, no ofrecen la precisión necesaria para hacer un diagnóstico que afectará el resto de su vida. La ADA estableció que estos tests son de 10 a 15% menos precisos que las pruebas de laboratorio profesionales (un problema que se atribuye al error humano). Los dispositivos no digitales, en los que una tira de prueba se compara visualmente con una gráfica de colores son menos confiables. Si una enfermera hace un diagnóstico con una gota de sangre del dedo en una campaña de salud, tómelo como una advertencia y visite al médico para que le hagan pruebas más exactas y pueda estar seguro.

CUÁNDO HACER LAS PRUEBAS

Como el riesgo aumenta con la edad, las pruebas de diabetes deben hacerse cada tres años, a partir de los 45, aunque no están reservadas para adultos mayores. La ADA sugiere pruebas más frecuentes para personas más jóvenes con alto riesgo. En las pruebas periódicas se incluyen adultos que:

■ estén al menos 20% arriba del peso ideal

■ tengan un padre o un hermano con diabetes

■ sean de raza negra, latinos, nativos americanos, de las islas del Pacífico o de origen asiático

■ den a luz un bebé que pese más de cuatro kilos

■ tengan diabetes durante el embarazo

■ tengan un nivel alto de colesterol

■ tengan presión arterial alta

■ se les haya detectado intolerancia a la glucosa

■ tengan síndrome ovárico poliquístico, padecimiento hormonal identificado por su resistencia a la insulina.

Para tratar el aumento reciente en diabetes tipo 2 entre niños, la ADA sugiere pruebas cada dos años, a partir de los 10 años, en niños obesos que tengan dos o más factores de riesgo adicionales.

"Casi" diabetes: intolerancia a la glucosa

Los límites para el diagnóstico de la diabetes parecen muy claros y completos, y lo son. Sin embargo, hay un área gris en la que la medición de glucosa en la sangre no llega a diabetes, pero tampoco indica niveles normales de glucosa. A este estado se le llamaba diabetes incipiente, pero a algunos médicos no les agrada el término porque no indica si se padece o no diabetes. Ahora, esa medición se considera un padecimiento llamado intolerancia a la glucosa, otra forma de expresar que las células se vuelven resistentes a la insulina. Tiene usted intolerancia a la glucosa si:

▶ Los resultados de la prueba de glucosa en plasma en ayunas son entre 110 mg/dl y 125 mg/dl en dos o más pruebas.
▶ Los resultados de la prueba oral de tolerancia a la glucosa en la marca de dos horas son entre 140 mg/dl y 199 mg/dl.

Tener intolerancia a la glucosa no significa que automáticamente padecerá diabetes. Los riesgos individuales varían y entre el 1 y el 10% de las personas con intolerancia a la glucosa desarrollan diabetes cada año. ¿Qué hace la diferencia? Un historial familiar con antecedentes de diabetes o formar parte de un grupo étnico susceptible a la enfermedad pueden aumentar su riesgo. Igual de importantes son la obesidad y la vida sedentaria, que hacen más grave la intolerancia a la glucosa.

Una oportunidad de cambio. Un diagnóstico de intolerancia a la glucosa es una oportunidad: considérelo como una advertencia temprana que no toda persona destinada a la diabetes tiene.

El poder potencial de esta oportunidad llegó con la publicación de resultados de una prueba clínica importante, llamada Programa de Prevención de Diabetes,

al inicio de 2002. Este estudio del Instituto Nacional de Diabetes y Enfermedades Digestivas y del Riñón probó dos enfoques principales para prevenir la diabetes en personas con intolerancia a la glucosa: modificaciones en el estilo de vida (dieta y ejercicio) y medicamento oral (metformina) usado para la diabetes tipo 2. Un tercer grupo tomó píldoras de placebo en lugar del medicamento real y no hizo cambios en el estilo de vida.

El resultado: en tres años, las personas que cambiaron su estilo de vida redujeron su incidencia de diabetes a un increíble 58%, el doble de las que no hicieron cambios y mucho más que las que sólo tomaron medicamento. (Su incidencia disminuyó 31%.) Estos descubrimientos sorprendentes indican que si usted actúa, puede contrarrestar la intolerancia a la glucosa y evitar la diabetes si está en riesgo de padecerla.

Cuando la diabetes se convierte en una emergencia

¿Qué sucedería si ignorara la diabetes? Por supuesto, no hará eso. Sin embargo, es importante notar que, aunque muchas complicaciones de la diabetes se desarrollan con lentitud a través de muchos años, la glucosa en la sangre demasiado alta o baja (debido al tratamiento con insulina) puede tener efectos inmediatos que resultarían peligrosos e incluso fatales. Estas complicaciones puede tratarlas usted o su médico. Una vigilancia atenta de los niveles de glucosa puede evitar que lo afecten. En capítulos posteriores se discutirán con más detalle algunos de estos temas, pero entenderá mejor la diabetes, si tiene un mejor conocimiento de estos tres padecimientos.

Cetoacidosis diabética. Es un problema principalmente de los pacientes tipo 1, cuyo déficit de insulina (exceptuando tratamiento con insulina complementaria) no permite la glucosa en las células. Para obtener energía, las células privadas de glucosa queman grasa. El proceso de quemar grasa crea subproductos muy ácidos llamados cetonas. Cuando las cetonas se forman en la sangre (padecimiento llamado cetoacidosis), pueden causar falta de respiración, confusión mental y vómito. La cetoacidosis diabética puede causarle un coma e incluso la muerte.

En la actualidad es rara la cetoacidosis diabética, gracias al tratamiento con insulina y los aparatos de automonitorización, pero aún representa una urgencia médica cuando se presenta. Para tratarla, los médicos reemplazan los fluidos para expulsar el ácido y asegurarse de que las células reciban insulina.

Síndrome hiperosmolar. Este padecimiento es similar a la cetoacidosis diabética y es causado por un nivel muy alto de glucosa en la sangre. Afecta principalmente a personas con diabetes tipo 2, que no saben que padecen la enfermedad o que no la supervisan en forma efectiva. Con el síndrome hiperosmolar diabético, la glucosa se concentra demasiado y espesa la sangre, que se vuelve almibarada. Al reaccionar el cuerpo y expulsar el azúcar en la orina, puede deshidratarse y presentar síntomas como calambres, pulso acelerado, confusión e incluso un estado de coma. El tratamiento incluye abastecimiento de fluidos e insulina.

Hipoglucemia. La diabetes no siempre implica un nivel alto de glucosa en la sangre. Una complicación típica es la exagerada disminución de glucosa, que causa la hipoglucemia. Es más común en personas con diabetes tipo 1, pues el azúcar en la sangre disminuye con demasiada insulina. La hipoglucemia se presenta también en pacientes tipo 2, cuando los niveles de glucosa bajan por los tratamientos con insulina o medicamento y empeora por otros factores, como estar demasiado tiempo sin comer.

¿PUEDE CURARSE LA DIABETES?

Los médicos le informan si tiene diabetes o no basándose en su nivel de glucosa en la sangre. Digamos que tiene el tipo 2 y que hace todo lo que es correcto. Modifica su dieta, inicia un plan de ejercicio, baja de peso y mantiene normal el nivel de glucosa en la sangre. Pero, ¿aún tiene diabetes?

En cierto sentido, la diabetes tipo 2 puede curarse si todas las medidas que la definen indican que el padecimiento por tratar (nivel alto de glucosa en la sangre) ya no está presente. Esto sugiere que puede continuar con su vida como si nunca hubiera padecido diabetes o que no tendrá que preocuparse por que se desarrolle de nueva cuenta en el futuro pero eso sería un error.

La diabetes es una enfermedad para siempre, aunque puede controlarla y vivir una vida normal; ya el hecho de controlarla es muy importante. El riesgo de volver a tener diabetes nunca desaparece. Si dejara de dominarla (como volver a un estilo de vida sedentario y a una dieta inadecuada), la diabetes inevitablemente aparecería. Si continúa practicando hábitos saludables, es posible que su padecimiento cambie a medida que usted envejece.

Considere la diabetes como la paternidad: aunque los hijos crecen y abandonan el hogar, no se puede dejar de tenerlos. Del mismo modo, incluso después de que logró controlar la diabetes, padece la enfermedad.

La hipoglucemia rara vez amenaza la vida, pero es desagradable y peligrosa, pues sus síntomas (que incluyen confusión mental, ritmo cardiaco acelerado, sudoración y doble visión) pueden dañar en forma severa la habilidad para conducir un auto, operar maquinaria o desempeñar un trabajo. La hipoglucemia debe tratarse de inmediato. Por fortuna no es grave en la mayoría de los casos y se trata con facilidad al ingerir azúcar (como beber medio vaso de un refresco no dietético).

El plan de acción

Ahora, dos puntos deben estar claros. Primero, la diabetes es una enfermedad compleja y grave que puede dañar la salud general de varias formas. Segundo, está en su poder tratar el problema, prevenir la mayoría de las complicaciones, si no todas, y vivir una vida estimulante, productiva y placentera. Para lograrlo, necesitará implementar un plan en gran escala en el que:

⮕ **Se vuelva adicto al control.** No, no necesita obsesionarse con la glucosa. No obstante, los estudios indican que el monitoreo continuo para ayudar a mantener el nivel de glucosa en la sangre lo más apegado a lo normal puede reducir mucho el riesgo de las complicaciones que surgen de la diabetes.

⮕ **Baje de peso.** Así como el estar obeso es la mayor contribución para la mayoría de los casos de diabetes, el perder los kilos sobrantes es la acción más importante que puede efectuar para controlar la enfermedad.

⮕ **Coma lo indicado.** La dieta adecuada es el primer paso para controlar el peso y también es una herramienta valiosa para controlar los niveles de azúcar.

TERMINE CON LOS MITOS DE LA DIABETES

La información errónea relacionada con todos los factores involucrados con la diabetes es abundante. Algunos de los conceptos erróneos más persistentes son:

Mito: Si padece diabetes, no puede volver a probar el azúcar.

Verdad: La gente con diabetes puede comer dulces, pero como parte de un plan alimentario (como debe hacerlo el que no tiene diabetes).

Mito: Sólo tengo un poco de diabetes.

Verdad: Se tiene o no se tiene diabetes. Incluso si el tipo 2 no requiere inyecciones de insulina (el tipo 1 siempre las requiere), necesita atención médica y un estilo de vida adecuado.

Mito: Me siento bien: mis niveles están bien.

Verdad: El nivel alto o bajo de glucosa en la sangre no siempre produce síntomas. El monitoreo regular es la única forma de conocerlo bien.

Mito: Sé controlarme perfectamente; las revisiones sólo son una pérdida de tiempo.

Verdad: Su programa de tratamiento nunca estará terminado. Gracias a la investigación actual, la comunidad médica aprende todo el tiempo acerca de la diabetes y de las formas de tratarla. Desde luego, la mejor forma de controlarla es acudir al médico con regularidad.

Mito: Si no necesito insulina o medicamento, mi diabetes no es grave.

Verdad: La diabetes siempre es grave. Incluso si la dieta y el ejercicio controlan el nivel de glucosa en la sangre, las células permanecen resistentes a la insulina y, sin control, la diabetes empeora.

Esto no significa que tiene que dejar de consumir su comida favorita o apegarse a una dieta excéntrica. Sólo deberá seguir una dieta balanceada que le proporcione una variedad de alimentos en cantidades moderadas.

⊃ **Haga ejercicio.** El ejercicio es tan importante como el peso y la glucosa en la sangre. Y al igual que con la dieta, no necesita excederse. Sólo tiene que poner en acción los músculos y el corazón con ejercicios moderados y fáciles, y continuar haciéndolos. La clave es establecer una rutina a la que pueda apegarse.

⊃ **Aproveche el tratamiento.** La insulina es un inicio importante, que puede salvar la vida, pero en la actualidad existen muchos medicamentos y tratamientos que incluso pueden eliminar la necesidad de la insulina en algunos casos. La dieta y el ejercicio logran grandes avances, pero la atención médica puede hacer la diferencia entre hacer lento el progreso de la enfermedad y detenerla.

En los capítulos siguientes aprenderá a usar cinco estrategias para disminuir la glucosa en la sangre y tener una vida activa.

3

Vigilancia y medición

El control de la diabetes es sinónimo de vigilancia. No puede saber si sus niveles de glucosa en la sangre son normales si no los revisa con regularidad. La idea de tomar varias muestras de sangre al día puede parecer molesta, pero las herramientas sofisticadas, que mejoran continuamente, facilitan la tarea más de lo que se imagina. Junto con los resultados de otras pruebas, la medición de la glucosa es una importante ventana hacia la diabetes, así como una llave para controlarla y vivir con ella exitosamente.

Todo lo que haga para tratar la diabetes, ya sea ejercicio, una dieta saludable, usar insulina o tomar medicamento, tiene un objetivo principal: controlar los niveles de glucosa en la sangre. ¿Cómo saber si realiza bien esta tarea? Algunas personas dependen sólo de sus síntomas para determinar su actuación. Por ejemplo, ponen atención en la sed y la fatiga para saber si los niveles de glucosa están altos, o en el temblor y el mareo que les indican que están bajos. Sin embargo, controlar el azúcar en la sangre basándose sólo en los síntomas no es confiable y sí puede ser muy peligroso. La glucosa en la sangre puede aumentar demasiado o disminuir mucho sin que note ninguna alarma obvia y causar un daño irreversible en los órganos.

Por fortuna, los avances de la tecnología para analizar la sangre le permiten vigilar su glucosa de distintas formas, cosa que personas con diabetes de una generación anterior no podían hacer. Hay dos métodos básicos y ambos deben ser parte de su plan de control:

▶ Analice su sangre en casa (o en cualquier sitio) con aparatos diseñados para esa tarea, como tiras de prueba y glucómetros (método conocido como automonitorización de glucosa en la sangre).

▶ Visite al médico con regularidad para exámenes más completos, en especial un análisis de hemoglobina A1c que revela los patrones de glucosa en la sangre durante semanas o meses.

Usted necesita contar con información crucial y precisa. Mientras más conocimiento tenga sobre el comportamiento de su glucosa en circunstancias específicas y el impacto que tiene en su salud, más poder tendrá para controlar los niveles de azúcar en la sangre, y también su vida. Trabajar sin esta información es como intentar caminar en la oscuridad sin la ayuda de una linterna. Será difícil saber cuándo se aparta del camino o si se dirige a un precipicio. Si vigila en forma consciente su nivel de glucosa y continúa con revisiones regulares, logrará enfocar la diabetes y obtendrá una perspectiva clara que le permitirá continuar con más libertad y seguridad.

Vale la pena el esfuerzo

Sin duda, el control y las mediciones regulares necesitan dedicación y disciplina, y a algunas personas se les dificulta. Un estudio reciente de más de 3,500 pacientes tipo 2 mostró que más de una tercera parte de ellos nunca vigilaban el nivel de glucosa. Varios estudios indican que las personas que controlan mejor la diabetes son las que vigilan más el nivel del azúcar con la ayuda de una medición cuidadosa.

Uno de los estudios más importantes es la Prueba de Control y Complicaciones de la Diabetes, terminada en 1993. Durante 10 años se estudiaron más de 1,400 personas con diabetes tipo 1 y se compararon las complicaciones de las que medían y controlaban bien la glucosa, con las de las personas que no lo hacían. Resultados: la medición y el control estrictos redujeron el riesgo de desarrollar trastornos visuales un 76%; enfermedad nerviosa, un 60%; enfermedades renales, un 50% y enfermedades cardiovasculares, un 35%. Un estudio más reciente en Gran Bretaña, el Estudio de la Diabetes en Perspectiva del Reino Unido, dio resultados similares en personas con diabetes tipo 2.

Inspirados por estos descubrimientos, los médicos desarrollaron un tratamiento conocido como terapia intensiva, en el cual los pacientes, en particular los que usan insulina u otros medicamentos, controlan bien la glucosa ajustando las inyecciones, el consumo de comida, el ejercicio y los medicamentos, de acuerdo con los resultados de la automonitorización frecuente. Es una disciplina que quizá no sea adecuada para todos (algunos pacientes tipo 2, en especial los que usan insulina, quizá no la necesiten). La idea de que las personas con diabetes deben medir y controlar su azúcar ha tenido gran aceptación. Los estudios antes mencionados indican que cualquier reducción consistente de la glucosa disminuye el riesgo de complicaciones.

No importa la cantidad de pruebas que haga; toda la información que obtenga es valiosa. Y puede usarla para:

▶ Ver cómo distintos alimentos afectan la glucosa en la sangre, lo que le permite ajustar la dieta para controlarla.

▶ Detectar (o descartar) hipoglucemia (poca glucosa en la sangre, una complicación común del tratamiento) y tratarla.

▶ Vigilar el efecto de los medicamentos para que usted y el médico los dosifiquen adecuadamente.

▶ Comprender cómo varían los niveles de glucosa en la sangre cuando usa insulina o está enfermo, hace ejercicio o bebe alcohol, para actuar y controlarlos.

▶ Proporcionar al médico un historial de los cambios cotidianos del azúcar en la sangre, para que su equipo médico le aconseje un mejor tratamiento.

Fije sus niveles de glucosa

¿Qué lecturas de glucosa en la sangre debe esperar? El punto de inicio es saber lo que es normal. El páncreas de las personas sin diabetes libera la cantidad adecuada de insulina cuando se necesita, lo que permite que las células del cuerpo absorban la glucosa del torrente sanguíneo y la mantengan en la sangre en niveles rara vez más bajos de 70 mg/dl o más altos de 140 mg/dl, incluso después de comer. Los niveles de glucosa de las personas con diabetes cambian erráticamente; pueden estar arriba de 50 mg/dl antes de una comida y llegar a los 500 mg/dl después de comer, aunque los puntos varían arriba o abajo de estas cifras según el tipo de diabetes, lo bien que funcione el páncreas y muchos otros factores.

Su objetivo es controlar esos cambios bruscos y mantener la glucosa en la sangre lo más cercana posible al nivel normal. Según la Asociación Norteamericana de Diabetes, debe intentar mantener la glucosa en los siguientes niveles:

▶ 80 a 120 mg/dl antes de comer
▶ menos de 180 mg/dl después de comer
▶ 100 a 140 mg/dl al irse a dormir

Éstos son objetivos promedio para adultos, que quizá funcionen para usted, pero que pueden no ser apropiados para todos.

Por ejemplo, las metas fijadas para controlar la glucosa de los niños suelen ser menos severas, y más estrictas para las mujeres embarazadas. Los objetivos pueden depender de alguna complicación. Lo esencial es fijar objetivos con su médico.

¿Cuánto es demasiado alto? La Asociación Norteamericana de Diabetes sugiere que tome medidas adicionales si sus niveles de glucosa en la sangre tienden a ser:

▶ más altos de 140 mg/dl antes de una comida
▶ más altos de 160 mg/dl al irse a dormir

Estas mediciones indican que el nivel de glucosa en la sangre es demasiado alto, incluso cuando no ha comido en varias horas. Necesitará hablar con su médico para decidir qué medidas tomar; quizá tenga que trabajar más de cerca con su equipo médico, empezar a tomar medicamento o ajustarlo, o hacer más pruebas para conocer mejor sus patrones de glucosa.

La frecuencia

La frecuencia con la que necesita hacer las pruebas depende del tipo de diabetes que tiene y de cómo la trata.

Para personas con tipo 1. Si tiene diabetes tipo 1 y usa insulina, es sensible a cambios de la glucosa, porque si funciona mal el páncreas, depende de las inyecciones de insulina para mantener bajo control la glucosa en la sangre. Esta dependencia lo hace vulnerable a la hipoglucemia y debe tomar lecturas de glucosa varias veces al día, junto con las inyecciones de insulina, sobre todo antes de cada comida y al irse a acostar.

NO ESPERE MÁS

Además de las pruebas regulares, en ciertos momentos es bueno hacer un autocontrol extra, para protegerse de los peligrosos niveles altos de glucosa y, en especial, de los bajos. Considere tomar automuestras adicionales:

➲ Antes de sentarse al volante para un viaje largo por carretera.

➲ Cuando hace un cambio en su dieta, como comer más o menos que lo habitual, a ciertas horas del día.

➲ Cuando hace un cambio significativo en el tratamiento con insulina.

➲ Cuando toma medicamento para tratar un padecimiento adicional a la diabetes.

➲ Antes de iniciar una junta, hacer una presentación o tener una conferencia con su jefe, clientes o colegas.

PLAN DE PRUEBAS

Aunque necesitará llevar a cabo un plan de autovigilancia con su médico, basándose en sus necesidades individuales, estas guías le proporcionan un punto de inicio.

SITUACIÓN	PLAN DE PRUEBAS SUGERIDO
Tiene diabetes tipo 1 y se inyecta insulina.	Cuatro veces al día: antes de las comidas y a la hora de dormir.
Tiene diabetes tipo 2 y no utiliza ni insulina ni medicamentos.	Dos veces al día: al levantarse por la mañana y antes de la cena.
Tiene diabetes tipo 2 y se inyecta insulina.	Cuatro veces al día: antes de las comidas y a la hora de dormir.
Tiene diabetes tipo 2 y toma medicamentos.	Tres veces al día: al levantarse, antes de cenar y a la hora de dormir.

¿Por qué hacer las pruebas antes de las comidas y no después de ellas? Ya sabe que la comida aumenta la glucosa en la sangre y que la inyección de insulina la controla. Al hacer una prueba antes de la comida (y al irse a acostar), verá cuán bien mantuvo los niveles de azúcar la insulina de la inyección anterior (la consideración más importante). Esto no quiere decir que deba ignorar por completo lo que sucede después de comer. El médico quizá le aconseje tomar lecturas después de las comidas y, ocasionalmente, a mitad de la noche, para tener más información sobre sus patrones de glucosa en la sangre.

Para personas con tipo 2. Es más difícil generalizar la necesidad de efectuar pruebas cuando se padece diabetes tipo 2. Si usted se controla sólo con dieta y ejercicio, sus niveles de glucosa en la sangre quizá estén bastante estables y necesite pocas pruebas, quizá dos veces al día: al levantarse y antes de cenar. (Evitar las pruebas es un buen motivo para hacer todo lo posible por controlar la diabetes mediante cambios en el estilo de vida.) Una vez que conozca sus patrones de glucosa en la sangre, quizá descubra que no cambian mucho y el médico le permita realizar las pruebas en intervalos mayores de tiempo, tal vez tres o cuatro veces por semana.

Si usa insulina, es posible que el programa de pruebas necesite reflejar el patrón que sigue una persona tipo 1: cuatro veces al día o más, según su situación. Si toma medicamento, debe hacer la medición al menos dos veces al día. Posiblemente necesite hacer mediciones con más frecuencia, en especial al inicio del régimen, cuando el médico siempre desea saber cómo afecta el medicamento su glucosa.

Para mujeres con diabetes gestacional. Si tiene diabetes gestacional o se embaraza cuando tiene diabetes, es muy importante para usted y el bebé mantener bajo control estricto los niveles de azúcar. Esto significa que quizá tenga que analizar su sangre con frecuencia, incluso después de las comidas.

Cinco pasos hacia el éxito

Es natural desear que los niveles de glucosa bajen de inmediato a un nivel más saludable, tan pronto inicia el tratamiento. Es muy bueno fijarse metas ambiciosas, pero hay que ser realista. Podría sentirse frustrado e incluso deprimido si no logra el objetivo de tener el nivel ideal de glucosa, y esto afectaría su motivación. Para retirar el factor fracaso:

1 Empiece sin objetivos específicos en mente. Sólo conserve las mediciones para que el médico y usted vean el nivel de glucosa que tiene normalmente y empiecen a trabajar a partir de eso.

2 Si su nivel estándar es muy alto, no sienta que debe lograr de inmediato una medición ideal. Si ésta no es realista para usted, no logrará que disminuya y esto dañará su seguridad en sí mismo y deteriorará su sentido del control.

3 Trabaje con su médico para fijar metas que, incluso si son más altas que el promedio ideal para adultos, sean una mejoría para usted.

4 Al lograr más control y empezar a disminuir los niveles de glucosa en la sangre, consulte al médico para fijar nuevas metas y trabaje en forma gradual para lograr mediciones más saludables.

5 No espere ser perfecto. A veces tendrá lecturas poco alentadoras, sin motivo aparente, pero son los números los que están mal, no usted.

Cómo hacer la medición

Tiene usted razón, la tarea de automonitorización no es divertida. Nuevos instrumentos prometen hacer más placentera la tarea en el futuro cercano, pero por el momento es difícil enfrentar el hecho inevitable de que necesita sacarse sangre y, para hacerlo, tiene que pincharse (generalmente el dedo) con un instrumento filoso. Sin embargo, para la mayor parte de la gente con diabetes, el proceso se convierte en una rutina. Así es como debe hacerlo:

1 Lávese las manos antes de pincharse el dedo. Algunos médicos dicen que esto no es tan importante si tiene las manos razonablemente limpias, porque es difícil infectarse por un piquete en el dedo. Lavarse es buena idea en caso de que haya algo en la piel (como residuo de azúcar de una goma de mascar) que podría alterar los resultados. Asegúrese de secarse bien las manos después de lavárselas, porque el exceso de humedad puede afectar los resultados.

2 Píquese el dedo con una lanceta, aparato similar a un alfiler (pero no tan doloroso), para extraer una gota de sangre. Si desea, puede picarse en otro sitio, como los antebrazos y el lóbulo de la oreja, que son otras alternativas. A la mayoría de la gente se le facilita pincharse las yemas de los dedos, porque es probable que necesite oprimir un poco para sacar una gota de sangre y es más fácil apretar la punta del dedo que cualquier otra área.

3 Deje que la gota de sangre caiga sobre el área de análisis de la tira de prueba, o directamente en el sensor del glucómetro si éste tiene una tira de prueba integrada. Evite tocar el área de prueba con el dedo, pues puede contaminar la tira con los aceites de la piel. (Algunos sistemas de tiras de prueba están diseñados para que toque con la sangre la tira si se le dificulta mantener la mano firme para una gota precisa.) Siga las instrucciones del glucómetro; en algunos es necesario retirar el exceso de sangre de la tira de prueba.

4 Coloque la tira de prueba en el glucómetro (si no la tiene integrada). Espere que el glucómetro haga la medición ¡y listo! Observe la lectura en la pantalla digital.

5 Anote el número registrado. Quizá resulte fácil olvidar este paso, pero es quizá el más importante. Si trata de llevar un registro para identificar patrones, toda la molestia de obtener la medición no tiene valor si no la anota. Aunque su glucómetro registre automáticamente los resultados, es buena idea llevar su propio registro. Después de todo, el aparato podría descomponerse.

POLÍTICA EXTERIOR

Parece que los estadounidenses nunca miden las cosas como lo hace el resto del mundo. Millas en lugar de metros. Galones en lugar de litros. Esto también ocurre con la medición de la glucosa. Los estadounidenses usan un sistema de miligramos por decilitro; métrico, pero diferente del resto del mundo, incluido Canadá, que utiliza milimoles por litro. Si está de viaje y su glucómetro se descompone o necesita consultar a un médico, le será útil saber cómo hacer el cambio. Para obtener el valor internacional, simplemente divida el número de mg/dl entre 18. Por ejemplo, los niveles promedio de glucosa se convierten así:

Antes de comer: de 80 a 120 mg/dl = de 4.4 a 6.6 mmol/L

Después de comer: menos de 180 mg/dl = menos de 10 mmol/L

A la hora de dormir: 100 a 140 mg/dl = 5.5 a 7.7 mmol/L

Cuatro herramientas esenciales

Puede parecer extraño, pero no ha habido un tiempo mejor para padecer diabetes. Un motivo: que nunca había habido más herramientas para ayudarlo a vigilar y tratar la diabetes. Las primeras pruebas de automonitorización aparecieron en la década de 1970 y consistían en tiras de prueba que indicaban los niveles de glucosa al cambiar a un color que se comparaba con una gráfica de colores para tener el resultado.

Cualquiera que haya pintado un cuarto y descubierto que juzgó mal la muestra de pintura, sabe que casi es necesaria la adivinación para comparar los colores de la tira de prueba con los de la gráfica de colores. El control mediante la comparación de colores aún está disponible y es útil si las pilas de su glucómetro digital fallan. Para el registro cotidiano, hay una mejor forma.

Existen varios aparatos entre los cuales elegir. No se intimide al tener que escoger uno. Tenga la seguridad de que la tarea básica no es muy difícil y que la variedad de opciones le ofrece contar con el equipo que satisfaga sus necesidades específicas.

Las lancetas

Técnicamente, la lanceta es un instrumento filoso que punza la piel y la unidad manual es un dispositivo que sostiene la lanceta. Las lancetas son desechables por razones sanitarias y porque pierden el filo. Algunos expertos recomiendan que se desechen después de cada uso, para asegurarse de usar siempre una esterilizada, pero muchas personas con diabetes (y algunos médicos) piensan que esto es un desperdicio, sin mencionar los costos, y reutilizan las lancetas. (Un punto obvio que vale la pena mencionar: nunca use la lanceta de otra persona.)

Muchos glucómetros vienen con un dispositivo con lanceta o lo tienen integrado, pero usted no está apegado a lo que proporcionan los fabricantes. Así que puede elegir un instrumento que le resulte confortable. (Teóricamente, puede usar las lancetas solas, pero un dispositivo que las sostiene no sólo es más fácil de manipular con cualquier mano, sino también menos doloroso. El motivo: los dispositivos para lancetas tienen un resorte y la penetración es muy rápida.) Su piel quizá no sea tan gruesa como la de las manos callosas de un albañil, pero casi todos los dispositivos permiten hacer al menos uno o dos ajustes respecto a la profundidad a la que entra la lanceta en la piel. Muchas personas prefieren el modelo Softclix, con 10 ajustes.

Un último comentario: sin importar la unidad que compre, necesitará reemplazar continuamente las lancetas, que no siempre son intercambiables de un aparato a otro. El costo puede variar, por lo que debe investigar el precio de las lancetas y su disponibilidad, antes de comprar el dispositivo para lancetas.

La compra de un glucómetro

La tecnología y características de los glucómetros cambian con rapidez y las opciones son muchas. La variedad le permitirá encontrar fácilmente un dispositivo que satisfaga sus necesidades y preferencias particulares.

Casi todos los glucómetros funcionan en una de dos formas. Algunos aún se basan en un proceso de cambio de color, en el

CARACTERÍSTICAS

Los fabricantes tratan de hacer glucómetros adecuados, pero lo que es útil para usted, podría ser un obstáculo para otra persona. Ésta es la comparación de algunas particularidades importantes:

CARACTERÍSTICA	VENTAJAS	DESVENTAJAS
Memoria integrada	Le permite consultar los resultados después de un tiempo. Algunas unidades promedian las cifras de manera automática.	Algunos glucómetros guardan hasta 10 lecturas (insuficiente si toma cuatro lecturas al día y va al médico una vez al mes). Necesitaría registrar al menos 100 lecturas.
Capacidad de descarga	Puede pasar sus lecturas directamente a la base de datos del médico o a un software que genera gráficas y diagramas útiles.	La unidad puede ser incompatible con el software del médico y costar más que los glucómetros más sencillos.
Indicaciones verbales	Una voz lo dirige paso a paso en el proceso de automonitorización, para que tenga la seguridad de que usa la técnica indicada para resultados precisos.	Llega a ser molesto; una vez que aprende a manejarlo, la voz resulta innecesaria. El costo puede ser más alto que el de los glucómetros silenciosos.
Tiras reactivas con acción de sifón	Absorbe la sangre hacia la tira reactiva, lo que es más fácil que gotearla sobre ella.	Las tiras reactivas son el gasto principal en un sistema de registro y son costosas.

cual la glucosa en la sangre reacciona con enzimas en la tira reactiva. Los medidores actuales leen la intensidad del color y muestran un número en la pantalla, y no es necesario igualar colores con la vista. Otros medidores detectan las minúsculas corrientes eléctricas creadas por las reacciones de las enzimas, y la fuerza del flujo de electrones depende de la cantidad de glucosa presente en la sangre. Los resultados se muestran en la pantalla digital del glucómetro.

Para elegir entre una gran cantidad de glucómetros y encontrar el indicado para usted, consulte a su médico, quien podrá recomendarle una unidad particular basándose en la experiencia, los reportes de otros pacientes o la compatibilidad con sus propios sistemas para llevar los registros. Indague si su seguro médico requiere que compre glucómetros específicos. Si puede, consulte la revista bimestral *Diabetes Hoy,* que publica la Federación Mexicana de Diabetes, A.C., en la que encontrará información valiosa en este y en otros ámbitos; puede conseguirla en puestos de periódicos y locales cerrados. También pregúntele a su doctor si sabe de alguna lista o guía que incluya

DESAJUSTE ENTRE MEDIDORES

Los análisis que el médico hace en el consultorio (como el análisis de glucosa en plasma en ayunas) miden la glucosa en la sangre en forma diferente que la mayoría de los glucómetros caseros. Como resultado, las lecturas caseras pueden ser entre 10 y 15% más bajas que las del médico. Una lectura no es mejor o más precisa que la otra, pero debe evitar la confusión debido a la discrepancia, pues si comparara los números directamente, podría pensar que sus niveles de glucosa son mejores de lo que realmente son.

¿Por qué la diferencia? Muchos glucómetros caseros miden la sangre entera, la sangre que gotea, no procesada, de su cuerpo sobre una tira reactiva. La sangre entera contiene varios ingredientes, incluyendo plasma (un fluido) y glóbulos rojos. Las pruebas de laboratorio en el consultorio del médico separan estos elementos y sólo analizan la glucosa en sangre en el plasma, que tiende a estar más concentrada que en la sangre entera.

Algunos glucómetros caseros convierten en forma automática las cifras de la sangre entera en cifras del plasma, pero no es necesariio que el suyo lo haga. Cuando el médico mire las cifras de las lecturas caseras, las convertirá para que sean consistentes y las integrará.

información de todas las opciones posibles para elegir un glucómetro. Al evaluar las alternativas, debe considerar varios factores:

Facilidad de uso. Los medidores vienen en diferentes tamaños y formas, algunos tan pequeños como una tarjeta de crédito, y deseará elegir uno cuyo uso le resulte cómodo. Algunos requieren gotas de sangre más grandes para un resultado preciso, lo que puede ser de importancia para usted si tiene mala circulación. Si tiene problemas de la vista, busque un medidor que muestre números grandes.

La información que necesita. La información que necesita conocer depende del tipo de diabetes que tenga. Si es tipo 1 o tipo 2 y toma medicamento o insulina, es probable que haga más lecturas que si tiene el tipo 2 y controla la diabetes con dieta y ejercicio. Si hace muchos análisis, deseará un glucómetro con memoria integrada, para tener registro de docenas de resultados que acumulará entre las visitas al médico. Algunas unidades tienen puertos de información que le permiten descargar la información a un software para el manejo de la diabetes en una computadora personal. Por otra parte, si hace análisis un par de veces al día o menos, estas opciones pueden ser superfluas.

Detalles prácticos. Puntos que parecen triviales al inicio pueden llegar a ser más importantes cuanto más use su glucómetro. Algunas unidades usan pilas estándar que puede comprar en cualquier farmacia o tienda de descuento, mientras que otras usan pilas menos comunes (y a menudo más costosas) que resulta difícil encontrar. Otras más no tienen pilas reemplazables y debe comprar un nuevo glucómetro cuando éstas fallen. Estas unidades sirven para miles de lecturas, pero la cantidad varía de un modelo a otro. Considere también la limpieza: algunos glucómetros son de mantenimiento más fácil que otros. Indague también la rapidez con la que el glucómetro proporciona la lectura. La mayoría da la lectura en menos de un minuto, pero la diferencia entre 40 y 5 segundos puede ser significativa si está retrasado para una cita o para ir al trabajo.

Costo. Los glucómetros más populares cuestan entre 700 y 2,000 pesos, aunque los precios varían según las características. Las aseguradoras suelen cubrir el costo de un glucómetro. Los fabricantes ofrecen grandes descuentos, rebajas, trueques de venta e incluso los regalan, para poner una unidad en sus manos y obligarlo a hacer el gasto real: comprar las tiras reactivas.

En Internet hay información sobre glucómetros, pero poca es objetiva. En octubre de 2001 la revista *Consumer Reports* publicó su primera evaluación de medidores de glucosa en la sangre. De 11 unidades de mayor venta probadas por expertos y por pacientes con diabetes, cuatro clasificaron muy bien por su uso fácil, características, precisión y consistencia. Éstas fueron:

▶ One Touch Ultra (fabricado por LifeScan)
▶ Accu-Chek Advantage (Diagnósticos Roche)
▶ Freestyle (TheraSense)
▶ One Touch SureStep (LifeScan)

NO ESPERE MÁS

Ser un "buen sangrador" es una bendición (aunque suene extraño) que no todos comparten. Si considera que sacarse sangre del dedo es similar a sacarla de una piedra, pruebe estos pasos para que la sangre fluya mejor:

➲ Antes del análisis, haga ejercicio ligero o tome un baño tibio para mejorar la circulación en las puntas de los dedos. Si tiene las manos frías (indica poco flujo de sangre en los dedos), llene un recipiente con agua caliente y remójelas unos minutos.

➲ Utilice la penetración más profunda de la lanceta ajustable. No tiene caso tratar de evitar el dolor con un ajuste bajo si tiene que volver a picarse para obtener la sangre.

➲ Balancee los brazos para enviar sangre hacia los dedos; luego balancee los brazos en los costados y sacuda las manos.

➲ No trate de sacar sangre luego de pincharse. Sostenga la mano abajo del nivel del corazón y relájese un momento, para que la sangre fluya al sitio lanceado.

➲ Como último recurso, colóquese una liga en la base del dedo, donde se une con la mano, para que la sangre permanezca en el dedo; retire la liga en cuanto obtenga la sangre necesaria.

Reemplazo de tiras reactivas

Las tiras reactivas son un gasto continuo que con facilidad sobrepasa los 10,000 pesos al año si hace análisis cuatro veces al día. (El seguro casi siempre paga el costo.) Sin embargo, son una parte muy importante del proceso de control. Con frecuencia, las tiras están diseñadas para funcionar con su glucómetro y no se pueden usar con otros aparatos.

Cuando elija su sistema, cerciórese de que las tiras reactivas que necesita se vendan en farmacias. Indague si su plan de seguro médico limita el pago de las tiras, que varía entre los 5 y los 10 pesos por tira. Las tiras costosas pueden salirse de su presupuesto. Las tiras reactivas genéricas están disponibles para algunos sistemas, en especial los que se basan en el cambio de color.

Una vez que empiece a usar su sistema verifique que las tiras reactivas tengan fecha de caducidad; si las utiliza después de esa fecha, puede obtener lecturas imprecisas. Notará que los reemplazos están empacados en diferentes formas (individualmente o en paquetes de 50). Considere con qué frecuencia usa las tiras, pues los paquetes grandes disminuyen el costo por unidad, pero si tiene que desechar algunas porque caducan antes de que pueda usarlas, sería más conveniente comprar tiras sueltas.

Libreta de registro

La mayoría de los sistemas de automonitorización incluyen una libreta para que anote sus resultados. El registro de los niveles de glucosa en la sangre para que pueda crear patrones es uno de los principales motivos por los que se hace el análisis. Si no le agrada la libreta que acompaña al glucómetro, su médico puede proporcionarle una que cubra sus necesidades, que incluya espacio para escribir información sobre el medicamento, la insulina u otras pruebas. Puede obtener nuevas páginas con su médico o escribiendo al

---

NO ESPERE MÁS

No puede evitar por completo el piquete de la punta de la lanceta, pero puede minimizar la molestia si:

⮑ Usa jabón suave y agua tibia y no alcohol para limpiarse las manos antes del análisis. Los jabones suaves resecan menos las manos y facilitan la punción, en especial si usa el mismo sitio. El agua tibia lleva más sangre hacia las puntas de los dedos y facilita extraerla.

⮑ Usa un dispositivo para lanceta ajustable, para que ajuste la profundidad de la penetración de acuerdo con la dureza de su piel.

⮑ Pincha los costados de los dedos, donde hay menos terminaciones nerviosas y muchos vasos sanguíneos.

⮑ Se pone un poco de loción en el sitio del piquete, para suavizar la piel y mantenerla húmeda y flexible.

fabricante del glucómetro a la dirección que aparece en el instructivo. Puede usar también una libreta común para anotar las mediciones (las libretas de registro proporcionan columnas más convenientes y legibles). Sin importar el cuaderno que use, lo esencial es anotar las mediciones en papel con la fecha y hora de cada lectura. No anote sólo las cifras. Recuerde que busca patrones y asociaciones y que está sujeto a un pequeño estudio científico (los buenos científicos hacen muchas anotaciones). Escriba cualquier cosa inusual sobre lo que come, el ejercicio que hace, lo enfermo que se siente y el estrés que padece. Ni el mejor glucómetro puede almacenar en su memoria estas observaciones.

Lleve con usted la libreta siempre que visite al médico, aunque él no la revise (en especial si su glucómetro descarga la información en su computadora), pero si tiene él una pregunta basada en sus mediciones ("¿Sucedió algo inusual hace dos semanas?"), su libreta puede proporcionar información valiosa.

Siete pasos: resultados veraces

Para hacer su tarea, los sistemas de medición de glucosa necesitan ser precisos, pero sobre todo consistentes. (Incluso si sus lecturas fallan un poco, y usted lo sabe, y el grado de error siempre es el mismo, de todas formas puede tener buena información acerca de sus niveles de glucosa.) Para asegurarse de obtener resultados confiables, siga estos consejos.

1 **Calibre.** Cada lote de tiras reactivas que compra puede tener ligeras variaciones químicas con otros lotes y esto afecta las lecturas. Debe igualar su glucómetro con cada lote de tiras, antes de usarlas. Algunos glucómetros hacen esto automáticamente y otros requieren que usted los calibre cada vez que abre una nueva caja de tiras. Consulte el instructivo de su glucómetro o de las tiras reactivas, para saber cómo calibrarlos.

2 Revise las tiras. Si sus lecturas parecen erradas (extrañamente inconsistentes de un día a otro o no concuerdan con cómo se siente), quizá tenga un lote de tiras reactivas dañado. Revise la fecha de caducidad para ver si son demasiado viejas y examine los paquetes individuales para asegurarse de que no estén dañadas.

3 Haga una prueba. Verifique que su glucómetro sea exacto probándolo periódicamente con una solución cuyo nivel de glucosa está predeterminado. Si su glucómetro está bien calibrado, las lecturas serán muy similares al resultado esperado. (Casi todos los glucómetros vienen con una solución de control para dicho propósito.)

4 Compare en el consultorio del médico. Lleve su glucómetro la próxima vez que le hagan un análisis de glucosa en plasma en ayunas en el consultorio del médico. La lectura de sangre entera de su glucómetro no debe variar de la lectura del plasma más de 15%.

5 Hágase algunas preguntas. ¿Es usted el problema? Revise las instrucciones del glucómetro y piense en su técnica. ¿Algo de lo que hace podría alterar los resultados? ¿Tiene limpias las manos? ¿Toca la tira con el dedo? ¿No seca el exceso de sangre con los materiales especificados en el instructivo del glucómetro?

6 Revise el glucómetro. Quizá su glucómetro sólo necesita que lo haga revivir: "Necesita limpieza mínima" no significa "nunca necesita limpieza". Lea las indicaciones para saber qué materiales debe usar (o no usar) para limpiar el aparato; preste atención especial a la ranura donde se coloca la tira reactiva. Luego revise las pilas para ver si aún tienen energía.

7 Llame al fabricante. Si los resultados de su glucómetro parecen no ser siempre precisos y no puede solucionar el problema, llame a la línea de servicio al cliente de su aparato. En muchos casos, los fabricantes reemplazan los glucómetros dañados, sin cargo alguno.

Avances tecnológicos

El proceso para llevar a cabo la automonitorización ha avanzado mucho con la tecnología, mas es difícil estar satisfecho con una rutina dolorosa, aunque se acostumbre a ella. Los fabricantes han buscado formas para hacer menos dolorosos los procedimientos de autoanálisis y lograron varios resultados. Éstos no eliminan la necesidad del autoanálisis regular, pero pueden reducir el número de piquetes que necesita en el dedo o hacerlos más amigables.

Lanceta láser. En lugar de sacar sangre con la punta filosa de una lanceta similar a un alfiler, puede usar un dispositivo aprobado por la Administración de Alimentos y Medicamentos (Food and Drug Administration, FDA, de EUA), cuyo rayo láser hace un orificio en el dedo. El aparato, llamado Personal Lasette, está disponible por prescripción y es menos doloroso que una lanceta común, aunque se siente cuando el láser rompe la piel. Inconvenientes: es voluminoso y, por ello, poco práctico, según el *Consumer Reports*. El factor decisivo es el precio: en el último reporte tenía un costo de 10,000 pesos.

Sitios menos sensibles. Algunos glucómetros requieren menos sangre que la gota que se extrae del dedo con una lanceta común, debido a que la sangre entra en contacto con unas tiras reactivas estilo sifón (capilares). Los dispositivos con lanceta de los glucómetros le permiten romper la piel en sitios menos sensibles que las yemas de los dedos, como el antebrazo, donde no tiene que oprimir para sacar una gota. Algunos profesionales que tratan la diabetes opinan que las pruebas en sitios alternados son menos precisas, pero dicho glucómetro ocupó el tercer lugar en calidad general en la lista del *Consumer Reports*. Los panelistas de la revista reportaron que la prueba en el antebrazo es menos dolorosa, pero se dificulta más obtener la muestra de sangre. Resultado: las tiras reactivas capilares proporcionan nuevas opciones y facilitan la obtención de sangre con más limpieza (con un solo piquete en el dedo).

Medidores sin piquete. El sueño es evitar sacar sangre y algunos dispositivos siguen esta tendencia. El GlucoWatch Biographer aprobado por la FDA usa un sensor que se coloca en

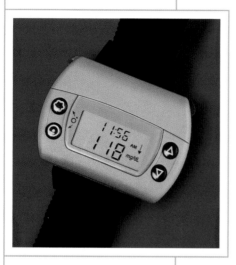

la muñeca y mide la glucosa a través de la piel; funciona con energía eléctrica. Otros dispositivos en desarrollo obtendrán la glucosa mediante ondas de sonido o sustancias químicas. Algunos harán en la piel agujeritos del diámetro de un cabello, con rayos láser o una ráfaga a alta presión de partículas finas, y luego absorberán el fluido alrededor de las células, en lugar de sangre, para la lectura. El GlucoWatch Biographer proporciona hasta tres lecturas de glucosa por hora, hasta por 12 horas y es útil para estudiar tendencias. No puede reemplazar a un glucómetro regular, pues se toma 20 minutos para calcular una lectura y la glucosa en la sangre puede cambiar (si un medicamento actúa) en ese periodo de tiempo.

Implantes. Un dispositivo nuevo, llamado Sistema de monitorización continua de glucosa Medtronic MiniMed, registra información casi continua sobre los niveles de glucosa en la sangre, a través de un sensor implantado bajo la piel. Durante tres días toma una lectura cada cinco minutos y da un informe completo sobre el comportamiento de los niveles de glucosa entre las pruebas normales, incluso mientras duerme. Esta información puede ser trasladada a la computadora del médico y ayudar a concretar su tratamiento o a detectar problemas que dificulten mantener la glucosa bajo control. Los investigadores esperan poder colocar sensores en el cuerpo durante periodos más largos, sin que sean atacados por el sistema inmunitario. Esto facilitaría el camino para un registro combinado y los sistemas para proporcionar insulina (un páncreas artificial).

Altas y bajas: por qué suceden y cómo tratarlas

No necesitaría vigilar sus niveles de glucosa en la sangre durante el día si no fuera por el hecho inconveniente de que cambian. Indagar la causa de que aumenten y bajen es la clave para controlarlos.

Comida: la fuente de glucosa en la sangre

El azúcar de la comida hace que la glucosa en la sangre aumente entre una y dos horas después de comer, pero la extensión y la velocidad del aumento pueden depender de lo que coma y de la cantidad, y de la resistencia a la insulina. Los análisis lo ayudan a valorar sus respuestas ante diferentes alimentos.

➲ **Ajuste su plan de comidas.** Si las comidas que eligió con su médico o dietista no mantienen la glucosa en la sangre bajo control, necesitará hacer una nueva valoración. Quizá obtiene demasiadas calorías totales o come demasiados azúcares y almidones (lo que eleva más y con mayor rapidez la glucosa, que otros tipos de comida) a la vez. La monitorización en las comidas lo ayudará a determinar cómo cambia su glucosa en res-

MANEJO DE LA HIPOGLUCEMIA

Si las lecturas revelan que su glucosa en la sangre bajó más de 70 mg/dl, ¡cuidado!: los niveles están demasiado bajos y corre el peligro de padecer hipoglucemia. No espere a que se presenten síntomas como confusión mental, ritmo cardiaco acelerado, sudoración y doble visión para actuar, pues a veces aparecen hasta que la glucosa en la sangre disminuyó peligrosamente. Actúe de inmediato.

Coma. Consuma de 10 a 15 gramos de un carbohidrato de acción rápida, para elevar la glucosa lo más pronto posible. Ejemplos:

■ Tres píldoras de azúcar

■ Dos cucharadas de pasas

■ Seis o siete dulces Salvavidas o frijoles de jalea

■ Media taza (114 ml) de refresco regular (no de dieta)

■ Media taza (114 ml) de jugo de fruta

Descanse. Repose 15 minutos mientras los carbohidratos actúan.

Haga una prueba. Necesita saber si mejoró el nivel de glucosa. Si aún está por debajo de 70 mg/dl, coma otro refrigerio y descanse de nuevo. Si la glucosa ha subido a un nivel aceptable y falta una hora o más para su siguiente comida programada, coma otro refrigerio (puede ser unas galletas saladas) para salir del apuro.

puesta a lo que come y también dará a su equipo médico la información necesaria para guiarlo hacia mejores opciones.

➲ **Sea consistente.** Use la información de las lecturas como guía e identifique los alimentos que controlan mejor el nivel de glucosa en la sangre. Intente comer esos alimentos en cantidades consistentes, a la misma hora todos los días. Mientras más controle el azúcar que entra en su cuerpo, más podrá predecir y controlar la fluctuación de su glucosa en la sangre.

● **Disminuya el alcohol.** Si bebe, no tome más de dos copas al día y de preferencia hágalo con la comida. El alcohol disminuye la glucosa y aumenta el riesgo de padecer hipoglucemia. Las bebidas mezcladas suelen contener más azúcar y calorías.

● **Considere el medicamento.** Si las lecturas del glucómetro indican que le es difícil mantener en línea la glucosa en la sangre mediante dieta y ejercicio, quizá sea un buen candidato para el tratamiento con medicamentos antidiabéticos orales, como acarbosa (Glucobay), sin llegar a las inyecciones de insulina.

Ejercicio: el glotón de glucosa

El movimiento de los músculos acelera la máquina del cuerpo y aumenta el consumo de combustible. Resultado: los niveles de glucosa disminuyen gracias a la actividad física. En general, esto es bueno y el control puede proporcionar perspectivas para el uso estratégico del ejercicio, con el fin de disminuir la glucosa en la sangre. Decida junto con el médico cómo debe intervenir el ejercicio en su enfoque general del manejo de la diabetes.

● **Ajuste el medicamento.** El ejercicio vigoroso puede disminuir la glucosa en la sangre durante varias horas después de que se ejercitó, incluso por uno o dos días. Si controla la glucosa con insulina o medicamento, las lecturas después del ejercicio pueden sugerir que disminuya las dosis para evitar la hipoglucemia. Pida consejo al médico respecto a su condición y los niveles de actividad, para ajustar el medicamento de acuerdo con éstos.

● **Prepárese con tiempo.** Si planea hacer ejercicio vigoroso, coma más y más temprano en el día o use menos insulina para asegurarse de tener suficiente glucosa disponible para abastecer los músculos activos. Haga ejercicio una o dos horas después de comer, cuando la glucosa en la sangre está alta.

● **Manténgase bien alimentado.** Dependiendo de lo vigoroso que haya sido el ejercicio, sería buena idea aumentar la ingesta de alimentos dentro de las 24 horas siguientes al ejercicio, para asegurarse de que la glucosa no baje demasiado.

Use el ejercicio como medicina. Si se aplica insulina y nota en las lecturas que el ejercicio afecta la glucosa en la sangre, quizá pueda utilizar la actividad física como sustituto de la insulina, que se usa específicamente para disminuir la glucosa en la sangre en cierto momento. Hable con su médico antes de ajustar sus medicamentos.

Esté alerta ante lo inesperado. Ciertos tipos de ejercicios vigorosos (como el levantamiento de pesas) activan la glucosa almacenada en los músculos y pueden hacer que la glucosa en la sangre aumente, y no que disminuya. El médico le sugerirá cómo ajustar los tratamientos con insulina o medicamentos.

Insulina: ajuste el control

El uso de insulina tiene el objeto de mantener bajo el nivel de glucosa. Pero si las inyecciones bajan demasiado los niveles, puede presentarse hipoglucemia. Si las dosis no están bien programadas, es posible que experimente hiperglucemia. Un control ayuda a usar la insulina para mantener estable la glucosa.

Inyéctese más temprano para bajar los niveles. Los pacientes que se inyectan insulina regular (intermedia o de acción prolongada), suelen hacerlo de 30 a 45 minutos antes de comer. Si las lecturas indican que sus niveles de glucosa tienden a estar más altos antes de comer o una hora antes, puede aumentar el tiempo entre la inyección y la comida, para dar oportunidad a que la insulina baje los niveles de glucosa. También podría hacer ejercicio para lograr un efecto similar. Este consejo no se aplica a pacientes que usan insulina de acción rápida, como lispro, que debe inyectarse 15 minutos o menos antes de comer.

Espere a que suban los niveles. Si entre 30 y 45 minutos antes de comer tiende a estar bajo su nivel de glucosa en la sangre, inyéctese la insulina más cerca de la hora de las comidas, para evitar que el azúcar baje más antes de que tenga oportunidad de que el alimento entre en su cuerpo. Este consejo no se aplica a personas que usan insulina de acción rápida.

Coma bocadillos. Si las inyecciones de insulina tienden a producir hipoglucemia, puede comer cantidades pequeñas de carbohidratos (como un puñado de pasas) a media mañana y a media tarde, para mantener estables los niveles de glucosa entre comidas. Discuta con el médico la posibilidad de ajustar el tratamiento de insulina.

SABÍA USTED

Aunque casi todos los tipos de ejercicio disminuyen la glucosa en la sangre, algunas formas de estrés físico, o incluso broncearse, pueden elevarla. Asegúrese de usar protector solar con regularidad, en especial si toma ciertos medicamentos para la diabetes, que hacen la piel más sensible al sol.

Los altibajos de la enfermedad

Las enfermedades y el estrés pueden aumentar los niveles de glucosa en la sangre al estimular la liberación de hormonas que impiden la acción de la insulina y hacen que los sitios de almacenamiento en los músculos y el hígado liberen glucosa. Por supuesto, necesita tratar la enfermedad, pero también es necesario que tome medidas adicionales para mantener bajos los niveles de glucosa en la sangre.

➲ **Beba más agua.** Si el nivel de glucosa está más alto que lo habitual, es probable que los riñones trabajen más y produzcan más orina. Resultado: deshidratación por el exceso de orina. Beba al menos un vaso de agua cada media hora para mantenerse hidratado.

➲ **Evite el ejercicio.** Aun cuando el ejercicio podría disminuir la glucosa en la sangre, existe la posibilidad de que los músculos liberen glucosa. En cualquier caso, es más importante que descanse para combatir la enfermedad.

➲ **Considere ajustar la insulina.** Si se inyecta insulina, pregunte al médico si debe aumentar la dosis mientras se siente mal y cuándo debe hacerlo.

Mañana: el fenómeno del amanecer

Resultaría lógico pensar que su glucosa estará baja al despertarse por la mañana. Después de todo, pasó toda la noche sin comer. No obstante, es frecuente que el nivel de azúcar esté alto por la mañana. El motivo: el reloj corporal desencadena la liberación de hormonas que inhiben la insulina, para que el cuerpo tenga más glucosa disponible al inicio del nuevo día. Esto es natural y no por fuerza un problema. Si las lecturas revelan que su glucosa en la sangre aumenta excesivamente por la mañana, consulte con el médico las medidas que debe tomar.

➲ **Aplique la insulina más tarde.** Si se inyecta insulina por la noche, quizá sea mejor que se la aplique más cerca de la hora de irse a la cama, para un mayor control nocturno.

➲ **No coma antes de irse a la cama.** Trate de comer menos por la noche, para que no haya tanta glucosa en la sangre por la mañana. Quizá también desee comer menos en el desayuno.

🔵 **Haga ejercicio por la noche.** Debido a que los efectos del ejercicio que disminuyen la glucosa duran muchas horas, hacer ejercicio poco después de la cena puede ayudarlo a tener bajo control los niveles de glucosa a la mañana siguiente.

El panorama completo

La automonitorización le informa si controla bien su glucosa en la sangre, mas no le proporciona el panorama completo. Cada lectura que toma es como una fotografía que le muestra cómo estaba su glucosa en el momento de la prueba. Puede ser diferente 10 minutos después. Es como saber que un ascensor estaba en cierto piso en determinado momento, cuando su verdadera preocupación es que debería funcionar únicamente para ciertos pisos. Pero necesita también una indicación de dónde está el ascensor el resto del tiempo. En eso ayudan los análisis adicionales. Los más importantes son:

Hemoglobina A1c. Este análisis indica el promedio de los niveles de glucosa durante un periodo de dos o tres meses y es una herramienta invaluable. Si se inyecta insulina, el médico puede recomendar que haga este análisis cada tres meses; si no utiliza insulina, puede hacerlo cada seis meses.

El análisis proporciona resultados a largo plazo, porque no mide en sí el azúcar, sino su efecto sobre un tipo particular de hemoglobina. La hemoglobina es una sustancia que se encuentra en los glóbulos rojos, que transporta oxígeno por el torrente sanguíneo y libera el bióxido de carbono. Durante los cuatro meses de vida de los glóbulos rojos, la glucosa se "pega" a la hemoglobina, en un proceso conocido como glicosilación (al análisis A1c se le llama análisis de hemoglobina glicosilada). La acumulación de glucosa en la hemoglobina refleja lo alto que estuvo su nivel de glucosa en la sangre en ese lapso.

Advertencia: la glucosa se adhiere lentamente y cualquier cambio que tenga no será detectado; sólo se reflejará en los promedios de esta prueba. Así, el análisis de hemoglobina A1c tampoco proporciona toda la información, pero junto con la auto-monitorización ofrece un buen enfoque general de la glucosa.

Los resultados del análisis A1c se miden en una escala de porcentajes del 4 al 13. La Asociación Norteamericana de Diabetes recomienda mantener los resultados del A1c abajo de 7%. Asegúrese de discutir sus resultados con el médico, pues algunos laboratorios miden la hemoglobina A1c de diferente manera y los resultados no son consistentes de un laboratorio a otro. Hay un movimiento para estandarizar las cifras, pero por ahora necesitará la guía del médico para interpretar los resultados. Pregúntele a su doctor acerca de un dispositivo recién aprobado, del tamaño de la palma de la mano, que permite tomar lecturas de hemoglobina A1c en casa.

Fructosamina. Igual que el análisis de hemoglobina A1c, el análisis de fructosamina investiga cuánta glucosa se forma en los componentes de la sangre. Usa las proteínas como criterio, en particular la albúmina. Este análisis no es tan frecuente como el A1c, porque los resultados son similares, aunque con una diferencia importante: el análisis de fructosamina mide la glucosa en la sangre por un periodo de dos a tres semanas. Es un "puente" útil entre sus análisis de glucosa en casa a corto plazo y el A1c a largo plazo. El médico puede pedir un análisis de fructosamina para una revisión intermedia de su progreso si hace un cambio en el medicamento o la insulina, o si está embarazada.

Otras pruebas importantes

Aunque el control de la glucosa es una parte crítica del tratamiento de la diabetes, no es la única forma de vigilar su padecimiento y el riesgo de complicaciones. Estos cuatro análisis ofrecen información importante sobre la diabetes y su salud general.

Cetonas en orina. Si la automonitorización muestra que el nivel de glucosa es superior a 240 mg/dl, es posible que esté en riesgo de padecer cetoacidosis, una enfermedad en la que las células hambrientas de glucosa queman grasa para tener combustible y liberan cetonas ácidas en la sangre. Un análisis de cetona en orina, que puede hacer en casa, consiste en exponer una tira reactiva a la orina. También haga un análisis de cetona en orina si presenta síntomas como respiración profunda o rápida, náusea, vómito o dolor de estómago. La cetoacidosis es peligrosa y se presenta principalmente en diabéticos tipo 1. Si el resultado es positivo, llame a su médico.

Lípidos. Este análisis mide una variedad de lípidos o grasas en la sangre y debe practicarse al menos una vez al año, para evitar el riesgo de contraer enfermedades cardiovasculares si están presentes en grandes cantidades. Debido a que las personas con diabetes tienen un mayor riesgo de padecer problemas cardiacos, es muy importante conocer sus niveles de lípidos en sangre. Los principales lípidos que se analizan son:

> **LBD o colesterol "malo".** Lipoproteínas de baja densidad o LDL, por sus siglas en inglés. Esta sustancia cerosa se acumula y endurece en las paredes de las arterias; interfiere con el flujo de sangre y llega a causar un ataque cardiaco o de apoplejía. Con la diabetes, su colesterol LBD debe ser de 100 mg/dl o menos, más bajo de lo normal.

> **LAD o colesterol "bueno".** Lipoproteínas de alta densidad o HDL, por sus siglas en inglés. Esta forma benéfica de colesterol ayuda al cuerpo a librarse del colesterol malo, limpiando las paredes de las arterias y llevando los depósitos de LBD al hígado y fuera del cuerpo. Los niveles altos de LAD son buenos. (No se haga un análisis que sólo le proporcione el colesterol total; es mejor tener el porcentaje crítico entre el colesterol bueno y el malo.) El LAD debe ser de al menos 35 mg/dl, para hombres, y 45 mg/dl, para mujeres.

> **Triglicéridos.** La mayoría de la grasa que usted consume está formada por triglicéridos, un tipo de lípido que almacenan las células para energía. Muchos triglicéridos endurecen las arterias y se debe procurar un nivel menor de 200 mg/dl.

CUÁNDO HACER ANÁLISIS

Para vigilar la diabetes y sus complicaciones debe tener exámenes regulares que incluyan los análisis relevantes sugeridos en este programa.

Cada visita al médico:

■ Presión arterial

Una vez al año:

■ Análisis de lípidos (colesterol y triglicéridos)

■ Examen de la vista con dilatación de pupila

■ Microalbúmina en orina

Cada tres a seis meses:

■ Hemoglobina A1c

Cuando lo aconseje su médico:

■ Fructosamina

Presión arterial. Medir la presión es algo que debe hacerse en cada visita al médico (el dispositivo para medirla, o esfigmomanómetro, consiste en un puño inflable presurizado que rodea el brazo, una bomba de aire y una columna de vidrio llena de mercurio). Esta prueba es muy importante pues indica el esfuerzo del corazón al bombear la sangre a través del cuerpo. Si su presión arterial es alta, el corazón trabaja más de lo debido, lo que origina demasiada presión en los vasos sanguíneos. Las complicaciones son similares a las de la diabetes, incluidos el daño en los riñones, los nervios y los ojos. La presión arterial de las personas con diabetes debe ser más baja de 130/85 milímetros de mercurio (mmHg); una lectura doble que refleja la fuerza que ejerce el corazón contra las paredes de los vasos sanguíneos al contraerse (presión sistólica, reflejada por el número más alto de la lectura), y la presión residual dentro de las arterias entre latido y latido del corazón (presión diastólica, reflejada por el número más bajo de la lectura.)

CIFRAS QUE DEBE CONOCER

Glucosa ideal antes de comer: . . . . 80 a 120 mg/dl

Glucosa ideal al acostarse: . . . . 100 a 140 mg/dl

Glucosa que indica hipoglucemia: . . . . 70 mg/dl

Glucosa que amerita prueba de cetona: . . . . . 240 mg/dl

Hemoglobina A1c glicosilada ideal: . . . . 7% o menos

Colesterol bajo riesgo LBD: . . . . 100 mg/dl o menos

Colesterol bajo riesgo LAD (hombres): . . 35 mg/dl o más

Colesterol bajo riesgo LAD (mujeres): . . . 45 mg/dl o más

Triglicéridos bajo riesgo: . . . . menos de 200 mg/dl

Presión arterial bajo riesgo: . . . . 130/85 mmHg o menos

Microalbúmina en orina. Este análisis detecta el daño en los riñones (complicación común de la diabetes) en sus primeras etapas. Consiste en la búsqueda de cantidades minúsculas de albúmina, proteína que permanece en el torrente sanguíneo pero que aparece en la orina cuando los riñones tienen dificultad para filtrar los desechos. Si tiene diabetes tipo 2, debe hacerse un análisis de microalbúmina en orina luego del diagnóstico y después cada año. Si tiene diabetes tipo 1 y ya había pasado la pubertad cuando le dieron el diagnóstico, puede esperar cinco años antes del primer análisis, pues no es probable que los riñones se dañen silenciosamente antes de ese tiempo.

Un resultado positivo de microalbúmina en orina puede convertirlo en un buen candidato para un tratamiento adicional, que puede ser con medicamento para bajar la presión arterial, la cual, al estar alta, puede estrechar las arterias que van a los riñones y dañar los delicados vasos sanguíneos en su interior.

LA PRUEBA

Maggie López, de 41 años, tenía un historial familiar de diabetes y sabía que su riesgo era elevado. "Cuando noté que iba con frecuencia al baño y a menudo estaba cansada sin un motivo claro, hice una cita para un examen médico", comenta Maggie, de Port Orange, Florida. No fue sorprendente (al menos para Maggie, entonces de 37 años) que los análisis de sangre indicaran un diagnóstico de diabetes tipo 2, que sugerían un medicamento para disminuir la glucosa y un gran esfuerzo para autoeducarse.

Al obtener información en Internet, Maggie leyó sobre la prueba A1c, que revela el aumento de glucosa en la hemoglobina durante un periodo. "Mi médico aún no me informaba sobre la prueba A1c y le pregunté", dice Maggie, para quien la prueba constituye una de sus más importantes herramientas para controlar la diabetes. Su primer resultado de A1c fue un inquietante 8.9%, arriba del 6.5% recomendado. "Esa cifra me indicó que necesitaba algo más que medicamento para controlar mi diabetes", recuerda. Después de haber visto sufrir a su madre con numerosas complicaciones, incluida una afección cardiaca, decidió controlar su enfermedad. Continuó registrando su glucosa en la sangre día con día, mientras se enfocaba en mejorar lo que para ella era como un examen semestral y una boleta de calificaciones: los resultados del A1c. "Inicié con más seriedad cambios en la dieta y hábitos de ejercicio."

Empezó a usar la caminadora y la bicicleta fija, alternando sesiones de gimnasio con 30 minutos de caminata. Vigiló el número de calorías que consumía en alimentos, como frijoles y arroz, y se dio cuenta de que comía demasiado. Por ejemplo, en lugar de comer arroz todos los días, comenzó a consumir una ración a la semana.

"Seis meses después, mi siguiente A1c reforzó mi trabajo (fue de 5.7), lo que es mejor que normal, y eso apoyó mucho mis esfuerzos."

Maggie aboga por el A1c. "Siempre que encuentro a alguien con diabetes, lo primero que le pregunto es: '¿Cuál es tu A1c?' Creo que muchas personas no conocen esta prueba", comenta ella. Uno de sus seguidores es su esposo, que también tiene diabetes y vigila su A1c. "No usamos la mesa del comedor para comer; en cambio, está cubierta con los monitores de glucosa que usamos en casa y en los viajes, más nuestros diarios de comida… Hay muchas herramientas disponibles para el control de la diabetes y están al alcance. No tenemos excusa para no usarlas."

4

Comida contra la diabetes

En gran medida, la diabetes empieza y termina con la comida, la fuente de glucosa del cuerpo. Tener diabetes no significa que nunca podrá volver a disfrutar sus platillos o postres favoritos, sólo que tendrá que hacer un balance cuidadoso. Al seguir un plan de comidas personalizado controla su peso y disminuye calorías y la glucosa en la sangre. Los sistemas como los intercambios de comida y el conteo de carbohidratos pueden ayudarlo a hacer elecciones sabias. No considere estos cuidados como una dieta, sino como un paso permanente para mejorar la salud.

No es una sorpresa el hecho de que la dieta sea un elemento clave en el control de la diabetes. Después de todo, la glucosa proviene de la comida y es lógico que lo que come influya en el aumento del azúcar. Los alimentos no deben ser un problema, sino parte de la solución.

¿La comida como medicina? Sí. La dieta adecuada es una medicina tan poderosa, que puede detener el curso de la diabetes tipo 2. Los alimentos pueden ayudarlo a reducir las dosis de insulina o de medicamento o incluso a dejar de usarlos. La dieta adecuada ayuda a tratar mejor la diabetes tipo 1.

Por fortuna, la prescripción de comida no tiene que saber a fármaco. Si piensa que tener diabetes significa llevar una "dieta diabética": aburrida, sin sabor y con la prohibición de todos sus alimentos favoritos, piénselo de nuevo. La verdad es que una dieta saludable para una persona con diabetes no es muy diferente de una dieta saludable para cualquier otra persona. Aunque durante años los médicos recomendaron una dieta restringida para las personas con diabetes, en especial en relación con el azúcar, la investigación demostró que el azúcar no es el villano que se creía que era. En 1994, la Asociación Norteamericana de Diabetes (o ADA, por sus siglas en inglés) no restringió tanto sus recomendaciones para la dieta y amplió las opciones para comer sanamente. La importancia está ahora en las alternativas y su padecimiento.

El plan: "Comer para vencer"

¿Cómo comer para vencer la diabetes? El objetivo es controlar la glucosa en la sangre y obtener el balance correcto de nutrientes para una buena salud. Lo que eso significa para usted dependerá de muchos factores. Para planear una estrategia que le funcione:

⮕ **Consulte a un dietista.** Su médico puede canalizarlo con un dietista titulado que evalúe su dieta actual y le haga sugerencias basado en qué, cuándo y cuánto le gusta comer. No se preocupe al pensar que un dietista sólo le dará una lista de reglas y prohibiciones (un error común). Descubrirá que puede proporcionar más flexibilidad de la que creyó posible. Por ejemplo, si come una dieta que incluye muchos frijoles y arroz (alimentos que aumentan los niveles de glucosa en la sangre), el dietista lo ayudará a que esos alimentos continúen formando parte de su dieta; sí puede limitar las porciones de comida o dividir su consumo durante el día.

Muchos planes de seguros y atención médica no cubren las consultas con un dietista, pero un diagnóstico de diabetes le permitirá programar hasta tres visitas. Eso es suficiente para establecer un plan que funcione, el cual usted, su médico y en ocasiones el dietista pueden ajustar sobre la marcha.

⊃ **Lleve un diario de comida.** Antes de visitar al dietista por primera vez, mantenga un registro de cada bocado que coma diariamente, sin importar si es pequeño, al menos por una semana. No sólo anote lo que se lleva a la boca, sino también dónde comió una comida específica y lo que hacía en ese momento. Esto ayudará al dietista a encontrar patrones que puedan responder la pregunta: ¿por qué come? Es seguro que si usted sale con colegas después del trabajo, el dietista no querrá eliminar esos importantes momentos sociales y de negocios, pero puede sugerir que acompañe la cerveza con galletitas saladas y no con cacahuates. Escribir un diario de comida ayuda al dietista y usted estará más consciente de sus hábitos alimentarios y podrá reconocer los hábitos que puede cambiar.

Tenga a la mano una libretita durante el día, para anotar de inmediato lo que come. Algunas personas hacen sus anotaciones en agendas digitales. Si tomar notas cada vez que come le resulta inconveniente, intente tratar de reconstruir su consumo de comida al final del día; el registro será valioso incluso si olvida algunos detalles.

⊃ **Lecturas de glucosa en la sangre.** Muestre también al dietista las lecturas diarias de glucosa en la sangre, para que compare sus niveles de azúcar con sus patrones alimentarios. Esta comparación indicará cuánta glucosa tiende a variar en respuesta a la comida y ayudará a determinar cuándo y cuánto debe comer. Algunas personas con diabetes se mantienen bien con tres comidas balanceadas al día y quitando las calorías vacías de los dulces; otras necesitan seguir un plan detallado que especifique las calorías, los gramos de carbohidratos o el número de porciones de distintos grupos de comida.

⊃ **Reúna todo.** Una vez que usted y el dietista conozcan sus patrones de comida y sus niveles de glucosa, vendrán las recomendaciones para los alimentos específicos que puede comer en cada comida o refrigerio. Este proceso es parte negociación y parte análisis e incluye otras variables que hay que considerar:

▶ **Peso.** Mientras más kilos extra tenga, más cuidado deberá tener con lo que come.

▶ **Hábitos de ejercicio.** El ejercicio disminuye la glucosa en la sangre, por lo que la cantidad y la frecuencia afectarán el número de calorías que debe incluir en cada comida.

▶ **Uso de insulina.** Si usted es tipo 1, el contenido y horario de sus comidas debe equilibrar la cantidad de insulina que circula en su sangre. Si es tipo 2 y usa insulina, necesita valorar esto además de las variables (como peso y ejercicio) que afectan la resistencia a la insulina.

▶ **Uso de medicamento.** Qué medicamento toma, cuánto y cuándo es su acción máxima, puede afectar las alternativas para la dieta. Dejar de tomar medicamento, si tiene tipo 2, puede ser un objetivo realista para su plan alimentario.

▶ **Consideraciones especiales.** Asegúrese de informar al dietista los resultados de los análisis de lípidos (como colesterol), presión arterial y microalbúmina (para funcionamiento renal). Si ya tiene complicaciones como porcentajes inadecuados de colesterol, presión arterial alta y lesión en el riñón, quizá necesite seguir indicaciones específicas para esos padecimientos, como comer menos grasa saturada, suprimir la sal o evitar cantidades excesivas de proteínas.

⊃ **La consistencia es la clave.** Una vez que desarrolle un plan, mantendrá estable la glucosa si come la misma cantidad de comida con el mismo balance de nutrientes, en el mismo horario cada día. No suponga que puede estar "mal" unos días, mientras esté "bien" otros: comer con patrones erráticos sólo hace que el azúcar en la sangre oscile. Trate de establecer un plan de comidas que pueda seguir siempre.

⊃ **¿Cómo funciona?** La automonitorización de su glucosa les proporcionará a usted y a su médico una noción acerca de lo bien que puede controlarla con la dieta. A partir de esto ajustará su plan de ataque y adaptará su plan alimentario o cambiará el nivel de actividad, la dosis de insulina u otras variables. Si tiene diabetes tipo 2 y se le dificulta controlar la glucosa mediante la dieta y el ejercicio, quizá pueda ser candidato para el tratamiento con insulina o medicamento. Por otra parte, si logró bajar de peso y controlar el azúcar en la sangre mediante dieta y ejercicio, podría dejar de usar insulina o medicamento.

Recuerde: las calorías cuentan

Si tiene diabetes tipo 2, la cantidad de alimento es tan importante como las características de él, o quizá más. Por eso, uno de los objetivos más significativos de su plan de dieta será bajar de peso. Para ayudarlo a lograrlo, el dietista deseará establecer de inmediato el número de calorías que debe consumir al día.

El control de peso es esencialmente un asunto de manejo de energía que incluye una ley simple de termodinámica. Para mantener su peso actual, sólo debe obtener la cantidad de energía (medida en calorías) que queme. Si desea bajar de peso tiene que obtener menos calorías, quemar más calorías o ambas opciones.

Es esencial que las personas con diabetes tipo 2 pierdan kilos, porque mientras más grasa tengan en el cuerpo, más resistentes serán las células a la insulina. Cuando pierde el exceso de peso, la respuesta de las células a la insulina mejora y son más capaces de absorber glucosa y retirarla de la sangre. Si mantiene un buen peso y baja la presión arterial, y mejora el porcentaje de colesterol bueno y malo, también disminuirá el riesgo de padecer enfermedades cardiovasculares.

Un importante estudio clínico, publicado a principios de 2002, demostró con claridad la importancia de bajar de peso. En la prueba, Programa de Prevención de la Diabetes, se estudiaron más de 3,200 adultos, en 27 centros médicos, que tenían intolerancia a la glucosa y, por lo mismo, tenían un alto riesgo de desarrollar diabetes. A algunos pacientes se les dio metformina (Glucophage), la cual disminuye la glucosa en la sangre, y a otros se les hizo bajar unos kilos, con el objetivo de perder el 7% de su sobrepeso. Un tercer grupo tomó un placebo. La gran noticia: el medicamento fue útil y disminuyó el riesgo de desarrollar diabetes en un 31%, pero los resultados de la pérdida de peso superaron las cifras del medicamento y redujeron el riesgo de padecer diabetes hasta un 58%.

Los estudios sugieren que se puede mejorar muchísimo el control de la glucosa si se pierde el 5% del peso corporal. Una persona que pesa 79 kilos (y le corresponden de 3.5 a 4 kilos) puede lograr el objetivo con facilidad, en especial si combina la dieta con el ejercicio.

¿Cuántas calorías necesita?

La necesidad de calorías de cada persona es diferente y se basa en varios factores, incluidos la obesidad, el metabolismo y el nivel de actividad. El dietista fijará la cantidad de calorías que usted necesita, pero puede tener una idea de lo que requiere para mantener el peso actual si usa la "Regla de 10".

Paso 1: Multiplique su peso en libras por 10. Por ejemplo, si pesa 175 libras (79 kilos), obtendrá 1750, que equivale al número aproximado de calorías que necesita su cuerpo para funcionar en reposo.

Paso 2: Para saber cuántas calorías quema mediante la actividad física, valórese en la siguiente escala:

▶ Si es totalmente sedentario, califíquese con un 3.
▶ Si es moderadamente activo, califíquese con un 5.
▶ Si es muy activo, califíquese con un 7.

Paso 3: El número que eligió multiplíquelo por 100 y sume el resultado al número del Paso 1. Por ejemplo, si su resultado de la Regla de 10 es 1,750 calorías y es sedentario, sume 300 (esto es, 3 veces 100) a 1,750 para obtener un total de 2,050 calorías por día. Tenga en mente que es sólo un cálculo aproximado. Las cifras para hombres y mujeres difieren, pues los hombres tienden a tener más músculos activos metabólicamente.

¿Cuántas calorías necesita comer para bajar de peso? Medio kilo de grasa contiene unas 3,500 calorías. Pero usted no va a perder este peso de un día a otro; ni siquiera en una semana. Sin embargo, un déficit de calorías lento y continuo que logre con dieta y ejercicio podrá desaparecer poco a poco los kilos de más.

SIETE MITOS DE LA DIETA

Perder peso puede ser difícil y no gracias a algunas ideas erróneas populares y verosímiles que, sin embargo, pueden actuar en su contra. ¡Cuídese de los mitos!

1 LOS POSTRES ESTÁN PROHIBIDOS

La verdad es que en su dieta hay espacio para cualquier alimento, en especial los que más le gustan, mientras controle el consumo total de calorías (y gramos de carbohidratos si se traza un objetivo). Negarse sus comidas favoritas podría ocasionar que coma en exceso y se desaliente.

2 TIENE QUE PERDER MUCHO PESO PARA PODER VER LOS RESULTADOS

Mientras más se acerque al peso ideal, mejor, pero pequeñas mejorías continuas al inicio de un programa para bajar de peso tienen el mayor impacto en su salud. Los estudios indican que perder sólo entre 2.5 y 5 kilos mejora la resistencia a la insulina a tal grado que puede permitir que algunas personas con diabetes tipo 2 dejen de usar medicamento o inyecciones.

3 IMPORTA MÁS LO QUE COME QUE LA CANTIDAD

Ambas cosas importan, pero la investigación reciente indica que el número de calorías en la comida es más importante que su procedencia. Un *bagel* podría parecer más saludable que una dona, pero tiene el contenido calórico de seis rebanadas de pan. Si cuida la grasa en otros alimentos, la dona podría hacerlo perder.

4 SI HACE EJERCICIO, PUEDE COMER CUALQUIER COSA

Eso es robar a Pedro para pagarle a Pablo. No puede perder peso si reduce calorías de una forma, pero las aumenta de otra.

5 SI DEJA DE COMER, PIERDE PESO CON MAYOR RAPIDEZ

Los estudios indican que la gente que no desayuna suele pesar más que la que desayuna. Si se salta comidas, luego come más. Si tiene diabetes, debe mantener un consumo de porciones chicas de comida durante el día, para mantener estables los niveles de glucosa en la sangre y reducir el riesgo de hipoglucemia.

6 LOS ALMIDONES ENGORDAN

Si es resistente a la insulina, para su cuerpo será más fácil convertir las calorías de los carbohidra-

tos en grasa, que quemarlas como energía. Los almidones (y otros carbohidratos) tienen menos calorías que otros tipos de comida. Lo principal son las calorías y la carga calórica aumenta si a los alimentos con almidón les añade grasa (mantequilla a una papa horneada) o los come en grandes cantidades.

7 NUNCA PUEDE COMER COMIDA RÁPIDA

Nunca diga nunca. Puede incluir la comida rápida en su plan de comidas si elige bien. Opte por alimentos asados y no fritos, evite los condimentos grasosos, como la mayonesa, y comparta las papas a la francesa.

¿Qué hay en el menú?

Todos los alimentos que come, desde manzanas hasta calabacitas, corresponden a un puñado de categorías de nutrimentos básicos que componen los bloques de su dieta. Aunque el total de calorías es una consideración importante, también importan los bloques que componen esas calorías. ¿Por qué? Porque aunque la comida aumenta la glucosa entre una y dos horas después de comer, la cantidad y velocidad de ese aumento depende de la cantidad y el tipo de alimentos que consume.

¿Debe disminuir los carbohidratos?

Eso tendría sentido, pues los principales tipos de carbohidratos (azúcares y almidones) se descomponen en glucosa y son la fuente principal de glucosa en la sangre; esto los convierte en un objetivo importante del control de la dieta. Los carbohidratos son la principal fuente de energía del cuerpo y tienen un papel esencial en una dieta saludable.

¿Por qué son tan importantes? Porque se trata de un asunto de calorías. Un gramo de carbohidratos contiene sólo cuatro calorías, mientras que un gramo de grasa contiene nueve calorías. Eso significa, gramo por gramo, que puede comer más del doble de carbohidratos que de grasa y obtener el mismo número de calorías. Una dieta basada en carbohidratos le permite comer mayores cantidades de comida y, por lo mismo, una mayor variedad de alimentos (nutritivos y de buen sabor) aunque restrinja el total de calorías.

¿No debe evitar los azúcares? Sí, pero sólo porque suelen tener mucha grasa y pocas vitaminas y minerales, como postres, dulces y productos horneados. En realidad no hay nada malo en los azúcares (a veces llamados carbohidratos simples, porque su estructura química contiene sólo unas moléculas que se descomponen con facilidad durante la digestión). La leche contiene azúcar (lactosa) igual que la fruta (fructosa) y no hay motivo para prohibir estos alimentos. Incluso hay lugar en su dieta para la sacarosa (azúcar de mesa) y los dulces, siempre que los coma en cantidades pequeñas.

Eso convierte a los almidones (carbohidratos complejos) en el elemento principal de su dieta. Los almidones carecen de la dulzura de los azúcares, pero se encuentran en algunos de los alimentos más nutritivos (papas, pasta, arroz, pan, cereales integrales, frijoles y verduras, como brócoli, zanahoria, maíz y chícharos). Los almidones no sólo son fuentes de energía, sino que son ricos en nutrimentos vitales, como vitaminas y minerales.

Conteo de carbohidratos

El conteo de carbohidratos es una de las herramientas más útiles para controlar el consumo de calorías y la glucosa en la sangre. Este método es favorecido por los dietistas, pues los investigadores descubrieron que todos los tipos de carbohidratos, ya sea azúcares o almidones, se convierten en glucosa y se liberan en la sangre al mismo tiempo, una hora después de comer. La grasa y las proteínas se descomponen en glucosa a un ritmo más lento. El nivel de glucosa en la sangre después de una comida se determina principalmente por la cantidad (no el tipo) de carbohidratos consumidos.

Esto hace que sea relativamente fácil seguir un plan de comidas, porque puede controlar la cantidad de glucosa que entra en su cuerpo con sólo contar los gramos de carbohidratos que ingiere (esta información está impresa en los paquetes de comida que compra). Este enfoque es de gran utilidad para las personas con diabetes tipo 1 o tipo 2 que se aplican insulina, porque permite que concuerden con más precisión las dosis de insulina con el consumo de glucosa.

¿PUEDO COMER MUCHA COMIDA SIN AZÚCAR?

Quizá piense que los alimentos sin azúcar, como dulces y refrescos, tienen menos impacto en los niveles de glucosa que los normales, pero no es así y no puede comer libremente alimentos sin azúcar.

El motivo: Los edulcorantes comunes, como maltodextrina, sorbitol y xilitol, no son sucrosa (nombre técnico del azúcar regular), pero contienen carbohidratos y cada gramo puede aumentar la glucosa en la sangre tanto como el azúcar. Los edulcorantes no nutritivos, como el aspartame, no contienen carbohidratos o calorías, pero tal vez sí los productos que contienen estos edulcorantes (yogur y refrescos).

El mejor consejo: No preste atención a los letreros "sin azúcar" en los empaques y busque el conteo total de carbohidratos de un producto.

Para iniciarlo en un plan de conteo de carbohidratos, el dietista calculará primero el número de carbohidratos que debe ingerir en cada comida y refrigerio, basándose en sus necesida-

OBTENGA MUCHA FIBRA

Aunque las etiquetas de los alimentos registran los gramos de fibra de los productos procesados y empaquetados, no se preocupe en "contar la fibra" para obtener la ingesta diaria recomendada que incluye 25 a 30 gramos. Es mucho mejor y más fácil agregar a su dieta la mayor cantidad posible de granos, frijoles y fruta fresca. Éstas son algunas estrategias:

■ **Aumente los frijoles.** Los frijoles y otras legumbres, secas o enlatadas, son algunas de las mejores fuentes de fibra. Media taza de frijoles negros proporciona una cuarta parte del consumo diario de fibra recomendado.

■ **Prefiera lo integral.** Los alimentos con granos integrales contienen más fibra que la mayoría de la comida procesada, en la que se desechan las partes del grano que contienen fibra. Por ejemplo, el pan integral contiene el doble de fibra que el pan de harina refinada.

■ **Conserve la cáscara.** Aunque casi siempre se desecha, la cáscara suele ser la parte con más fibra de una fruta o verdura. Es mejor comer manzanas, zanahorias y papas con cáscara (lávelas primero si las come crudas).

■ **Saboree los tallos.** A menudo desechamos los tallos de verduras como espárragos y brócoli, pero ahí es donde se concentra más la fibra de la planta. Para que se sientan menos correosos, pique los tallos en trozos chicos, cocínelos más tiempo y añada después los ramitos.

■ **Adorne con pura fibra.** Productos como el cereal de salvado y el germen de trigo son buenos condimentos para espolvorear sobre la avena (que contiene mucha fibra), el puré de manzana, el queso cottage o las ensaladas. Puede sustituir el pan molido de algunas recetas por avena.

des individuales de calorías. Usted contará con flexibilidad para elegir los alimentos que le gusten para llegar al cumplimiento de su objetivo. Un programa similar de conteo de grasas por gramos puede ser útil para personas con diabetes tipo 2 que tratan de bajar de peso.

El dietista le proporcionará listas para contar los carbohidratos de los alimentos, aunque puede encontrarlas más extensas en algunos libros. Por regla general, una ración de almidón, fruta o leche contiene unos 15 gramos de carbohidratos; las verduras, 5 gramos y la carne y grasas, ninguno. Eso no significa que puede comer mucha carne o los mismos tres carbohidratos en cada comida; se necesitan variedad y equilibrio. Divida su consumo de carbohidratos durante el día, para que la cantidad de glucosa liberada en la sangre sea consistente.

Por qué necesita fibra

La fibra, un carbohidrato complejo indigerible, se encuentra en cereales como salvado, brócoli, avena y granos integrales, y debe formar parte de su dieta, porque disminuye el aumento de glucosa después de una comida. La fibra soluble (uno de los dos tipos; se encuentra en avena, frutos cítricos y otros alimentos) se mezcla con la comida y el agua para formar un gel pegajoso que hace lenta la digestión y ayuda a que la glucosa en la sangre entre en el torrente sanguíneo en forma más gradual. En un estudio, las personas con diabetes tipo 2 que ingirieron a diario 50 gramos de fibra durante seis semanas (después de empezar con seis semanas de 25 gramos, cantidad recomendada para la población general) disminuyeron sus niveles de glucosa un 10%. La fibra soluble disminuye la glucosa y el colesterol, y reduce el riesgo de padecimientos cardiovasculares. La fibra insoluble (el otro tipo) mejora la función digestiva general, porque ayuda a que los desechos se muevan. La fibra añade volumen a la comida y hace que se sienta satisfecho sin agregar calorías.

La grasa

La grasa suele considerarse un elemento dañino en la dieta, porque contiene muchas calorías y se sabe que contribuye a los males cardiacos. La grasa desempeña papeles importantes en el cuerpo, como ayudar a formar las membranas celulares, distribuir vitaminas solubles a la grasa y proteger al cuerpo contra la pérdida de calor. Hace lento el proceso digestivo de los diabéticos, lo que significa que la glucosa entra en la sangre en forma más gradual. Por eso, la grasa debe tener un lugar esencial en su dieta, pues representa del 25 al 30% del total de calorías.

Advertencia: el tipo de grasa que come hace la diferencia. De acuerdo con las recomendaciones de 2002 de la ADA, menos del 10% de su dieta debería consistir en la clase de grasa que es probable que consuma más: la grasa saturada. Se encuentra en los alimentos de origen animal, como carne y huevos, y en los productos lácteos, como la mantequilla. Ésta tiende a elevar los niveles de colesterol "malo" y está asociada con un mayor riesgo de padecer enfermedades cardiovasculares, lo que agrava los problemas metabólicos que empeoran la diabetes. Los alimentos que contienen grasa saturada contienen mucho colesterol, por lo que incrementan los niveles de colesterol "malo".

¡CUIDADO!

Algunos alimentos como los frijoles y el brócoli producen gas en el intestino, pero el efecto es temporal y su cuerpo se adaptará si se habitúa a consumir más fibra. Mientras tanto, podrá sentirse más cómodo si añade la fibra en forma gradual durante varias semanas, para que el sistema digestivo tenga oportunidad de acostumbrarse. Empiece añadiendo 5 gramos al día (cerca de media taza de frijoles de riñón) hasta llegar a la cifra de 25 a 30 gramos diarios. Su cuerpo manejará mejor la fibra añadida si bebe más agua.

DIEZ FORMAS DE DISMINUIR LA GRASA

La grasa es la consentida de la dieta porque es sabrosa y versátil: puede ser cremosa o crujiente, o a veces ambas cosas. Nadie necesita renunciar a los placeres de la grasa, y aunque gran parte de ella se encuentra en la dieta oculta en los hábitos al cocinar y alimentarios, éstos pueden cambiarse con facilidad sin sacrificar el sabor.

❶ ELIJA LOMOS MAGROS

Parece raro, pero las carnes "excelentes" son las que debe evitar, pues contienen mucha grasa saturada. El grado más magro es "selecta", seguido por "de primera". Los cortes magros incluyen bistec de espaldilla, tapa de bola y lomo de cerdo.

❷ CONGELE

Si quita la grasa de la carne, elimina mucha grasa saturada. Ponga la carne en el congelador durante 20 minutos, para que la carne esté firme y la grasa más visible, y pueda cortarla mejor. Si prepara sopas o caldos, enfríe el caldo durante la noche y retire la grasa congelada de la superficie.

❸ TOME RICOS TENTEMPIÉS

Las papas fritas y los totopos tienen tanta grasa saturada como la carne de res. Mejor elija papas fritas con poca grasa, pretzels o verduras frescas con salsa.

❹ ELIJA LECHE DESCREMADA

La leche entera obtiene casi la mitad de sus calorías de la grasa, y la descremada casi no tiene grasa ni calorías. Si no le gusta el sabor de la leche descremada, mezcle las dos y poco a poco aumente la descremada. Úsela también en sus recetas.

❺ USE PASTAS PARA UNTAR

Pruebe las versiones con poca grasa de crema de cacahuate, queso crema y otras pastas para untar, o use opciones con poca grasa como yogur con fruta, queso cottage, miel y mermelada.

❻ RETIRE LA PIEL DEL POLLO

La mitad de la grasa de las aves se concentra en la piel; puede conservarla mientras cocina, para mantener húmeda la carne, pero retírela antes de comerla, en especial la de los muslos, que contienen más del doble de grasa que la pechuga, aun sin la piel.

❼ APROVECHE EL TEFLÓN

¿Por qué usar mantequilla o margarina para que la comida no se adhiera si las sartenes de teflón eliminan esa necesidad? Puede usar aceite antiadherente en aerosol.

❽ NO USE LA FREIDORA

Incluso los aceites saludables les añaden a los alimentos calorías de grasa al freírlos. Mejor hornee

y ase; esto añade poca grasa y saca el sabor de la carne de res, las aves, el pescado y las verduras, como pimiento y berenjena.

❾ MEZCLE LAS CARNES

En las recetas que se preparan con carne molida de res sustituya la mitad de la carne con pavo molido o verduras ralladas, como cebolla, zanahoria y pimiento verde.

❿ CAMBIE LA RECETA

Si hornea panes, pasteles, panecillos y galletas, use sólo la mitad de la cantidad de ingredientes grasosos, como mantequilla y aceite, y sustituya una cantidad igual con puré de manzana u otra fruta, como la ciruela.

Si sólo come cantidades pequeñas de grasa saturada (se reconoce porque permanece sólida a temperatura ambiente), ¿de dónde viene el resto de sus calorías provenientes de la grasa?

La respuesta es: de las grasas monoinsaturadas y poliinsaturadas, las cuales no aumentan los niveles de colesterol malo. La grasa monoinsaturada se recomienda porque eleva los niveles de colesterol bueno, lo que la convierte en la mejor fuente de grasa en su dieta. (En segundo lugar queda la grasa poliinsaturada, que se encuentra en el aceite de maíz, el aceite de cártamo y en la mayonesa, pues se demostró que disminuye los niveles de colesterol bueno.)

De acuerdo con la ADA, la grasa monoinsaturada reduce la resistencia a la insulina.

Estas grasas son buenas para usted y la ADA dice que la grasa monoinsaturada o los carbohidratos pueden consumirse en lugar de la grasa saturada; cualquiera puede representar del 60 al 70% de su total de calorías.

GRANDES FUENTES DE GRASAS "BUENAS"
- Aceite de oliva
- Aceite de canola
- Cacahuates y aceite de cacahuate
- Almendras
- Aguacates

Esto le permite planear sus comidas, sobre todo si su dieta es rica en carbohidratos. Una persona con una dieta asiática prefiere una dieta con carbohidratos, como el arroz, mientras que alguien con una dieta mediterránea desea más calorías, como las del aceite de oliva. Ambos están permitidos. Recuerde que incluso la grasa monoinsaturada es abundante en calorías, por lo que no debe excederse, en especial si intenta bajar de peso.

No necesita tantas proteínas

No es difícil obtener la cantidad correcta de proteínas si controla el equilibrio de grasas y carbohidratos; las proteínas representarán el resto de sus calorías y las necesitará para formar y reparar tejidos y asegurar el funcionamiento adecuado de hormonas, células del sistema inmunitario y enzimas de todo el cuerpo. No tiene que ser el alimento básico principal como mucha gente cree. Para la mayoría de las personas con diabetes, sólo del 10 al 20% de las calorías debe provenir de las proteínas. Puede obtener todo lo que necesita de las raciones de alimentos

ACERCA DE LOS ESTUDIOS

Si se espacia el consumo de comida a lo largo del día, se ayuda a mantener más estable la glucosa en la sangre y también a disminuir el colesterol, de acuerdo con un estudio de la Universidad de Cambridge, en Inglaterra. Los investigadores interrogaron a más de 14,000 personas acerca de la frecuencia de sus comidas y refrigerios, y compararon las respuestas con resultados de análisis de colesterol. Encontraron que las personas que comían más de seis veces al día tuvieron niveles totales de colesterol 4% más bajos que las que comían sólo tres veces al día, y 5% más bajos que las que comían una o dos veces al día.

ricos en proteínas, como carnes, pescado, productos lácteos y legumbres, como frijoles, frutos secos y productos de soya. Las verduras y los granos las contienen en cantidades pequeñas.

La mayoría de los estadounidenses consume más proteínas que las necesarias y esto requiere atención cuando se padece diabetes. El cuerpo elimina el exceso de proteínas y si se excede de las necesarias, los riñones tienen que trabajar más. La diabetes aumenta el riesgo de daño renal y algunos médicos creen que si se consumen demasiadas proteínas, los riñones presentan complicaciones en un periodo más corto. Varios estudios sugirieron que sí ocurre, pero un estudio reportado en *The New England Journal of Medicine,* en 1994, descubrió que una dieta alta en proteínas no daña el funcionamiento de los riñones más rápido que una dieta baja en proteínas. Debido a este dilema, los médicos y los dietistas sugieren que el consumo de proteínas no exceda las cifras recomendadas.

De las proteínas que se ingieren, entre una tercera parte y la mitad se convierte en glucosa para energía (mucho menos que los carbohidratos, pero más que la grasa). Las proteínas se digieren lentamente en comparación con los carbohidratos y esto causa un aumento gradual de la glucosa en la sangre.

La controversia de los carbohidratos

No todos están de acuerdo con las recomendaciones generalmente aceptadas para la dieta. Quienes proponen dietas populares opinan que la situación está invertida para las personas con diabetes. Si los carbohidratos producen el mayor y más rápido aumento de glucosa en la sangre, no tiene sentido comerlos más que cualquier otra cosa. Los críticos señalan que comer demasiados carbohidratos contribuye a la obesidad.

Si disminuye los carbohidratos, ¿cómo puede reemplazarlos? Con proteínas o grasa, en particular la monoinsaturada. Las personas que proponen planes alimentarios alternativos dicen que, contrario a la opinión popular, la gente con diabetes puede perder peso gracias a dichos planes y mantener más estable la glucosa. La idea de consumir pocos carbohidratos es popular ya que funciona para algunas personas o se apega a su deseo de comer más tocino, huevos o carne. La comunidad médica opina que se debe tener precaución con las dietas que incluyen pocos carbohidratos y enfocar las necesidades particulares.

Quién debe consumir pocos carbohidratos. La ADA sabe que hay gente que necesita disminuir su consumo de carbohidratos. Algunas personas con diabetes tipo 2, resistentes a la insulina y que llevan una dieta rica en carbohidratos, pueden aumentar los niveles de triglicéridos y bajar los del colesterol LAD. Éste es otro motivo por el que las últimas recomendaciones de la ADA indican que de 60 a 70% del total de las calorías se distribuya entre carbohidratos y grasa monoinsaturada. Si su preocupación es controlar la glucosa después de las comidas y mejorar los niveles de triglicéridos, comer más grasas monoinsaturadas puede ser la forma de lograrlo. Si perder peso es su objetivo, debe favorecer los carbohidratos y no las grasas (contienen más calorías gramo por gramo), de acuerdo con la ADA.

Debe tener en mente que de acuerdo con un reporte reciente del Departamento Norteamericano de Agricultura, que evaluó una variedad de dietas, el peso que se pierde depende más de cuántas calorías se ingieren que de su procedencia.

Peligros de las dietas con pocos carbohidratos. Además de no ofrecer ventajas significativas, causan algunos problemas.

▶ **Son más difíciles.** Incluso la llamada dieta con alto contenido de grasa no le da libertad absoluta para comer donas o tocino. Y debe obtener más grasa de alimentos como frutos secos, aguacate y aceite de oliva y mantener la grasa saturada no saludable en el 10% del total de calorías. Los alimentos que contienen carbohidratos y que podría disfrutar están prohibidos. La lista de los alimentos prohibidos de una dieta incluye todos los dulces, pastelillos y postres, excepto gelatina sin azúcar, junto con frijoles, betabel, pan, cereales para el desayuno, maíz, zanahorias, papas y productos del tomate.

▶ **Pueden ser poco nutritivas.** Si disminuye los alimentos con almidón ricos en fibra, vitaminas y minerales, no obtendrá todos los nutrimentos que su cuerpo necesita.

▶ **Son menos probadas.** Las guías generalmente aceptadas lo son gracias a años de investigación que guían a los expertos para llegar a la certeza de que son los mejores enfoques en la dieta para combatir la diabetes. Aunque las populares dietas con pocos carbohidratos se apegan a parte de esta investigación, no tienen el mismo nivel de opinión científica que respalde sus conclusiones.

▶ **Pueden ser peligrosas.** Aún no se sabe con seguridad si las dietas con muchas proteínas promueven las lesiones renales. Mucha gente con diabetes tiene dañado el riñón, y no lo sabe porque no le ha sido diagnosticado, y el esfuerzo extra de este órgano podría ser muy peligroso.

Obtenga suficientes vitaminas y minerales

Si usted come una amplia variedad de alimentos, es seguro que no se le dificultará obtener todos los nutrientes que necesita. La gente con diabetes tiene más probabilidad de mostrar un déficit de algunos micronutrientes. Los nutrimentos más necesarios son:

Vitamina C. La prueba de deficiencias relacionadas con la diabetes muestra la vitamina C, que, igual que la glucosa, requiere insulina para entrar en las células. Es fácil añadir vitamina C a su dieta. Una taza de brócoli cocido al vapor contiene 123 miligramos (la dosis de un día) de ella.

Magnesio. Es la deficiencia mineral más común, sobre todo en personas con diabetes tipo 1. La obtención de pocas cantidades puede dañar la vista, complicación común de la diabetes.

Vitamina E. Es un antioxidante que protege contra complicaciones visuales, renales y nerviosas. Las cantidades obtenidas en la comida tienden a ser pequeñas, pero podría tomar un complemento. Primero consulte a su médico.

Vitamina B$_{12}$. Algunos medicamentos para la diabetes, como la metformina, pueden interferir para que el cuerpo absorba la vitamina B$_{12}$ de los alimentos, lo que causa una deficiencia.

Antes de tomar cualquier complemento dietético, consulte al médico. La deficiencia de nutrimentos puede ser corregida si se consumen alimentos que contengan las sustancias que se necesitan. Los complementos son poco recomendables porque algunas vitaminas y minerales pueden ser dañinos en grandes cantidades; además, carecen de otros nutrimentos, como la fibra, que facilitan la absorción para que el cuerpo use lo que ingiere.

DÓNDE ESTÁN LOS NUTRIMENTOS

Vitamina C

Frutas cítricas, tomate, espinaca, pimiento, brócoli y fresa

Magnesio

Verduras de hoja verde (espinaca), granos integrales, lácteos, arroz integral, chabacano y plátano

Vitamina E

Harina de trigo integral y muchos frutos secos, como almendras, nueces del Brasil y cacahuates

Vitamina B$_{12}$

Aves y una variedad de mariscos, como almejas, jaiba, vieiras y camarones

Por último, hay un mineral que usted necesita poco: el sodio. La presión arterial alta es común entre las personas con diabetes y los estudios sugieren que ingerir menos sodio ayuda a disminuirla. Use poco la sal de mesa y evite los alimentos enlatados o empacados, que tienden a contener mucho sodio. Dependa más de las hierbas y las especias cuando cocine.

¿Qué es el índice glucémico?

La rapidez o lentitud con que la glucosa en la sangre aumenta después de comer depende de lo que come. En la década de 1980, unos investigadores canadienses desarrollaron el concepto de índice glucémico o IG, un sistema para medir los efectos de aumento de glucosa de alimentos específicos.

Las cifras del IG se basan en un punto de comparación de 102 gramos de pan blanco, con un valor de 100 (un efecto moderado). Los alimentos con IG más alto tienen un efecto mayor en la glucosa en la sangre, y los que tienen un índice más bajo tienen un efecto menor. Algunas personas usan las listas de índice glucémico (disponibles con el dietista, en librerías o en Internet) para elegir qué alimentos comer cuando planean las comidas.

Los estudios indican que las personas diabéticas que llevan una dieta con IG bajo tienden a tener menos glucosa que las que comen alimentos con IG más altos, junto con menos triglicéridos y LBD. Algunos investigadores cuestionan el valor del IG. El motivo: muchos alimentos saludables (como papas y panes integrales) tienen índice alto en la escala y no deberían evitarse. Aunque parece simple, el IG es complejo y a muchos dietistas se les dificulta más planear las comidas que el conteo de carbohidratos.

Desventajas del IG

En primer lugar, todos tienen una respuesta distinta a la comida. Su glucosa no aumentará igual que la de otra persona, aunque coma lo mismo. Esto no es un gran problema en sí, porque las cifras del IG serían útiles, una vez que comprendiera lo que significan para usted personalmente, pero otros factores hacen difícil su interpretación. Por ejemplo, el efecto glucémico de la comida puede variar en la vejez o cuando se es más resistente a la insulina. Lo más importante: el IG de un alimento puede cambiar dependiendo de cuánto se procesó, lo que come para acompañarlo y cómo está preparado. Si machaca, pica, hace puré un

ÍNDICE GLUCÉMICO

Los científicos calcularon el índice glucémico de cientos de alimentos. Esta muestra indica valores, de altos a bajos, de IG:

Papa horneada	121
Hojuelas de maíz	119
Pretzels	116
Waffles	109
Dona	108
Sandía	103
Pasas	91
Avena	87
Chabacanos frescos	82
Arroz blanco	81
Arroz integral	79
Maíz tierno	78
Plátano	77
Camote	77
Pan negro de centeno	71
Zanahoria con cáscara	70
Chícharos	68
Espagueti	59
Manzana	52
Tallarines	46
Leche descremada	46
Frijol de riñón	42
Cebada perla	36
Frijol de soya	25

alimento o simplemente lo cocina (que hace que sea más fácil de digerir), aumenta su IG. El grado de madurez puede marcar la diferencia; por ejemplo, un plátano verde tiene un IG de 51, mientras que el valor de uno muy maduro es de 84.

Si come dos alimentos: uno con IG alto (un tazón de hojuelas de maíz) y otro con IG bajo (leche descremada), el efecto glucémico general será un balance de los dos juntos. Por este motivo, muchos dietistas consideran que el IG es discutible si trata de comer una dieta balanceada con una variedad de alimentos.

Saque el mayor provecho de los intercambios de comida

Otra herramienta del dietista es el sistema de intercambio de comida, que considera los carbohidratos de la dieta en general y organiza los alimentos en varios grupos, como panes y almidones; frutas, verduras, leche, carne y sustitutos basados en proteínas; y grasas y otros carbohidratos, como los dulces. Los intercambios de comida están diseñados para personas con diabetes, pero muchos nutriólogos los consideran valiosos para quien trata de controlar calorías, disminuir grasa y tener una dieta balanceada.

En el sistema de intercambio, cada alimento se encuentra en una determinada categoría en la que los elementos integrantes tienen las mismas características nutricionales y proporcionan la misma cantidad aproximada de carbohidratos, grasa, proteínas y calorías. Se debe usar el tamaño de las porciones indicadas en las listas para que funcione el sistema. Una gran ventaja es que, como en el conteo de carbohidratos, hay mucha flexibilidad para elegir alimentos dentro de cada categoría, siempre que se apeguen al plan nutricional permitido en la dieta. El tamaño de las porciones de los grupos es similar y esto ayuda a saber cuánto comer. Un intercambio pan/almidón se mide en rebanadas o medias tazas. Un intercambio de carne es de 28 gramos; menor que los 50 u 80 gramos que constituyen una ración en la pirámide alimentaria de las raciones diarias recomendadas.

Igual que la pirámide alimentaria, el sistema de intercambio proporciona varios nutrimentos de una gran variedad de alimentos, pero con mayor precisión. Para usar el sistema de intercambio se requiere una guía. El dietista dirá cuántos intercambios de cada grupo debe comer.

A veces es difícil familiarizarse con los grupos, pues están organizados por contenido de calorías y nutrimentos y no por fuente. Los quesos están con las carnes y no con la leche, porque sus contenidos de proteínas y grasa son similares. El maíz, los chícharos y las papas aparecen con los almidones y no con las verduras, debido a su alto contenido de carbohidratos. Una vez familiarizado con el sistema, la combinación de flexibilidad y consistencia lo ayudará a mantener su nivel de glucosa en la sangre y le proporcionará suficientes nutrimentos.

VARIEDADES DE INTERCAMBIOS

Algunas listas de intercambios se subdividen en grupos que especifican intercambios de, digamos, carnes muy magras y sustitutos (separados de carnes con mucha grasa) o productos lácteos sin grasa (separados de los de leche entera). Todos los alimentos son nutricionalmente equivalentes.

Almidones

1 rebanada de pan blanco
½ taza de lentejas cocidas
½ taza de pasta cocida
½ taza de elote
1 papa chica

Carnes muy magras y sustitutos

30 g de pechuga de pollo sin piel
30 g de atún enlatado (en agua)
30 g de queso descremado
¼ de taza de queso cottage sin grasa
2 claras de huevo

Verduras

½ taza de zanahoria cocida
½ taza de ejotes cocidos
1 taza de rábanos crudos
1 taza de ensalada verde
1 tomate grande

Leche descremada/semidescremada

1 taza de leche descremada
1 taza de yogur natural descremado
½ taza de yogur descremado con fruta (con edulcorante no nutritivo)
½ taza de leche sin grasa evaporada
1 taza de suero de leche sin grasa

Frutas

1 plátano chico
1 pera grande
17 uvas chicas
2 cucharadas de pasas
½ taza de coctel de fruta

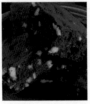

Otros carbohidratos

1 *brownie* de 2.5 cm por lado
2 galletas chicas
1 cda. de mermelada 100% de fruta
½ taza de gelatina
5 galletas de vainilla

¿Está prohibido el alcohol?

Hay muchos motivos para no beber alcohol, sobre todo porque causa embriaguez y adicción. Pero si usted es un bebedor responsable, ¿puede incluir alcohol en su dieta si tiene diabetes? La mayoría de los expertos opinan que la respuesta es sí. El alcohol puede ayudar a prevenir algunos problemas cardiovasculares asociados con la diabetes.

En un estudio realizado en Harvard y publicado en los *Archives of Internal Medicine* a inicios de 2002 se descubrió que las mujeres que toman algunas bebidas alcohólicas en el transcurso de una semana tienen casi una probabilidad del 15% menor de desarrollar presión arterial alta que las que no beben. Otros estudios en hombres y mujeres indican que el alcohol aumenta el colesterol "bueno" y adelgaza un poco la sangre, lo cual es benéfico si se quiere evitar la formación de coágulos que pueden causar un ataque cardiaco o apoplejía.

Los inconvenientes de beber

Hay varias advertencias. Primero, la línea entre una forma saludable de beber y una no saludable es casi imperceptible. En un estudio reciente hecho en Harvard, las mujeres que bebían más de 1½ copas al día tuvieron un riesgo 30% mayor de padecer presión arterial alta que las que no bebían. Los efectos del alcohol en el cuerpo tienen una importancia particular cuando hay diabetes. La principal amenaza es la hipoglucemia. El alcohol se procesa en el hígado, donde se almacena y libera glucosa. Resultado: el vino, la cerveza y los licores afectan la habilidad del hígado para liberar glucosa, lo que puede causar hipoglucemia hasta un día después de haber bebido. Los síntomas de hipoglucemia pueden ser similares a los de la embriaguez, lo que dificultaría distinguir el peligro.

Las bebidas alcohólicas tienen siete calorías por gramo (casi como la grasa), no nutren y tampoco son la mejor opción si quiere bajar de peso. Si toma medicamento, mejor no beba alcohol.

¿Tiene que beber? Consúltelo con el médico o el dietista. Si lo autorizan, estas guías básicas pueden servirle:

⮕ **Beba sólo una copa.** La mayoría de los estudios muestran pocos riesgos y posibles beneficios al beber una copa al día o menos. "Una copa" equivale a una cerveza de 350 ml, 15 ml de vino (media taza) o 50 ml de licor destilado, como whisky o vodka (mezclado con refresco sin azúcar o agua).

⮕ **Coma algo.** La comida hace lenta la absorción de alcohol en el torrente sanguíneo y permite que el hígado procese mejor la glucosa. Trate de tomar su copa en el trascurso de dos horas, para que el hígado trabaje menos.

⮕ **Evite las mezclas.** Además de las calorías del alcohol, los vinos y licores dulces proporcionan carbohidratos adicionales. Los refrescos y otras bebidas dulces que se añaden a los licores destilados aumentan las calorías.

⮕ **Intercambio precavido.** Por regla general, los médicos y dietistas siempre sugieren no eliminar alimentos nutritivos de su plan de comida para dejarle un espacio al alcohol. Las bebidas alcohólicas equivalen a dos intercambios de grasa. En cambio, la cerveza es igual a un intercambio y medio de grasa y uno de almidón.

Estrategias para perder peso

Conocer su dieta ideal puede ser una cosa, pero ponerla en práctica es algo muy diferente, en especial si trata de eliminar calorías. Quienquiera que haya intentado perder peso sabe que es fácil que aun los mejores planes para la dieta fallen, al menos durante un tiempo. Pero no se preocupe. Éste es un proyecto a largo plazo y se espera que tenga fallas ocasionales. Algunas estrategias pueden ayudarlo a perder esos kilos no deseados.

Controle las calorías

Los investigadores notaron recientemente una tendencia curiosa. De acuerdo con varias encuestas en Estados Unidos, la proporción de grasa en la dieta norteamericana promedio ha disminuido, incluso si los índices de obesidad han aumentado. A esto se le llama la "paradoja norteamericana". ¿Significa que la grasa no es el villano que se creía que era? No. La explicación es: aunque el porcentaje de grasa en la dieta ha disminuido, la cantidad de grasa que se consume como país aumenta, porque se comen porciones más grandes de *todo*.

El control del consumo de calorías es la base de todos los planes para bajar de peso. ¿Cómo puede permanecer firme, cuando la comida es abundante y la tentación de ceder es grande? Empiece con unos ajustes pequeños en sus hábitos de comida y tentempiés. Por ejemplo:

▶ **Mantenga la comida alejada de la mesa.** Si sirve las porciones en platos en la estufa o en la mesa de la cocina y no coloca la comida en platones, estará menos tentado a comer más una vez que su plato esté vacío.

▶ **No tome los alimentos de los paquetes.** Es fácil perder el control de los alimentos que come cuando los toma directamente de su envase. Sírvase galletas, pretzels y otros refrigerios en un plato, para que pueda ver lo que consume.

▶ **Elija platos chicos.** Los platos y tazones chicos hacen que las porciones parezcan más grandes.

▶ **Coma despacio.** El centro de control del apetito del cerebro tarda 20 minutos en registrar que hay comida en el estómago. Deje el tenedor o la cuchara entre cada bocado y tome pequeños tragos de su bebida.

▶ **Prepare usted mismo su comida.** Si come alimentos que implican un cierto esfuerzo (como pelar una naranja, abrir un cangrejo o cortar papas horneadas) se alimentará con más lentitud y dará oportunidad para que la comida haga que se sienta satisfecho.

▶ **Socialice fuera de la cocina.** La gente suele reunirse en la cocina, pero usted se sentirá menos tentado a comer en exceso si mejor charla en la sala.

Una compra inteligente en diez pasos

Llegó, vio y compró. Vuelve a casa después del supermercado y comienza a sacar bocadillos grasosos y carnes frías. ¿Qué salió mal? Cayó en el hábito de comprar como cualquier persona normal, en lugar de hacerlo como una persona que sigue una dieta. Aun si está en un palacio de comida diseñado para que pierda el camino, puede mantenerse firme con los siguientes consejos:

⊃ Haga una lista. El plan de comidas que desarrolló con el dietista lo ayudará a saber qué alimentos debe comprar. Antes de hacerlo, tome nota de lo que necesita para disminuir la posibilidad de comprar lo que no debe.

⊃ Limite sus viajes. Haga una lista de compras larga, para que sólo visite una o dos veces por semana la tienda. Además de ser más provechoso, disminuye las oportunidades de hacer compras impulsivas.

⊃ Evite ir de compras con el estómago vacío. Si tiene hambre, será fácil que compre refrigerios grasosos y postres.

SUSTITUCIONES SIMPLES

Disminuir calorías es muy fácil cuando cambios pequeños logran grandes ahorros. Así, usted puede medir una variedad de alimentos y ahorrar al hacer elecciones inteligentes.

EN LUGAR DE	PRUEBE	DIFERENCIA
1 taza de hojuelas escarchadas (159 calorías)	1 taza de hojuelas regulares (93 calorías)	66 calorías
1 dona (198 calorías)	1 panecillo (134 calorías)	64 calorías
1 taza de leche entera (149 calorías)	1 taza de leche descremada (86 calorías)	63 calorías
1 cda. de mantequilla (100 calorías)	1 cda. de mermelada (48 calorías)	52 calorías
1 cda. de mantequilla (100 calorías)	1 cda. de queso crema descremado (35 cal.)	65 calorías
350 ml de refresco de cola (153 calorías)	350 ml de refresco de cola, dieta (4 calorías)	149 calorías
350 ml de jugo enlatado (117 calorías)	350 ml de bebida deportiva (60 calorías)	57 calorías
90 gramos de atún en aceite, sin escurrir (254 calorías)	90 gramos de atún en agua, sin escurrir (89 calorías)	165 calorías
120 gramos de carne de res magra, molida (316 calorías)	120 gramos de pavo, molido (266 calorías)	50 calorías
1 rebanada de salami (143 calorías)	1 rebanada de mortadela (72 calorías)	71 calorías
120 gramos de T-bone magro (232 calorías)	120 gramos de jamón magro (164 calorías)	68 calorías
1 pechuga de pollo frita (728 calorías)	1 pechuga de pollo asada, sin piel (284 calorías)	444 calorías
1 hamburguesa de 100 gramos con queso (530 calorías)	1 sándwich de pollo asado sin mayonesa (340 calorías)	190 calorías
30 gramos de papas fritas (160 calorías)	30 gramos de pretzels (110 calorías)	50 calorías
1 taza de helado de vainilla (265 calorías)	1 yogur congelado sin grasa (229 calorías)	36 calorías

Siga las paredes. Limítese a recorrer el perímetro de la tienda, donde encontrará los alimentos más frescos y saludables: productos naturales, productos lácteos descremados, carnes magras frescas y pescado. Recorra los pasillos interiores sólo cuando desee un alimento específico, como pasta y frijoles, para evitar comprar artículos no incluidos en su dieta.

Preste atención a las porciones. Esas galletas parecen exquisitas y comerlas sólo le costará 12 gramos de carbohidratos. Observe el tamaño de la porción: una galleta. Si come tres galletas, su conteo total de carbohidratos será de 36 gramos, más que los de una papa al horno.

Ignore las imágenes. El sol dorado brilla sobre los granos recién cosechados: una imagen de buena salud que no significa nada. Mejor revise el costado de la caja y elija alimentos con gran contenido de fibra y poca grasa y calorías.

Elija el cereal. ¿Desea pan con mucha fibra? Busque en la etiqueta las palabras "grano integral", "100% trigo integral" o "molido tradicional". Es posible que el pan tenga un color café pero no contenga trigo integral. El pan de grano integral verdadero contiene al menos 2 gramos de fibra por ración.

Observe el lenguaje. Note las etiquetas "sin azúcar añadida"; las palabras están cuidadosamente elegidas, porque el producto puede contener mucha azúcar natural. La información real está en donde dice "azúcares".

Añada algunas especias. En lugar de condimentos cremosos, elija especias como albahaca, cebollinos, canela, comino, pimienta de la India, jengibre, rábano picante, nuez moscada, orégano, páprika, perejil y salsa picante. Contienen tan pocos carbohidratos, grasas, proteínas y calorías, que se les considera opciones "libres" en la planeación de comidas.

Mantenga la vista en el cajero. Está en la fila, sin nada que hacer (una audiencia cautiva). No es casualidad que los supermercados coloquen artículos atractivos junto a las cajas registradoras. Mantenga en las manos un par de artículos de su compra, pues eso impedirá que tome barras de dulce.

Ejercicio: su arma secreta

Para perder medio kilo por semana, necesita restar 3,500 calorías del total o 500 calorías al día. Eso no significa por fuerza que tenga que comer 500 calorías menos. Puede comer 250 calorías menos y quemar las otras 250 con la actividad física. Los estudios indican que combinar la dieta y el ejercicio es la forma más segura para perder peso y mantenerse así. El quemar calorías extra le permite comer más y alcanzar sus objetivos para bajar de peso.

La investigación reciente señala que necesita al menos 40 minutos de actividad física moderada o, mejor aún, 60 minutos

¿SON SEGUROS LOS EDULCORANTES ARTIFICIALES?

Para la gente que desea reducir el consumo de calorías y carbohidratos, los edulcorantes artificiales "no nutritivos" son una ventaja, pues permiten que una variedad de alimentos y bebidas tengan mejor sabor sin azúcar o calorías añadidas. Dos de los edulcorantes artificiales más populares, sacarina y aspartame, son objeto de controversia respecto a su seguridad. ¿Debe preocuparse?

■ **SACARINA.** En la década de 1970, la Food and Drug Administration o FDA prohibió la sacarina (Sweet N' Low) después de que unos estudios indicaron que en altas dosis causaba cáncer en ratas. Entonces no existía otro edulcorante artificial y el público consideró que la amenaza era excesiva y continuó usándola. Los productos que la contenían se etiquetaron con una advertencia. Desde entonces, los estudios han sugerido que las diferencias entre la anatomía humana y la de las ratas hace que el riesgo de las ratas no se aplique a la gente y, en 2000, la sacarina fue retirada de la lista de compuestos que causan cáncer. Algunos grupos e investigadores de la nutrición aseguran que la evidencia de riesgo de cáncer aún garantiza la precaución, pero admiten que el riesgo es poco.

■ **ASPARTAME.** Un acalorado debate precedió la aprobación del aspartame que hizo la FDA en 1981, porque los investigadores encontraron que la averiguación que hizo el fabricante tenía inconsistencias y errores. Una junta asesora externa recomendó detener la aprobación de la sustancia, pero la FDA no hizo caso, pues consideró (luego de una auditoría) que las pruebas demostraban que el aspartame (NutraSweet) era seguro. Incluso después de la aprobación, los escépticos dijeron que el aspartame interfería con la química normal del cerebro y ello originaba dolor de cabeza, ataques súbitos y (se temía) cáncer en el cerebro. Muchos estudios realizados en los últimos 15 años encontraron sin base estas preocupaciones, e incluso grupos de defensa, como el Center for Science in the Public Interest, ya no se alarman con el aspartame.

■ **CONCLUSIÓN.** La opinión general indica que, en las cantidades que suelen consumirse, la sacarina y el aspartame son seguros. Otros edulcorantes no nutritivos (sucralosa y acesulfame-K) están a la venta y permiten la mezcla de edulcorantes, disminuyendo el impacto potencial de algún compuesto.

diarios para bajar de peso y mantenerse así. No permita que estos números lo atemoricen. Puede dividir su actividad en sesiones de 10 a 15 minutos.

El ejercicio (en especial el entrenamiento de fuerza) ofrece otro bono: un metabolismo más rápido. Medio kilo de músculo quema 45 calorías al día, mientras que medio kilo de grasa quema menos de 2 calorías al día. Así, al aumentar su masa muscular, puede convertirse en una máquina virtual que quema calorías. Los investigadores de la Universidad de Alabama descubrieron que los adultos de edad mediana que se ejercitaron con pesas tres días a la semana, por seis meses, desarrollaron suficiente músculo y aumentaron su metabolismo de 80 a 150 calorías al día, el equivalente a un periodo de 20 a 40 minutos de ejercicio. Consulte el Capítulo 5 para más información sobre cómo y por qué debe hacer ejercicio cuando tiene diabetes.

La actitud hace la diferencia

Algunos investigadores dicen que perder peso y seguir un plan de comidas es un desafío psicológico y fisiológico. Una de las principales tareas es aceptar que su salud puede mejorar, aunque quizá no ocurra mañana.

Hay muchas dietas que prometen resultados rápidos. Es contraproducente esperar un cambio veloz. Aunque algunas dietas hacen perder kilos con rapidez, pocas garantizan que no vuelva a recuperarlos. Para que eso ocurra, necesita que el cambio en la dieta sea un ajuste permanente en su forma de vida. Algunos investigadores mencionan la "regla 100/100": si come 100 calorías menos al día (la cantidad en media barra de dulce) y quema 100 calorías más al día (al caminar de 15 a 20 minutos), perderá casi un cuarto de kilo por semana o 10 kilos al año. No es rápido, pero es fácil, da resultado y es significativo.

Aceptar buenos hábitos alimentarios como parte de su vida lo protege contra otros obstáculos de actitud que pueden impedir su progreso. Por ejemplo, si considera que la dieta es una medida temporal para perder kilos, tenderá a pensar que está o no está a dieta. Y sentirá que seguir un régimen exige fuerza de voluntad especial y que comer algo que le gusta y no está incluido en su dieta significa que se engañó o fracasó. Tendrá mejores resultados con una actitud más condescendiente, que le permita cometer errores y elegir mejores alternativas la próxima vez.

DIVIDA (LAS COMIDAS) Y CONQUISTE (LA DIABETES)

Parece extraño, pero Carolyn Glosup, de 57 años, puede agradecer a su diagnóstico de diabetes el hecho de ser una persona más sana y con mejor condición física que hace varios años. "Pesaba 140 kilos, me dolía la espalda y solía sentirme mareada, por lo que usaba un bastón para caminar", comenta Carolyn, de McGehee, Arkansas. Ella se trató por una doble infección en los oídos, pero continuaba sintiéndose mareada al estar de pie y el médico buscó otra causa. Entonces encontró que su nivel de glucosa en la sangre era de más de 250 mg/dl.

"El día que el médico me dijo que tendría que inyectarme insulina, de inmediato visité a un nutriólogo", explica ella. "Mi madre tuvo diabetes y no pudo seguir una dieta. Comía bollos de queso en lugar de una comida decente. Necesitaba al menos una inyección al día, un análisis de orina cada mañana y pincharse los dedos durante el día. Lo odiaba, pero no podía hacer nada al respecto. Supe que yo no deseaba llegar al punto en el que odiara mi estilo de vida, por lo que tenía que hacer un cambio drástico".

Carolyn solía saltarse una comida, pero bebía todo el día té azucarado y comía en exceso por la noche; dichos hábitos alimentarios afectaban su glucosa y la hacían aumentar kilos.

"Comía un gran trozo de carne similar a tres hamburguesas y a veces pollo frito, y me gustaba la piel." Hoy, Carolyn divide tres comidas no abundantes y come varias veces al día. El desayuno puede ser un tazón de cereal y dos horas después, una rebanada de pan tostado. Almuerza medio emparedado y la otra mitad más tarde. Cena carne magra o pollo asado u horneado, sin piel, y verduras balanceadas. "Mi esposo y yo comemos ahora menos de una hogaza de pan a la semana, en lugar de cuatro", dice ella. Aún bebe té, pero endulzado con refresco de lima-limón sin azúcar.

Carolyn se refiere a sus nuevos hábitos alimentarios como una "modificación en la comida" en lugar de llamarlos dieta, e hizo otros cambios en su vida: su glucosa en la sangre es de 110 y disminuyó sus niveles de presión arterial y colesterol. Bajó 40 kilos y ya no usa bastón. "Camino 30 minutos al día o sólo paseo a mi perro", explica ella. "Solía usar siempre pants, pero ahora visto pantalones de mezclilla. ¡Mi esposo dice que soy sexy!" Por otro lado, su marido perdió 5 kilos y mejoraron sus niveles de presión arterial y de colesterol.

"Lo mejor de todo es que me siento bien", asegura Carolyn. "No tengo que inyectarme. Controlo la diabetes y sé que hago lo mejor posible."

5

El ejercicio como medicina

La actividad ayuda a eliminar grasa de su cuerpo e inclina la báscula en la dirección correcta (dos formas importantes de controlar la diabetes). Pero hay algo más: el ejercicio es casi como la insulina en su habilidad para disminuir la glucosa en la sangre. También ayuda a que el cuerpo use la insulina. La actividad física es una de las formas más efectivas de controlar la diabetes; además disminuye el riesgo de un ataque cardiaco o de apoplejía. Añadir ejercicio a su programa no tiene que tomar mucho tiempo o esfuerzo. ¡Incluso puede ser divertido!

Suponga que llega al mercado un tratamiento capaz de disminuir su glucosa en la sangre de 386 a 106 mg/dl, lo ayuda a perder 50 kilos en 14 meses y desecha el uso de insulina. ¿Estaría interesado? A Joseph Grossmann, de Albany, Nueva York, le interesó y logró esos resultados. Este hombre de 53 años no tomó un medicamento poderoso, vaya, ni siquiera toma medicamento. ¿Cuál es su arma secreta? El ejercicio.

Joseph pasea a sus tres perros 8 kilómetros diarios, hace planchas y abdominales, excava en el jardín, carga cajas en su trabajo en una florería y completa su "tratamiento" con un plan de comidas de verduras frescas, pescado y pollo. "Me siento como una persona nueva", comenta. "Soy prueba de que hacer ejercicio y seguir una dieta ayuda a controlar la diabetes y mejora la vida."

Durante años ha escuchado que el ejercicio es bueno para usted y proporciona beneficios específicos para las personas con diabetes, un hecho que los curanderos de antiguas culturas, como las de la India y China, reconocieron hace siglos. Desde entonces, los científicos han descubierto cómo el ejercicio logra su magia. Esto es lo que hace:

Disminuye la glucosa. Poner en acción sus músculos es como oprimir el acelerador de un auto, que automáticamente proporciona la demanda de combustible (glucosa). Cuando los músculos gastan su abastecimiento de glucosa, la toman del hígado y luego del torrente sanguíneo, disminuyendo la glucosa en la sangre. Al hacer ejercicio, el cuerpo prefiere abastecer los depósitos de glucosa en el hígado y los músculos y no en la sangre; así, su nivel de glucosa permanece más bajo durante horas, quizá hasta dos días, según el ejercicio que haga.

Aumenta la sensibilidad a la insulina. Si se ejercita con regularidad, puede disminuir su nivel de resistencia a la insulina. Esto es porque el ejercicio fuerza a los músculos a usar la glucosa con mayor eficiencia, haciendo a las células más receptivas a la insulina. Con el ejercicio, las células *deben* tener más glucosa y trabajan más para obtenerla. El ejercicio aumenta también el número de receptores de insulina. Si lo hace con regularidad, tendrá siempre bajo control su glucosa en la sangre. Sus efectos no desaparecen por completo, a no ser que transcurran 72 horas sin hacer nada. Incluso si no ha hecho ejercicio durante años, puede mejorar su sensibilidad a la insulina en tan sólo una semana si se mantiene activo.

Quema grasa. ¿Qué sucede cuando los músculos vacían la glucosa en el hígado y la sangre? Después de 30 minutos de ejercicio continuo, el cuerpo convierte los ácidos grasos en sitios de almacenamiento en el cuerpo y en la sangre. Al usar la grasa para energía, ayuda a limpiar la sangre de grasas dañinas, como el colesterol LBD y los triglicéridos. Aumenta también el colesterol LAD "bueno" y ayuda a eliminar la grasa abdominal, que se vincula con un riesgo mayor de diabetes y complicaciones.

Quita kilos. Mientras más activo esté, más energía use y controle su dieta, terminará con un déficit de calorías que inclinará la báscula en dirección favorable. Un bono: el ejercicio aumenta la masa muscular y como los músculos queman energía con más rapidez que otros tipos de tejido (especialmente la grasa), usted quemará más calorías siempre, incluso cuando esté descansando frente al televisor.

Protege el corazón. El ejercicio disminuye sus probabilidades de sufrir un ataque cardiaco, apoplejía u otra enfermedad cardiovascular vinculada con la diabetes, pues ayuda a mejorar la tendencia al riesgo. En un estudio, los pacientes tipo 2 que tomaron parte en un programa de ejercicio aeróbico de tres meses mejoraron 20% sus niveles de triglicéridos y colesterol LAD, y también la presión arterial. Los beneficios no se limitan a las personas con diabetes tipo 2. Los investigadores de la Universidad de Pittsburgh encontraron que el riesgo de morir por enfermedades cardiovasculares es tres veces mayor entre personas sedentarias con diabetes tipo 1, que entre las que queman 2,000 calorías a la semana con ejercicio.

Lo hace sentirse bien. Éste no es un punto menor. Tratar una enfermedad crónica día tras día suele desalentar, causar estrés e incluso deprimir. El ejercicio ayuda a que el cerebro produzca sustancias químicas que lo harán sentirse bien, mejorarán su humor y aliviarán el estrés y la tristeza. También hace maravillas para elevar su seguridad y su autoestima. Quizá al terminar una rutina de ejercicio, usted sienta que logró algo importante. Podría incluso sentir que si puede lograr eso, quizá pueda controlar su salud; y tendría razón.

Le proporciona una mejor apariencia. No es el beneficio más importante de la salud, pero es motivador. Si su condición

SABÍA USTED

El músculo pesa más que la grasa, por lo que se necesita paciencia para perder peso al tonificarse. Parece que los kilos desaparecen con lentitud, pero sí lo harán y será menos probable que regresen que si sigue una dieta sin ejercicio. Las personas que siguen una dieta pero no hacen ejercicio tienden a perder mucho peso (quizá 7 kilos al mes), pero a menudo pierden músculo junto con la grasa, lo que hace lento su metabolismo. Quizá por eso se les dificulta no recuperar el peso. Por su parte, gente que únicamente hace ejercicio pierde sólo medio kilo, o un kilo, en el mismo tiempo, pero es más probable que mantenga su "pérdida" y siga con ella con el tiempo.

física mejora, sin duda también su apariencia. Pierde la flacidez y obtiene músculos, fuerza y energía, que lo hacen parecer con más vida, más capaz e incluso más joven. ¿A quién no le gusta?

Beneficios adicionales

El ejercicio ayuda a controlar la diabetes y disminuye el riesgo de tener un ataque cardiaco o apoplejía. Además:

▶ Previene enfermedades graves, como cáncer de colon.

▶ Mejora o mantiene el flujo de sangre hacia los órganos sexuales, mejorando la función y el placer sexual.

▶ Preserva funciones cognitivas, como la memoria.

▶ Retarda la pérdida ósea que puede causar osteoporosis.

▶ Ayuda al sistema inmunitario a combatir invasores.

▶ Retrasa la decadencia física responsable de la mayoría de las incapacidades asociadas con el envejecimiento.

▶ Calma el dolor de la artritis al fortalecer y estirar músculos, tendones y ligamentos que sostienen las articulaciones.

▶ Protege contra el dolor de espalda al fortalecer los músculos que sostienen la columna vertebral.

▶ Ayuda a la digestión y previene enfermedades como el síndrome de colon irritable.

▶ Propicia un sueño tranquilo.

Entrenamiento a la medida

El ejercicio es tan poderoso como un medicamento. Sin embargo, lo que funciona para usted no será ideal para todos los que tienen diabetes. Por eso es importante trabajar con su médico para adaptar un plan de ejercicio a sus necesidades, empezando con el tipo de diabetes que padece y cómo la trata ahora.

Sin importar qué estrategia elija, el fin es disminuir su glucosa; aunque no demasiado. Para vigilarla de cerca, haga un análisis una hora antes del ejercicio y luego media hora después, para saber si sus niveles suben o bajan. Si disminuyen mucho, puede comer 15 gramos de carbohidratos antes de iniciar la rutina. Si su glucosa en la sangre está alta y aumenta, quizá necesite más insulina. Una vez que su glucosa esté más estable, el médico le indicará que la mida con menos frecuencia, aunque un autoanálisis después del ejercicio siempre es bueno.

Las lecturas que obtenga ayudarán a saber cómo debe funcionar el ejercicio en su plan general del control de la diabetes, que variará de una situación a otra.

Si tiene diabetes tipo 1

Las personas con diabetes tipo 1 deben hacer ejercicio con más precaución. Si hace ejercicio casi después de haberse inyectado insulina, es posible que la actividad y la insulina, que disminuye la glucosa, sean demasiado y disminuyan sus niveles de azúcar de manera peligrosa. Por otra parte, si tiene muy poca insulina en la sangre mientras hace ejercicio, la glucosa puede aumentar y causar cetoacidosis. Por seguridad, pregúntele a su médico si debe seguir estos pasos:

⊃ **Evite horas pico.** Programe el ejercicio para no hacerlo cuando la insulina esté en su acción máxima, que es casi siempre una o dos horas luego de la inyección, según el tipo que use.

⊃ **Ajuste su dosis.** Puede disminuir sus requerimientos diarios de insulina de 20 a 30% si reduce la dosis antes del ejercicio. Pregunte al médico qué ajuste debe hacer basándose en su dosis actual y cuánto ejercicio puede practicar. Asegúrese de hacer el ejercicio.

⊃ **Haga ejercicio después de comer.** Es menos probable que se presente un cuadro de hipoglucemia si hace ejercicio una hora o dos después de una comida, cuando la glucosa en la sangre está naturalmente alta y hay suficiente para abastecer los músculos.

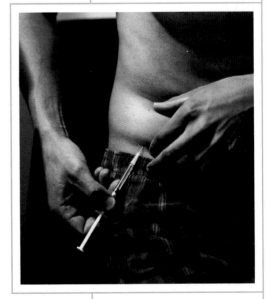

⊃ **Inyéctese en el abdomen.** Problema: si se inyecta la insulina en los músculos que usará, será absorbida con mayor rapidez y aumentara su glucosa en la sangre. Solución: inyéctese en los pliegues más blandos de la sección media. Y si hace abdominales, espere una hora después de la inyección, para permitir que la insulina se disperse en el cuerpo.

⊃ **Tome un tentempié.** Comer un tentempié pequeño con poca grasa, que contenga 20 gramos de carbohidratos (por ejemplo, dos galletas rellenas de fruta) durante el ejercicio evitará que la glucosa disminuya demasiado, en especial durante el ejercicio vigoroso o en sesiones de una hora o más.

¿Tiene diabetes tipo 2 y usa insulina?

La gran promesa del ejercicio para las personas con diabetes tipo 2, a diferencia de las que padecen el tipo 1, es que pueden dar marcha atrás a la enfermedad. Al aumentar la sensibilidad a la insulina, la glucosa en la sangre puede volver al nivel normal, sobre todo si controla su dieta, y podría reducir permanentemente la cantidad de insulina que necesita o dejar de usarla. Puede seguir estos consejos prácticos:

Proceda con precaución. Aunque fije la atención en una meta (menos insulina o ninguna), no olvide mantener sus objetivos razonables. Si usa insulina, tiene el mismo riesgo de padecer hipoglucemia durante el ejercicio que una persona con diabetes tipo 1. Observe la lista anterior de recomendaciones para personas con tipo 1, pues también se aplican a usted.

No coma refrigerios. Si está en peligro de padecer hipoglucemia durante el ejercicio, quizá necesite un refrigerio para aumentar la glucosa en la sangre. Sin embargo, esta solución puede actuar en su contra, porque añade calorías que sería mejor evitar. En lugar de depender de refrigerios para atacar la hipoglucemia, planee hacer ejercicio después de una comida, para que la glucosa en la sangre se eleve durante la rutina.

Apéguese a su plan de comidas. Si come un refrigerio no planeado durante el ejercicio, no lo compense quitando calorías de las comidas después de hacer ejercicio. Es importante mantener suficientes calorías luego del ejercicio; de lo contrario, la glucosa puede disminuir peligrosamente hasta por un día.

Si tiene tipo 2 y toma medicamento

Si toma un medicamento como metformina para controlar la glucosa en la sangre, quizá tome menos o deje de tomarlo si aumenta la actividad física en su vida. Una vez que sepa cómo afecta el ejercicio su glucosa, hable con el médico para ajustar el fármaco de acuerdo con sus niveles. Tenga en mente que el ejercicio y la dieta no son sustitutos automáticos de los medicamentos para la diabetes y el hecho de tomar fármacos no es una excusa para que no haga ejercicio. Las medicinas actúan

¡CUIDADO!

Hable con su médico antes de iniciar un programa de ejercicio. Si una prueba de estrés muestra un problema cardiaco, quizá le aconsejen caminar y no correr. Si tiene la presión arterial alta o un daño en la vista o los riñones, debe evitar el levantamiento de pesas. Si tiene una lesión en los nervios de los pies, sería mejor chapotear en una piscina que caminar en la callle.

mejor si se combinan con otras medidas, como la planeación de comidas y ejercicio. Consejos:

⮕ **Programe sus ejercicios.** Evite hacer ejercicio cuando el medicamento alcance su punto máximo de efectividad, para que la glucosa en la sangre no disminuya de manera alarmante. Si hace ejercicio para disminuir o eliminar el uso de fármacos, el médico quizá le indique que empiece tomando menos (o nada) antes del ejercicio. Puede hacer ejercicio en lugar de tomar el medicamento si los efectos en la glucosa son similares.

⮕ **Esté pendiente de los efectos secundarios.** Algunos medicamentos para la diabetes pueden causar dolor muscular o fatiga y otros quizá le causen mareo o náusea. Asegúrense usted y su médico de la intensidad del ejercicio que piensa hacer y cómo los efectos secundarios del fármaco pueden limitar sus actividades.

⮕ **Beba mucha agua.** Se necesitan ocho vasos de agua de 230 mililitros al día para mantener hidratado el cuerpo y más si suda. No espere a sentir sed para beber agua; ello indica que la glucosa está elevada y podría detener su ejercicio si se presenta hiperglucemia. Beba uno o dos vasos 15 minutos antes de hacer ejercicio, al menos medio vaso cada 15 minutos durante el ejercicio y uno o dos vasos después.

EJERCICIO-GLUCOSA EN LA SANGRE: UNA PARADOJA

¿Por qué la glucosa disminuye unas veces y aumenta otras después del ejercicio? Los músculos usan glucosa para energía y, como regla, la glucosa en la sangre disminuye cuando está en actividad, ya que el cuerpo mueve la glucosa del hígado y del torrente sanguíneo hacia las células. Eso indica que hay suficiente insulina a la mano para ayudar en esta transferencia. Si se inyecta insulina y la dosis es demasiado baja, la glucosa puede aumentar en la sangre durante el ejercicio y causar hiperglucemia. Consulte al médico respecto a hacer ejercicio y revise su glucosa antes y después (y quizá durante) de la rutina, para saber cómo lo afecta la actividad física.

Si tiene intolerancia a la glucosa

La mejor prueba de la efectividad del ejercicio contra la diabetes procede de la investigación en personas con intolerancia a la glucosa. En un estudio de la Universidad de Pennsylvania se vio que cada 2,000 calorías quemadas por semana mediante el ejercicio disminuyeron el riesgo de diabetes 24%, y las personas con más riesgo obtuvieron mayores beneficios. Para aprovechar esto:

⮕ **Empiece de inmediato.** El hecho de que la diabetes esté "ahí", en un horizonte distante, no significa que tiene tiempo que perder. Si no empieza a hacer cambios ahora, la resistencia a la insulina quizá empeore. Si empieza a hacer ejercicio de

CUANDO EL ANÁLISIS IMPLICA DESCANSO

Aunque su glucosa esté bajo control, no hay un mal momento para hacer ejercicio. El análisis de glucosa en la sangre le indica cuándo podría ser mejor esperar, al menos hasta que los niveles de glucosa o insulina satisfagan las demandas de los músculos. Aquí tiene algunas guías:

■ Protección contra la hipoglucemia: no haga ejercicio si su glucosa es menor a 100 mg/dl. Coma fruta u otro tentempié que contenga 15 gramos de carbohidratos y haga otra prueba en 20 minutos. Siga con refrigerios hasta que la glucosa rebase los 100 mg/dl.

■ Protección contra hiperglucemia: haga prueba de cetonas (con tira reactiva de cetonas en orina) si la glucosa antes del ejercicio rebasa los 240 mg/dl. Si la prueba detecta cetonas, no se ejercite hasta inyectarse más insulina para evitar mayor cantidad de glucosa durante el ejercicio.

■ Si no hay cetonas, no haga ejercicio si la glucosa es superior a los 400 mg/dl (en el caso de la diabetes tipo 2), o a los 300 mg/dl (en el caso de la diabetes tipo 1).

inmediato, puede aumentar la sensibilidad de sus células a la insulina en una semana, incluso si está obeso, y así se dará una buena oportunidad de evitar un diagnóstico de diabetes.

➲ **Vigile su glucosa en la sangre.** No asuma que porque no ha desarrollado diabetes no tiene que preocuparse por la glucosa en sangre. No necesita analizarla con la misma frecuencia que una persona con un diagnóstico de diabetes, pero sí debe vigilar sus niveles de glucosa con automonitorizaciones y exámenes regulares, para asegurarse de que su estado permanezca bajo control.

➲ **Manténgalo.** Es tan importante para usted mantener el ejercicio con regularidad y consistencia, como para una persona con diabetes. Controlar el riesgo de desarrollar la enfermedad nunca será más fácil que ahora y debe proponerse que así sea.

Cómo sudar sin excederse

Evitará muchos de los problemas de la hipoglucemia con un plan adecuado (que equipare el ejercicio con los fármacos, la insulina y la dieta), pero siempre debe estar preparado para bajas de glucosa sorpresivas.

➲ **Sepa cuándo detenerse.** Apenas detecte síntomas de hipoglucemia (confusión, temblor, mareo o dificultad para hablar), deténgase ya, no "después de un minuto más". Esté alerta ante todos los síntomas y sepa que algunos coinciden con respuestas naturales al ejercicio, como sudor y ritmo cardiaco rápido.

➲ **Lleve un refrigerio.** Un refrigerio rápido puede hacer que la disminución de glucosa en la sangre se detenga en una emergencia; sólo recuerde llevar siempre uno.

➲ **Consígase un compañero.** No siempre la hipoglucemia se inicia de manera obvia, por lo que es conveniente hacer ejercicio con otra persona o en un lugar donde haya gente, por si necesita ayuda, en especial si hace ejercicio vigoroso.

➲ **Lleve identificación.** Incluso si está con un amigo, lleve identificación con nombre, dirección y número telefónico suyo y de su médico. Tenga el nombre de alguien a quién llamar en una emergencia, y las dosis de insulina y medicamento.

⭕ **Permanezca alerta.** La glucosa puede seguir disminuyendo mucho después de que hizo ejercicio; no descuide vigilar los signos de hipoglucemia hasta 24 horas después del ejercicio.

La prescripción aeróbica

Piense rápido: ¿Qué hará los próximos 20 minutos? ¿Verá televisión? ¿Escribirá en la computadora? ¿Hablará por teléfono? Placeres pasivos, con seguridad... Pero considere una alternativa: si camina 20 minutos por el vecindario o anda en bicicleta, puede limpiar sus arterias, poner en línea su glucosa y eliminar grasa del vientre.

Los ejercicios aeróbicos deben ser esenciales en su programa de ejercicio, por varios motivos. Primero, mantienen el cuerpo en movimiento durante periodos continuos, lo cual vacía los depósitos de glucosa y disminuye los niveles de glucosa. También activan el ritmo cardiaco y el de la respiración, lo que mejora la circulación y la entrega de oxígeno en todo el cuerpo. Ayudan a mantener el corazón y los vasos sanguíneos en buen estado y son el mejor medio para quemar la grasa corporal.

El ejercicio aeróbico suele involucrar movimientos repetitivos de grupos musculares grandes, como las piernas, que necesitan mucho oxígeno (el término *aeróbico* significa "con oxígeno"), y cualquier actividad que acelere el pulso y la respiración es aceptada. Esto incluye las actividades que quizá pasan primero por su mente, como correr, andar en bicicleta y nadar. También puede hacer ejercicio aeróbico en sus pasatiempos preferidos, como trabajar en el jardín, caminar entre el follaje caído o bailar por la noche.

No es difícil iniciar un programa de ejercicio aeróbico; levantarse del sofá y cruzar la puerta es un gran inicio. Si desea un plan más significativo, siga la fórmula FIT (Frecuencia, Intensidad y Tiempo).

Frecuencia: la consideración del calendario

¿Con qué frecuencia debe hacer ejercicio? A no ser que lleve a cabo un entrenamiento vigoroso que requiera tiempo para descansar y recuperarse, no tiene límite y debe sentirse en libertad de hacer ejercicio con la frecuencia que pueda (si el médico lo autoriza). Siempre debe tener en cuenta hacer ejercicio al menos de tres a cinco días por semana. Si inicia un programa que le parece abrumador, tenga la seguridad de que cualquier aumento en la actividad le hará bien a su salud. Los estudios indican que si es totalmente sedentario, una sesión de ejercicio a la semana puede mejorar en forma significativa su estado cardiovascular. Una vez que esté en forma, necesitará al menos tres sesiones de ejercicio por semana para que los músculos continúen mejorando.

Intensidad: cuánto debe ejercitarse

El ejercicio que haga tiene que ser intenso para que el cuerpo se ejercite bien, pero no a tal grado que no pueda mantenerlo por un periodo. Su tolerancia a la intensidad será diferente a la de otra persona. Algunas personas pueden correr un kilómetro y medio en 10 minutos, mientras que otras se sienten agotadas al

NO ESPERE MÁS

Necesitará tomarse el pulso durante el ejercicio para saber si alcanza su ritmo cardiaco ideal. Así es como debe hacerse:

⟳ Localícese una arteria en el lado interior de la muñeca o en el costado del cuello, bajo la mandíbula.

⟳ Presione ligeramente con los dedos índice y medio, hasta sentir el pulso.

⟳ Tome el tiempo con su reloj y cuente el número de latidos en 10 segundos.

⟳ No llegue a los 60 segundos: mientras más se detenga a contar, más lento latirá su corazón, lo que afecta la lectura. Multiplique la cuenta de 10 segundos por 6 para conocer los latidos por minuto.

⟳ Alternativa: Calcule con anticipación cuántos latidos ocurrirán en 10 segundos, dividiendo su pulso ideal entre 6. Por ejemplo, si su pulso ideal es de 90 a 153 latidos por minuto, debe contar de 15 (90 dividido entre 6) a 25 (153 dividido entre 6) latidos en 10 segundos. Si recuerda los números de los 10 segundos, puede dejar de calcular el pulso durante el ejercicio.

⟳ Una alternativa sin cálculos: la prueba de sostener una plática. Si suda en forma constante y le falta el aliento mientras hace ejercicio, pero puede sostener una charla sin que le falte el aire, es probable que esté dentro de su ritmo cardiaco ideal.

CALCULE SU RITMO CARDIACO IDEAL

EDAD	25	30	35	40	45	50	55	60	65	70	75	80
Ritmo cardiaco máx.	195	190	185	180	175	170	165	160	155	150	145	140
50% del máx. (baja intensidad)	97	95	92	90	87	85	82	80	77	75	72	70
85% del máx. (alta intensidad)	166	162	157	153	149	145	140	136	132	128	123	119
Latidos en 10 seg 50% a 85% del máx.	16–27	16–27	15–26	15–25	15–25	14–24	14–23	13–23	13–22	13–21	12–20	12–20

recorrer la manzana. Es importante encontrar el nivel de ejercicio adecuado para usted y su condición física actual, no sólo para lograr el mayor beneficio en su salud, sino también para asegurarse de que no se está ejercitando demasiado.

Su ritmo cardiaco o la rapidez con la que late su corazón es la base para medir su esfuerzo. Aspire a un ritmo cardiaco que esté entre 50 y 85% de su ritmo máximo (el punto en el que su corazón ya no puede bombear más fuerte). Al inicio del programa de ejercicio debe empezar en el extremo de baja intensidad y en forma gradual hacer ejercicio más vigoroso según vaya estando mejor acondicionado.

El ritmo cardiaco máximo tiende a ser consistente de una persona a otra, aunque disminuye en forma gradual al envejecer. Esto facilita la aproximación a un ritmo cardiaco específico para su edad. Para calcular su ritmo cardiaco ideal:

▶ Indague primero su ritmo cardiaco máximo y luego réstele su edad a 220. Por ejemplo, si tiene 40 años, reste 40 a 220 para obtener un ritmo cardiaco máximo de 180 latidos por minuto.

▶ Multiplique este número por 0.50 y 0.85 para obtener los límites inferior y superior de la escala de 50 a 85%. En este ejemplo, un ritmo cardiaco máximo de 180 resulta en un ritmo cardiaco ideal de 90 (180 x 0.50) a 153 (180 x 0.85) latidos por minuto.

Confirme con su médico que el ritmo cardiaco ideal que calcule sea seguro para usted. Tómese el pulso cuando haga ejercicio (vea el recuadro de la página anterior). Si ese ritmo es idóneo, cada latido de su corazón repelerá la diabetes y sus complicaciones cardiovasculares. No crea que la actividad menos exhaustiva no tiene valor: incluso el ejercicio mínimo quema calorías y cualquier actividad es mejor que nada.

Tiempo: mucho y poco

El tercer factor para una buena condición física es el tiempo que debe durar cada sesión de ejercicio. La recomendación de oro es hacer ejercicio de 20 a 40 minutos, tiempo suficiente para dar al corazón y los pulmones la actividad que necesitan para estar en mejores condiciones; pero que no sea tanto que se canse y se detenga. Mientras más acondicionado esté, más soportará.

No es todo o nada. Si no tiene de 20 a 40 minutos, divida su ejercicio a la mitad, pero hágalo dos veces, una por la mañana y una por la noche o a cualquier otra hora. Los investigadores encontraron en varios estudios que puede tener casi la misma condición física con lapsos cortos de actividad repartidos en el día, que con una sola sesión. En un estudio en la Universidad Stanford, los hombres que se ejercitaban 10 minutos tres veces al día lograron una captación de oxígeno (una medida de condición cardiovascular) similar a la de los hombres que hacían ejercicio 30 minutos seguidos. Un estudio de pérdida de peso en la Universidad de Pittsburgh produjo resultados similares en mujeres y descubrió que las que se ejercitaban en sesiones cortas se apegaban más a sus programas.

Así, podrá tener flexibilidad para hacer ejercicio cuando le resulte conveniente. Pase el aspirador por la mañana, dé la vuelta a la manzana a la hora del almuerzo y barra la calle al atardecer, y cumplirá con los requerimientos diarios de ejercicio sin ponerse ropa de gimnasia o tener que bañarse.

CALCULE SU QUEMA DE CALORÍAS

Éste es el número aproximado de calorías que quemará en 30 minutos de diversas actividades con base en su peso.

ACTIVIDAD	64 kg	78 kg	90 kg
Aeróbics, bajo impacto	139	155	166
Baile	125	140	150
Bicicleta, exterior (ritmo moderado)	223	245	266
Bicicleta fija (ritmo moderado)	195	215	233
Caminata (1.5 km en 20 minutos)	97	107	117
Correr (1.5 km en 12 minutos)	223	245	266
Golf	125	140	150
Hacer hoyos en el jardín	139	155	166
Limpieza general en casa	97	110	117
Máquina escaladora	167	185	200
Montar a caballo	111	125	133
Natación	167	185	200
Pesas (intensidad moderada)	84	92	100
Ping-pong	111	125	133
Podar el césped	153	170	183
Rastrillar	111	125	133
Remo estacionario (ritmo moderado)	195	215	233
Saltar a la cuerda	279	310	333
Tenis	195	215	233

Algunos científicos consideran que la prueba que muestra los beneficios del ejercicio en "sesiones cortas" es superficial, y los expertos opinan que obtendrá mayores beneficios en el control de la glucosa, la sensibilidad a la insulina, la salud del corazón y el buen estado general si se ejercita por periodos más prolongados, pero algo es mejor que nada. Usted se ata los zapatos para una caminata corta pero, ¿quién sabe? Una vez que salga y su cuerpo recuerde la agradable sensación que produce el ejercicio, quizá recorra el vecindario y no sólo su calle.

Obtenga el FIT correcto

¿Hoy no desea esforzarse? ¿No hizo una sesión de ejercicio la semana pasada? No hay problema. Si cambia una de las variables de FIT, ajuste otra para cubrir la diferencia. Por ejemplo, si hace ejercicio con un ritmo cardiaco menor (menos intensidad) que el habitual, puede aumentar la duración de la sesión de ejercicio (más tiempo) para tener un resultado igual. Si falta a una sesión de ejercicio (menos frecuencia), puede aumentar la intensidad o el tiempo que dure la siguiente, mientras no se exceda.

Trabaje los músculos

Si va a elegir un ejercicio, que sea aeróbico. Hay otra arma que puede usar contra la diabetes: el entrenamiento de resistencia, o levantamiento de pesas. El ejercicio aeróbico desarrolla el aguante, el entrenamiento de resistencia desarrolla la fuerza y la masa muscular (importante, porque igual que los autos más grandes, los músculos más grandes queman más combustible, lo que disminuye la glucosa). También mejora su metabolismo, incluso cuando está en reposo. Al estar más fuerte se ve mejor, está menos propenso a lesiones y se le facilitan las tareas diarias, desde cargar las bolsas de las compras, hasta subir escaleras.

A diferencia del ejercicio aeróbico, el entrenamiento de resistencia (llamado así porque los músculos trabajan contra una fuerza de resistencia o pesa) incluye ejercicios que cansan pronto los

(Continúa en la pág. 130)

BUENAS FORMAS PARA PROGRESAR

Ningún ejercicio es por sí mismo mejor que otro. Sus únicos objetivos son mover el cuerpo, acelerar el ritmo cardiaco y divertirse. Lo que elija es cuestión de preferencia, aunque algunas actividades aeróbicas pueden ser más apropiadas para usted que otras, debido a sus complicaciones (si las tiene). Esto es lo que algunos de los ejercicios más populares tienen en su favor.

CAMINATA

Beneficios

No cuesta, no lastima articulaciones y puede hacerlo en cualquier momento y lugar (la calle, el centro comercial o el parque). Su baja intensidad lo convierte en un buen punto de inicio para cualquier programa de ejercicio, pero si lo elige (especialmente en subidas y bajadas), es un ejercicio cardiovascular sólido.

Consejos

Lo primero que tiene que hacer es salir de su casa. Respire el aire y deje que su mente divague. Camine al menos 10 minutos al principio y alargue las caminatas conforme se sienta cómodo. Mantenga el paso fácil por un lapso de 20 a 30 minutos y empiece a aumentar la intensidad. Fíjese la meta de caminar a un ritmo de 6.5 km por hora, o sea, 1.6 km cada 15 minutos. Un aparato simple llamado pedómetro, disponible en las tiendas de deportes, le servirá para llevar un registro de su kilometraje.

UN PLAN DE CAMINATA PARA PRINCIPIANTES

¿No está acostumbrado al ejercicio? Caminar es una forma fácil de empezar. Pruebe este plan de seis semanas y verá que a la sexta semana estará ayudando al control de su glucosa en la sangre.

	DURACIÓN	INTENSIDAD	FRECUENCIA
Semana 1	10 a 15 minutos	Tan lento como desee	3 a 5 veces
Semana 2	15 minutos	50 a 60% del ritmo cardiaco máximo	3 a 5 veces
Semana 3	20 minutos	50 a 60% del ritmo cardiaco máximo	5 veces
Semana 4	20 minutos	60% del ritmo cardiaco máximo	5 veces
Semana 5	25 minutos	60 a 70% del ritmo cardiaco máximo	5 veces
Semana 6	30 minutos	60 a 70% del ritmo cardiaco máximo	5 veces

JOGGING

Beneficios

Es casi tan económico y conveniente como caminar. Como es más intenso que caminar, puede hacer más ejercicio en menos tiempo. Se siente (y se ve también) más serio que caminar, lo que puede aumentar su sensación de logro.

Consejos

En lugar de correr programe una caminata-trote. Empiece caminando aprisa y luego corra. Si se siente cansado, cambie el ritmo y camine de nuevo. Cuando tenga más condición física, trotará más y caminará menos. Si las articulaciones empiezan a molestarle, descanse uno o dos días y luego camine. Para minimizar el riesgo de lesión, evite el pavimento duro y opte, cuando sea posible, por superficies suaves y parejas, como pistas para correr y prados lisos.

CICLISMO

Beneficios

El ciclismo proporciona beneficios a la salud y una sensación de velocidad si la bicicleta no es fija. Ambos tipos de bicicleta ejercitan el corazón y los músculos de las piernas, sin agregar tensión en las rodillas.

Consejos

Empiece con un ritmo moderado de 50 revoluciones por minuto (rpm). Los velocímetros digitales de las bicicletas fijas muestran las rpm; si no tiene bicicleta fija, cuente el número de veces que el pedal llega a la parte superior de su arco en 30 segundos y multiplique por 2. Cuando se sienta listo, aumente gradualmente las rpm hasta un punto entre 60 y 90. Puede ajustar el programa de su bicicleta fija para más resistencia o, si la suya no es fija, empezar a usar las velocidades superiores o ir a terrenos con subidas y bajadas.

NATACIÓN

Beneficios

La natación quita el peso de las articulaciones y es uno de los ejercicios que menos lesiona, en especial si tiene sobrepeso. Es un ejercicio aeróbico y depende mucho de la capacidad del corazón y los pulmones, y de la fuerza muscular.

Consejos

Empiece con un ritmo tranquilo; es buena idea dar brazadas manteniendo el rostro fuera del agua. Una vez que mejore su condición aeróbica, empiece a contener más la respiración. Fíjese el objetivo de nadar 10 vueltas sin detenerse. Puede tomar una clase de aeróbics acuáticos si cuenta con la opción.

REMO

Beneficios

Pone en acción brazos y piernas (junto con casi todos los demás músculos del cuerpo) y proporciona un ejercicio aeróbico excelente.

Consejos

Para hacerlo bien use los brazos y las piernas simultáneamente, deslizándose hacia atrás en el asiento sin mover la espalda. Una vez que logre el movimiento (si está en un gimnasio, pregunte a un entrenador), empiece con sesiones cortas de 5 minutos y vaya aumentando hasta llegar a una rutina de 30 minutos; luego ajuste la resistencia para que el ejercicio cueste más trabajo.

músculos y sólo pueden hacerse por poco tiempo. La idea es que los músculos se sometan a una fuerza agregándoles resistencia para que se vuelvan más fuertes y se desarrollen más.

No crea que este tipo de ejercicio es sólo para cuerpos fuertes y musculosos o que usted es demasiado viejo para levantar pesas. Los estudios revelan que incluso los adultos de casi 90 años pueden reafirmar sus músculos con pesas y obtener beneficios adicionales, como huesos resistentes y más vitalidad.

Cómo desarrollar un músculo

Los ejercicios de resistencia no activan todo el cuerpo a la vez, como los aeróbicos. Es necesario hacer diferentes ejercicios dirigidos a grupos musculares específicos. En un gimnasio encontrará los aparatos apropiados para ayudarlo a hacer esto. También puede hacer entrenamiento de resistencia en casa, con ejercicios básicos como planchas y levantamientos y quizá pesas de mano, que puede comprar en cualquier tienda de deportes. (Si no desea comprar pesas, puede improvisarlas con objetos cotidianos, como jarras llenas de agua o arena.) El peso que necesita depende de lo que pueda levantar sin problema y eso varía de un ejercicio a otro, por lo que necesitará más de un juego de pesas. Pares de 1.5, 2.5 y 5 kilos le serán de gran utilidad.

Puede empezar con los ejercicios de las páginas 134 y 135, pero siga estos principios básicos:

⮕ **Levante hasta fatigarse.** Los músculos se cansan tanto con el levantamiento de pesas, que en lugar de desarrollar aguante lo que quieren es descansar. Es necesario tener suficiente resistencia durante el ejercicio para que los músculos se fatiguen después de 8 a 12 repeticiones. Al inicio del programa empiece con pesas ligeras que pueda levantar con facilidad 12 veces, hasta que los músculos se adapten a trabajar.

⮕ **Progrese gradualmente.** No trabaje demasiado de inmediato. Desarrollar los músculos es un proyecto lento y a largo plazo. Levantar más peso del que puede alzar con comodidad sólo deja músculos doloridos y lo desalienta para continuar los ejercicios. Si puede levantar con facilidad determinado peso 12 veces, añada peso para hacer 8 repeticiones fáciles y 12 difíciles. (No añada más de 2.5 kilos a la vez.) Mantenga esa carga y vaya añadiendo repeticiones a sus ejercicios, hasta lograr 12 con facilidad. En ese punto añada más peso, para hacer 8 repeticiones con facilidad y 12 con dificultad, y así sucesivamente.

⮞ **Muévase con lentitud.** Evite los movimientos rápidos y desiguales, pues ello estresa músculos, ligamentos y articulaciones. Los movimientos lentos y controlados aseguran que trabaje los músculos en cada punto en su alcance de movimiento, sin permitir que el impulso trabaje por usted. Consejo básico: tome dos segundos para alzar el peso y cuatro para bajarlo.

⮞ **Respire uniformemente.** No contenga el aliento al levantar pesas, pues el oxígeno debe fluir hacia los músculos que trabajan. Exhale al levantar la pesa e inhale al bajarla.

⮞ **Inicie con los grandes.** Trabaje primero grupos grandes de músculos (pecho, piernas y espalda) y deje al final los músculos más pequeños, como bíceps y tríceps. Así, no cansará los más pequeños que soportan a los más grandes durante el ejercicio.

Los primeros pasos

Si no está familiarizado con el ejercicio, la idea puede intimidarlo. Para iniciar algo nuevo se requiere motivación. Si se le dificulta actuar, lleve a cabo la acción más fácil, como salir a caminar. Una vez que conquiste la inercia, empiece a pensar en un plan de ejercicio más estructurado.

Los expertos descubrieron que las personas pasan por etapas distintivas cuando hacen de la condición física un hábito en su vida. Al inicio hay ignorancia o falta de interés (el ejercicio simplemente está fuera de su alcance), seguido por un periodo de "contemplación", en el cual está interesado, pero no actúa. Luego viene la "preparación", en la cual empieza a moverse, pero no está lo suficientemente activo. Es común que en esta etapa las barreras lo detengan (desde falta de tiempo hasta falta de seguridad). El mantra suele ser "Nunca podría hacer eso". Y "eso" podría ser cualquier cosa, desde 20 minutos de ejercicio, hasta tomar parte en una clase de ejercicio. La pregunta es: ¿qué puede hacer? ¿Puede estar físicamente activo por dos minutos,

caminando, en lugar de estar sentado mientras espera a alguien en el centro comercial? Entonces, empiece ahí. Mientras más se mueva, con más facilidad pasará a las siguientes dos etapas: "acción", en la que se ejercita con regularidad, y "mantenimiento", en la que refuerza el nuevo hábito para que perdure.

Planee la acción

Cruzar la línea hacia la fase de acción es demasiado gradual y no es fácil saber cuándo llegó. Una señal: siente necesidad de organizar sus esfuerzos. No todo el ejercicio tiene que estar escrito en su calendario, pero si lo programa, asegúrese de no emplear en otras actividades el tiempo que necesita. También ayuda a lograr metas específicas que lo harán mejorar. El plan ideal es una mezcla de ejercicios aeróbicos con duración de 20 a 30 minutos, de tres a cinco días por semana, y entrenamiento de resistencia, al menos dos días a la semana. Parece demasiado ejercicio, pero éstas son dos estrategias básicas para lograrlo.

Alterne ejercicios. Haga ejercicios aeróbicos tres días a la semana y deje un día libre entre cada ejercicio. Use los dos días libres para entrenamiento de resistencia. Así, divide el plan de aptitud física en un programa de cinco días, con dos días libres. Este plan da a los músculos (que se trabajan diferente en aeróbics y en entrenamiento de resistencia) un día de descanso entre cada forma de ejercicio.

Ejercicios combinados. Si sólo puede hacer ejercicio unos días a la semana, haga un ejercicio que combine aeróbics y entrenamiento de resistencia. (No lo haga dos días seguidos.) Estas sesiones serán más largas que si trabajara cinco días a la semana, pero para muchas personas, una vez que

ANTES DE ASISTIR AL GIMNASIO

Se puede decir que el mundo es una gran instalación para hacer ejercicio. Si desea tener acceso a máquinas de resistencia de alta calidad, clases de aeróbics y personal capacitado, quizá valga la pena gastar en un gimnasio, en especial si eso lo ayuda a apegarse a su programa de ejercicio. Los gimnasios ganan dinero porque mucha gente que los paga rara vez los usa. Si quiere asegurarse de que obtendrá el valor de su dinero:

■ Localice un gimnasio que esté a menos de 15 minutos de su casa o se le dificultará ir ahí con regularidad.

■ Haga un recorrido antes de firmar algo y pida una muestra de su funcionamiento. Si es posible, pregunte a algunos clientes su opinión sobre el lugar.

■ Asegúrese de que los supervisores del club tengan al menos una licenciatura en educación física y busque certificados del personal de organizaciones renombradas.

■ Note la asistencia, en especial a las horas en que es más probable que usted esté ahí. ¿Es mucha o poca? ¿Se sentirá cómodo al trabajar con estas personas?

■ Sea claro respecto a sus necesidades. Algunos clubes ofrecen sólo equipo y clases de acondicionamiento físico y otros cuentan con canchas de tenis o raquetbol, piscinas e incluso actividades sociales. No firme sobre la línea punteada si piensa que en seis meses quizá desee hacer algo diferente.

logran un bloque de tiempo para hacer ejercicio, no se les dificulta añadir 20 o 30 minutos. Empiece con aeróbics para calentar y poner flexibles los músculos, y continúe con el acondicionamiento de resistencia. (Si cansa primero los músculos con pesas, el ejercicio aeróbico se le dificultará más.) Si le falta tiempo, deje de hacer un día el entrenamiento de resistencia.

Siete pasos al éxito

Es común que tenga dudas al iniciar un programa de ejercicio (es demasiado difícil, no es bueno para hacerlo, está fuera de forma). para ayudarse a mantenerse enfocado y aumentar su confianza:

1 **Hágalo divertido.** Hay personas que piensan que el ejercicio tiene que ser desagradable para que haga bien. Usted no lo haga. Es más probable que se apegue a actividades que disfrute, quizá porque le gusta ver lo que sucede en el vecindario mientras camina, o se siente niño cuando anda en bicicleta o disfruta estar con su compañero de ejercicio.

2 **Olvídese de los viejos tiempos.** Quizá haya sido el capitán del equipo de futbol en la secundaria, pero dé las gracias por los recuerdos y siga con la realidad. Si medita en lo que ha cambiado su cuerpo, sólo se sentirá derrotado. Mejor enfóquese en cómo puede cambiar para bien.

3 **Fíjese metas firmes.** Ayuda tener metas claras e inmediatas. Mantenga objetivos específicos y orientados hacia lo que le gustaría hacer, no hacia lo que logrará si lo hace. Es mejor decir "Correré cinco minutos más la próxima vez", que "Deseo poder correr cinco kilómetros".

4 **Sea su propio parámetro.** No preste atención a la apariencia de otra persona. Lo que usted hace no tiene nada que ver con nadie, sólo con usted. Manténgase en sus metas. Si logra un éxito pequeño, aunque sea caminar tres veces esta semana en lugar de dos, ¡celébrelo!

5 **Anótelo.** Seguir su progreso en una libreta lo ayudará a comprender hasta dónde ha llegado o no llegó. Si camina o corre, registre el tiempo o la distancia. Si hace entrenamiento de resistencia, anote cuánto peso levanta y cuántas repeticiones hace.

(Continúa en la pág. 136)

ACERCA DE LOS ESTUDIOS

¿Cuenta con poco tiempo para acondicionar sus músculos? Dos veces a la semana es suficiente. Los investigadores de la Universidad de Arkansas observaron a dos grupos de mujeres: uno se ejercitó con pesas tres veces a la semana y otro sólo dos veces. El grupo que se ejercitó dos veces a la semana levantó pesas un poco más ligeras e hizo seis repeticiones más de cada ejercicio, dedicando cinco minutos extra a su ejercicio. Resultado: el grupo que asistió dos veces a la semana logró casi los mismos resultados que las otras mujeres después de ocho semanas, y aumentó la fuerza al menos 15% y perdió más del 2% de su grasa corporal.

RUTINA DE TODO LO QUE NECESITA

Estos siete ejercicios proporcionan una actividad corporal completa con todos los principales grupos de músculos. Inicie con una serie de cada ejercicio. Cuando sus músculos se adapten, haga al menos dos series para lograr el mayor beneficio. Puede añadir o sustituir ejercicios con la ayuda de un entrenador o un buen libro de educación física. Asegúrese de que el médico apruebe siempre su programa de ejercicio.

PIERNAS

Inclinación

1. Póngase de pie con los pies separados a la altura del ancho de los hombros y la espalda recta; dé un paso largo hacia adelante con el pie derecho y que su pierna derecha forme un ángulo de 90 grados y la rodilla esté alineada sobre el pie derecho, pero no más allá de los dedos. Mantenga el pie izquierdo en la posición inicial; doble la rodilla izquierda a unos centímetros del piso y separe el talón.

2. Empújese hacia atrás con la pierna derecha y vuelva a la postura inicial; repita con el pie izquierdo y así sucesivamente.

PECHO

Levantamiento con apoyo

1. Recuéstese boca arriba en una banca, con las rodillas dobladas para proteger la espalda. Sostenga una pesa en cada mano, con las palmas una frente a otra; exhale al levantar las pesas rectas arriba del pecho, con los codos rectos.

2. Sin dejar de inhalar, baje lentamente las pesas hasta el pecho, con los codos abajo del nivel del torso.

Para su seguridad: Sostenga firmemente cada pesa, con los dedos cerrados alrededor de un lado de la barra y el pulgar alrededor del otro, para mantenerlas siempre bajo control.

ESPALDA

Serie de pesa con un brazo

1. Apoye la rodilla izquierda en una banca o mesa baja; coloque la mano izquierda sobre la banca y el pie derecho en el suelo, con la rodilla ligeramente doblada. Con la mano derecha sostenga una pesa abajo en su costado, con los ojos mirando el piso y la espalda recta. Exhale al llevar la pesa hasta el torso.

2. Inhale al bajar la pesa a la posición inicial. Al terminar la serie, repita el ejercicio con el otro lado del cuerpo.

Para su seguridad: Mantenga la espalda derecha y el movimiento del torso al mínimo para evitar dañar la espalda, sobre todo cuando se canse.

TRÍCEPS

Pesas y tríceps

1. Apoye la rodilla derecha sobre una banca o mesa baja, la mano derecha sobre la banca y la pierna izquierda extendida detrás de usted, con la rodilla ligeramente doblada. Para llevar el peso a la posición de inicio, sostenga una pesa con la mano izquierda (la palma hacia el cuerpo) y doble el brazo en un ángulo de 45 grados.

2. Sin mover el codo, estire el brazo y lleve el peso detrás de usted. Vuelva a la posición inicial. Repita con el otro lado.

BÍCEPS

Trabaje los bíceps

1. Siéntese en una silla con los pies sobre el piso, con una separación un poco mayor que la de los hombros. Sostenga una pesa en cada mano con los brazos estirados en los costados y las palmas hacia las piernas.

2. Mantenga los codos pegados a los costados; levante las pesas en un arco hacia los hombros; voltee las muñecas con las palmas hacia los hombros. Baje las pesas hasta que los brazos estén estirados.

ABDOMINALES

Flexiones

1. Acuéstese boca arriba en el piso o en una colchoneta con las rodillas dobladas y los pies sobre el piso, separados 15 centímetros. Apunte los pies hacia arriba para dar soporte extra a la espalda. Sostenga las dos manos detrás de la cabeza. Empiece con la cabeza separada unos centímetros del piso, exhale al doblar el torso superior hacia los muslos, elevando los hombros, pero con la espalda contra el piso.

2. Mantenga la postura; inhale y baje el cuerpo con lentitud al piso, con la cabeza levantada unos centímetros en la posición más baja.

HOMBROS

Levantamientos

1. De pie, con los pies separados a la distancia de los hombros, sostenga una pesa con cada mano, con los brazos en los costados, los codos ligeramente doblados y las palmas hacia el cuerpo.

2. Mantenga la espalda recta; tense los músculos abdominales para soporte de la espalda; levante las pesas desde los costados, hasta los hombros. Mantenga un momento los codos sin doblar y las muñecas y hombros en línea recta; baje las pesas.

6 **Incluya a sus amigos.** Trate de tener compañeros agradables como parejas de ejercicio. Con un amigo que lo respalde, sentirá validación, apoyo y quizá un poco de competencia para animarse. Así es más probable que se apegue a un programa de ejercicio, pues dejar de ejercitarse significaría fallarle a un amigo. No olvide el valor de tener a alguien a su lado, por si su glucosa aumenta.

7 **Mantenga firmes sus prioridades.** La vida es un abanico de opciones. ¿Qué es más importante: lavar la bañera o hacer su ejercicio del día? A la larga, el ejercicio puede salvarle la vida y puede hacer que se sienta bien en poco tiempo. En cambio, lavar la bañera podría parecer importante en el momento, pero no después de una semana.

Sea una máquina de movimiento perpetuo

Si no puede lograr un programa firme de ejercicio, no sienta que fracasó. Busque y encuentre oportunidades para incluir la actividad en la vida cotidiana. Los estudios indican que el ejercicio con un enfoque basado en el estilo de vida puede mejorar su condición física casi tanto como un programa de ejercicios en el gimnasio, y las personas sedentarias pueden lograr 30 minutos de actividad, cinco días por semana, con sólo integrarlo en su día regular. Algunas formas para lograrlo:

➲ La próxima vez que asista a un evento deportivo no permanezca en la banca. Levántese y camine. Recorra el estadio en el medio tiempo. Suba las escaleras durante los tiempos fuera y aléjese del puesto de hot-dogs.

➲ ¿Por qué esperar el ascensor? Use las escaleras, quizá llegue más pronto a donde va.

➲ Si va a sentarse frente al televisor, hágalo en una bicicleta fija. Pedalee durante un programa de 30 minutos. Si no tiene bicicleta, salte o camine durante los comerciales.

➲ En lugar de buscar un lugar de estacionamiento cercano a la puerta, diríjase a los espacios libres más lejanos y camine.

➲ Lleve a caminar o a correr al perro (si no tiene uno, pídaselo prestado al vecino). Deje que él decida a dónde ir y sígalo.

➲ Levántese para cambiar los canales de la TV, en lugar de usar el control remoto.

➲ En lugar de reunirse con un amigo para tomar café, cítese con él y use su energía para caminar por el parque.

La diabetes quedó atrás

Cuando a Deborah McMahon, de 53 años, la hospitalizaron por deshidratación durante una gripe, jamás esperó que en esa ocasión recibiría un diagnóstico de diabetes tipo 2. Con el nivel de glucosa en 300 mg/dl y su resultado A1c de 11.7 (muy elevado), los médicos no imaginaron que dejaría de tomar medicamento cuatro meses después, pero así sucedió. La glucosa en la sangre ahora se mantiene en 82, una lectura sana, y su A1c abajo de 6. Parece que literalmente venció a la diabetes.

"Cuando recibí el diagnóstico, dije: 'Esto no es terrible. Es algo con lo que puedo vivir.' Mi médico estuvo de acuerdo conmigo y me dijo que algunos aspectos del tratamiento estaban bajo mi control, en especial la dieta y el ejercicio. Mencionó que caminar era el ejercicio más sencillo, pues sólo necesitaba un par de zapatos." Al día siguiente luego de que la dieron de alta en el hospital, entró en una librería para obtener información sobre el cuidado de la diabetes y desde entonces practica la caminata.

Todos los días, Deborah se coloca un podómetro (un aparato que cuenta las pisadas) y camina unos 10,000 pasos (8 km). No limita su ejercicio a una caminata al día, sino que también sigue el consejo de expertos en ejercicio, para incorporar más movimiento a las actividades cotidianas. "Tengo que estacionarme a varias cuadras del trabajo y eso me molestaba mucho. Ahora agradezco la oportunidad que tengo de poder caminar más."

Para aprender más sobre el manejo de la diabetes, Deborah asistió a clases en el centro de educación de la diabetes de su hospital y ahí se fijó un objetivo: dejar de tomar los fármacos que tomaba dos veces al día. "Me advirtieron que sería muy difícil lograrlo", explica ella, "pero yo me haría cargo de la diabetes antes de que ella se encargara de mí."

Al combinar el ejercicio regular con un plan alimentario saludable (sus platillos favoritos ahora son arándanos y barras de granola con poca grasa), disminuyó a la mitad la dosis diaria del medicamento, en un par de meses. Dos meses después de eso logró otro objetivo en su salud: rebajar 31 kilos de los 107 que pesaba cuando recibió el diagnóstico.

Todos los esfuerzos de Deborah para retirar el medicamento y bajar de peso tuvieron lugar durante el invierno, cuando el clima en Iowa dificulta el ejercicio al aire libre. "Cuando hace demasiado frío afuera, camino por la casa", dice ella. "Mi familia piensa que estoy loca, pero yo les digo: 'una hace lo que tiene que hacer'."

6

Medicamentos y cirugía

Hace menos de un siglo no existía ningún tratamiento para la diabetes. Luego surgieron la insulina y los primeros medicamentos para tratar la diabetes tipo 2. Ahora, las nuevas opciones de tratamiento le ofrecen una flexibilidad sin precedentes, con varias formas de insulina que actúan a corto y a largo plazo, y una variedad de medicamentos que pueden combinarse para satisfacer sus necesidades específicas. Además, ya hay nuevos aparatos que sirven para administrar insulina sin el uso de agujas y la cirugía que, aunque no carece de riesgos, representa una solución para algunas personas.

Come bien y hace ejercicio, pero su nivel de glucosa en la sangre aún es muy alto. ¿Qué debe hacer? La dieta y el ejercicio son un gran paso para el control del azúcar, pero puede necesitar ayuda adicional. Para personas con diabetes tipo 1, la insulina en realidad es una clave para la supervivencia. Las personas con diabetes tipo 2 también pueden beneficiarse con la insulina, pero las inyecciones pueden estar todavía muy lejos si puede dominar la glucosa con píldoras.

En un pasado no muy lejano, las opciones médicas para controlar la diabetes eran limitadas. Al principio, sólo había insulina y, desde la década de 1950, una sola clase de medicamentos orales (sulfonilureas) que ayudaban a reducir el azúcar en la sangre. Hasta mediados de la década de 1990 surgieron nuevas clases de medicamentos. Ahora, si tiene diabetes tipo 2, usted y su médico pueden elegir entre varios tipos de medicamentos orales que reducen el azúcar en la sangre en diferentes formas. Esto ha aumentado sus opciones de tratamiento, no sólo porque cada tipo de fármaco representa un avance en sí, sino porque puede usar los diversos tipos en combinaciones diferentes para adaptarlos mejor a sus necesidades individuales.

Es importante señalar que las píldoras para la diabetes no son formas orales de insulina. Los ácidos del aparato digestivo descomponen la insulina y la inutilizan antes de que el cuerpo pueda usarla, razón por la cual la insulina debe inyectarse. Y las píldoras no funcionan en personas con diabetes tipo 1 porque éstas dependen a veces de la capacidad del páncreas para producir al menos algo de insulina, lo cual no sucede con la mayoría de los pacientes tipo 1. De hecho, poder usar medicamentos orales como una primera línea de terapia médica es una distinción esencial entre la diabetes tipo 2 y tipo 1.

Los medicamentos han ayudado a millones de personas con diabetes tipo 2 a llevar una vida más saludable y satisfactoria, pero no curan la diabetes tipo 2, al igual que la insulina no cura el tipo 1. Y desde luego no puede dejar su plan de alimentación ni su ejercicio regular sólo porque toma medicamentos. En cualquier caso, el razonamiento sería al contrario: si su médico le prescribe fármacos, lograr un mejor control de la glucosa con dieta y ejercicio puede librarlo de los medicamentos.

¿Cuándo es necesaria la ayuda médica?

Cualesquiera que sean los milagros de la medicación, controlar la glucosa en forma natural con dieta y ejercicio siempre estará por encima de las órdenes de su médico. Los fármacos, después de todo, pueden tener efectos secundarios. Pero los médicos a veces recetan medicamentos en cuanto hacen el diagnóstico. ¿Qué lo hace un candidato para el uso de medicamentos?

Todo empieza con la glucosa en la sangre. Recuerde que se diagnostica diabetes cuando el azúcar en la sangre en ayunas es de 126 mg/dl y usted está tratando de reducirla a 120. Además, los resultados de su prueba de hemoglobina A1c a largo plazo deben ser menores de 7%, y muchos endocrinólogos dicen que 6.5% es una cifra mejor. Su médico considerará esto primero.

No hay reglas rígidas para empezar a tomar medicamento porque cada cuerpo es diferente y cada caso debe tratarse de manera individual. Pero los doctores tienden a seguir directrices rigurosas, como se esboza a continuación.

Quién necesita medicamentos

Por lo general, los médicos le pedirán que controle la glucosa sólo con dieta y ejercicio siempre que su glucosa en ayunas sea de 140 a 150 mg/dl o menos. Pero aquí entran los resultados de la A1c. Si su nivel de hemoglobina se mantiene cerca de 7%, hay una buena probabilidad de que la controle sólo con cambios en su estilo de vida. Sin embargo, si éste aumenta a 7.5% o más, es probable que necesite ayuda. Aun así, quizá en este nivel su médico le permita intentar sólo con dieta y ejercicio durante un periodo de prueba de tres meses. Pero si su nivel A1c aún sobrepasa el 7%, quizá necesite medicamentos.

Si inicia con niveles de glucosa en la sangre en ayunas mayores a 150 mg/dl o sus resultados A1c llegan a 8%, podrían darle fármacos de inmediato. Pero eso no indica que los tomará por siempre. A veces los médicos recetan medicamentos para controlar la glucosa en la sangre mientras la dieta y el ejercicio producen resultados. Quizá después no necesite tomar nada.

Los niveles de azúcar en la sangre no son el único factor que indica si usted necesita medicación. Por ejemplo, suponga que sus niveles sugieren que la dieta y el ejercicio lo ayudarán, pero no tiene sobrepeso (lo que sucede entre el 10 y el 20% de los casos de diabetes tipo 2), o ya tiene una buena dieta y se está ejercitando. En tal caso es poco probable que comer una galleta menos o ejercitarse 10 minutos más hagan una diferencia significativa, así que su doctor podría recetarle medicamentos más pronto que a una persona con niveles parecidos y que tiene sobrepeso y es sedentario.

Por otra parte, quizá su doctor evite darle ciertos fármacos si tiene complicaciones o problemas de salud que los hacen una mala elección para usted. Por ejemplo, la metformina, uno de los medicamentos más populares para la diabetes, puede causar una acumulación potencialmente fatal de ácido láctico en la sangre (condición llamada acidosis láctica) en enfermos del riñón, corazón o hígado, y no debe administrarse a estos pacientes.

Introducción de la gran arma: la insulina

Aun después de darle medicación, el médico vigilará su glucosa en la sangre. Si una receta no funciona, probará otros fármacos o combinaciones de ellos. Podría probar cinco o seis regímenes diferentes antes de llegar a la gran arma. Una vez que se muestra que los medicamentos, la dieta y el ejercicio no son suficientes para controlar el azúcar en la sangre, el doctor podría agregar una dosis de insulina al anochecer o al momento de ir a la cama, para contrarrestar la glucosa liberada por el hígado durante la noche.

Los médicos aconsejan a algunos pacientes con diabetes tipo 2 la terapia con insulina si no toleran bien los fármacos, padecen de los riñones o el hígado, o necesitan más insulina por lesiones, infección o una tensión emocional severa.

Las personas con diabetes tipo 2 casi no requieren tantas inyecciones como las que tienen tipo 1, porque el cuerpo aún elabora insulina (o usa la que produce) en cierta medida. Pero si tiene mucho tiempo con diabetes tipo 2, es probable que su cuerpo responda en menor medida y necesite insulina. Esto no significa que no haya podido manejar su diabetes, tan sólo indica que su enfermedad progresó hasta un punto en que otros tipos de terapia no lo ayudan tanto como deberían.

Menú de medicamentos

Ahora se dispone de no menos de 15 fármacos básicos para la diabetes, que se agrupan según su funcionamiento. Algunos hacen que el cuerpo produzca más insulina, otros hacen que las células absorban mejor la glucosa o hacen más lenta la liberación de glucosa en la sangre; otros más hacen varias cosas a la vez.

Elegir cuáles medicamentos usar puede ser algo complicado, por lo que necesitará confiar en su médico para que lo ayude a tomar las decisiones correctas. Pero debería informarse para ponderar estas decisiones y entender sus opciones si los fármacos que le recetan no funcionan bien en usted.

Sepa que los fármacos actúan mejor en las personas que han tenido diabetes menos de 10 años. Esto se debe a que se agregan a la capacidad del cuerpo para producir algo de insulina, pero esta capacidad disminuye al progresar la diabetes. También puede ocurrir que los medicamentos sean menos efectivos cuanto más los tome. Es bueno tener opciones, pues su médico puede agregar un fármaco diferente a su régimen.

Sulfonilureas: la vieja y la nueva guardia

Las sulfonilureas son los abuelos de los fármacos para la diabetes. Algunas existen desde hace casi 50 años y aún son de las más recetadas. Por mucho tiempo hubo cuatro sulfonilureas, conocidas como fármacos de primera generación. En fechas más recientes se han agregado fármacos de segunda y tercera generación.

Todas las sulfonilureas reducen la glucosa del mismo modo: se unen a las células beta en el páncreas y las estimulan para producir más insulina. Difieren entre sí en la cantidad por tomar, la frecuencia con que se toman, lo rápido que funcionan y cuánto dura su efecto. Por ejemplo, los fármacos de segunda generación son mucho más potentes que los de primera, por lo que se requieren dosis menores. Aunque es menos probable que interactúen con otros medicamentos.

Efectos secundarios. La mayoría de las personas responde bien a las sulfonilureas, pero es posible que dañen el estómago o causen reacciones cutáneas por el aumento en la sensibilidad

SULFONILUREAS

Los medicamentos de primera generación en esta categoría están comprobados y se recetan ampliamente. Pero la novedad es que las sulfonilureas de segunda generación pueden producir efectos potentes con menos dosis, así que su médico puede comenzar recetándole una de ellas.

FÓRMULA	NOMBRE	COMENTARIOS
MEDICAMENTOS DE PRIMERA GENERACIÓN		
Acetohexamida	Dymelor	Inicia su efecto en 1 hora y dura al menos 12 horas.
Clorpropamida	Diabinese Insogen	Dura más que otras sulfonilureas de primera generación y sigue activa en el cuerpo por 24 horas o más. Tenga precaución con este medicamento porque puede causar hipoglucemia prolongada. También puede ocasionar retención de líquidos y causa enrojecimiento en el rostro si bebe alcohol.
Tolazamida	Tolinase	Se absorbe muy lentamente, no surte efecto por unas 4 horas y su acción dura alrededor de 20 horas.
Tolbutamida	Artosin Rastinon	Es la sulfonilurea de acción más rápida. Surte efecto más o menos en 1 hora. Es una buena opción si le cuesta trabajo reducir su glucosa después de comer.
MEDICAMENTOS DE SEGUNDA GENERACIÓN		
Glipizida	Glupitel Minodiab	Surte efecto en 1 hora. Por lo general se toma antes de las comidas para controlar el alza de la glucosa después de ellas.
Glibenclamida	Daonil Euglucon	Acción intermedia. Permanece activa en el cuerpo de 12 a 16 horas.
MEDICAMENTOS DE TERCERA GENERACIÓN		
Glimepirida	Amaryl	Acción prolongada. Por lo general necesita tomarse sólo una vez, en el desayuno, para mantener estable la glucosa en la sangre todo el día.

al sol. Si esto ocurre, coméntelo con su médico. Algunas personas son alérgicas a los derivados de la sulfa (como las sulfonilureas y algunos antibióticos), así que, aunque estos efectos son raros, vigile la aparición de salpullido, urticaria o inflamación, en especial de las vías respiratorias. Evite las sulfonilureas si está embarazada o tiene problemas del hígado o los riñones.

La poderosa metformina

Desde que apareció en 1994, la metformina se volvió el medicamento para la diabetes de mayor venta en Estados Unidos; y no es sorprendente, dada la gran diversidad de efectos que produce cada píldora tomada dos a tres veces al día. La metformina reduce la cantidad de glucosa liberada en el hígado, lo cual disminuye el azúcar en la sangre no sólo después de comer sino también entre comidas y por la noche. También impide la absorción de glucosa de la comida. Sola, la metformina no causa hipoglucemia, pues no hace que las células tomen glucosa de la sangre. Debido a que ataca el problema desde un ángulo diferente, es una compañera perfecta de las sulfonilureas, cuya combinación es una terapia común con fármacos.

Otra ventaja: las personas tienden a perder peso al tomar metformina, aunque no está claro por qué. Puede ser que reduzca el apetito al irritar el aparato gastrointestinal o al darles a los alimentos un sabor extraño (a menudo un sabor metálico). Cualquiera que sea la razón, la metformina es una bendición para los pacientes tipo 2 con sobrepeso que necesitan bajar algunos kilos.

Y hay más: la metformina reduce el colesterol LBD ("malo") y los triglicéridos (y eleva el colesterol LAD "bueno") y puede hacer que los músculos sean más sensibles a la insulina. Funciona tan bien que reduce el riesgo de diabetes en personas con tolerancia reducida a la glucosa en un 31%, de acuerdo con un estudio en EUA llamado Programa de Prevención de la Diabetes.

Efectos secundarios. La metformina parece una medicina milagrosa, pero no es perfecta. Además del sabor poco apetitoso que da a la comida y los síntomas gastrointestinales como náusea, hinchazón y gases, en algunos pacientes causa salpullido. Estos efectos a veces desaparecen varias semanas después y es menos probable que surjan si inicia con dosis bajas y lo toma con la comida. Debe evitarla si está embarazada y si padece del riñón, enfermedad hepática grave o falla cardiaca congestiva, pues el medicamento puede producir acidosis láctica, una acumulación potencialmente fatal de ácido láctico en la sangre. Beber mucho alcohol mientras se toma metformina también puede originar ácido láctico, así que sea franco con el médico acerca de su consumo de alcohol al considerar este fármaco.

Entrenamiento de sensibilidad para células

Otra clase de fármacos son las tiazolidinadionas, cuya tarea resulta simple, pues atacan la glucosa alta en la sangre desde un tercer ángulo al aumentar la sensibilidad de las células a la insulina para que puedan tomar la glucosa y eliminarla de la sangre. Esto las hace útiles para mantener el nivel adecuado de glucosa en la sangre inmediatamente después de una comida, así que su

médico puede agregarlas a su régimen si otros medicamentos no han funcionado. Si usted padece diabetes tipo 2 y usa insulina, dicho fármaco (por lo general tomado una vez al día) puede permitir la reducción de su dosis.

Las tiazolidinadionas, a veces llamadas glitazonas, han causado controversia. La troglitazona, la primera de ellas, fue retirada del mercado de EUA por la Administración de Alimentos y Medicamentos (FDA, Food and Drug Administration) en 2000 luego de que unos pacientes que la tomaban presentaron enfermedad hepática grave e incluso fatal. La FDA aún necesita que los médicos vigilen a los pacientes que toman dichos fármacos para ver si presentan algún daño hepático, en especial en el primer año. Pero esto no ha sido un problema con los dos que aún están a la venta: rosiglitazona (Avandia) y pioglitazona (Zactos).

No espere resultados instantáneos: toma semanas y hasta tres meses que las células musculares y las grasas respondan por completo a estos fármacos. Sin embargo, como la metformina, reducen los niveles de colesterol y de triglicéridos y no causan hipoglucemia.

Efectos secundarios. No es raro que la metformina sea más popular que las tiazolidinadionas. Estos fármacos hacen que muchas personas aumenten de peso y a veces causan hinchazón por retención de agua, en especial en los tobillos. También pueden causar problemas gastrointestinales como náusea y vómito, piel amarilla y dolor de cabeza. Como muchos medicamentos, no debe usarlas si está embarazada. Y debe ser precavida si *no* quiere embarazarse: las tiazolidinadionas pueden aumentar la fertilidad (tal vez porque la resistencia a la insulina, la cual ayudan a corregir los fármacos, la hace menos fértil) y la pioglitazona puede reducir la efectividad de los anticonceptivos hormonales.

Los que frenan el azúcar

La acarbosa (Glucobay) y el miglitol (Diastabol), inhibidores de la alfa-glucosidasa, impiden que las enzimas del intestino conviertan los carbohidratos en glucosa, dejando que los digieran las bacterias. Esto reduce la liberación de glucosa en la sangre y restringe su aumento después de comer. Tomarlos antes de cada comida puede ser una buena opción si tiene problemas para mantener la glucosa en la sangre luego de comer, en especial si las tiazolidinadionas no le funcionan bien. La hipoglucemia no es un problema con estos medicamentos a menos que se combinen con otros, como las sulfonilureas. Sin embargo, si sufre hipoglucemia mientras los toma, trátela con tabletas de glucosa, que son menos sensibles al medicamento que la sacarosa de dulces o bebidas de fruta.

Efectos secundarios. Ya que dejan que las bacterias fermenten los carbohidratos en el intestino, estos fármacos producen gases, inflamación y otros problemas gastrointestinales, como diarrea, por lo que algunos no los toleran. Sin embargo, en muchos casos esto se alivia con el tiempo. Ayuda iniciar con una dosis baja y aumentarla conforme el cuerpo se adapta. Aun así, estos fármacos son una mala elección si tiene un padecimiento gastrointestinal como síndrome de intestino irritable o colitis ulcerativa, o si padece del hígado o el riñón.

Meglitinidas

Aunque difieren químicamente de las sulfonilureas, la repaglinida (Novonorm) y la nateglinida (Starlix) trabajan extrayendo insulina del páncreas. La repaglinida y la nateglinida hacen efecto más rápido que las sulfonilureas, así que puede tomarlas con las comidas (o hasta media hora antes) para mantener baja la glucosa en la sangre después de comer. Sus efectos son de corta duración; la concentración de nateglinida en la sangre baja en forma abrupta 90 minutos después de tomarla. Por ello es menos probable que estos fármacos causen hipoglucemia. Y debido a que trabajan tan rápido, le dan libertad de ingerir alimentos de improviso. A veces se combinan con metformina para un control a largo plazo.

Efectos secundarios. Igual que las sulfonilureas, pueden causar hipoglucemia, pero debido a que están diseñados para

---

INTERACCIÓN DE FÁRMACOS

Antes de que le receten un medicamento para la diabetes, debe decir qué otros fármacos toma. Asimismo, los médicos que lo tratan por otras causas deben saber que tiene diabetes, pues muchos fármacos elevan el azúcar en la sangre. Otros pueden reducirla y deben tomarse en cuenta en su dosis. Entre los medicamentos que debe vigilar están:

FÁRMACOS QUE ELEVAN LA GLUCOSA EN LA SANGRE

Fármacos para la presión sanguínea: bloqueadores beta, bloqueadores del canal de calcio, minoxidil, diuréticos de tiazídicos.

Fármacos para el VIH: acetato de megesterol, pentamidina, inhibidores de la proteasa.

Antipsicóticos: litio, fenotiacinas.

Antituberculosos: isoniacida, rifampicina.

FÁRMACOS QUE REDUCEN LA GLUCOSA EN LA SANGRE

Analgésicos: aspirina, paracetamol.

Fármacos para la presión sanguínea: bloqueadores alfa, inhibidores de la enzima convertidora de la angiotensina (ECA).

Antiinfecciosos: cibenzolina, ganciclovir, mefloquina, pentamidina, quinina, quinolonas, sulfonamidas, tetraciclinas.

Antidepresivos: doxepina, inhibidores de la MAO, tricíclicos.

trabajar cuando el azúcar en la sangre ya está elevada después de comer, esto tiende a ser menos problema que con los fármacos antiguos. También puede experimentar náusea, leve aumento de peso y comezón y enrojecimiento de la piel; pero estos efectos son menores. No debe tomar repaglinida o nateglinida si está embarazada o en periodo de lactancia, y debe tener precaución sobre su uso si tiene daño hepático o renal.

Asociación de medicamentos

A veces dos fármacos es mejor que uno, en especial si funcionan distinto. De hecho, una combinación popular de metformina y sulfonilurea se encuentra ahora en una sola píldora (Glucovance), lo que simplifica el régimen de medicamentos. Los estudios sugieren que este nuevo medicamento funciona mejor que si se toman los dos fármacos por separado.

Aquí hay algunas combinaciones que podrían considerar usted y su médico, en especial si uno solo no controla bien su glucosa. Si toma una combinación de medicamentos, tiene que vigilar los efectos secundarios de todos los ingredientes activos.

▶ **Metformina más una sulfonilurea (Glucovance)**
Por qué podría usarla: Para hacer que el páncreas produzca más insulina mientras se mantiene baja el azúcar en la sangre en la línea base. Es la combinación más popular para la diabetes, y quizá la más efectiva, por lo que ahora está disponible en una sola píldora.
Qué debe vigilar: Hipoglucemia y problemas gastrointestinales (diarrea leve, malestar estomacal).

▶ **Sulfonilurea más una tiazolidinadiona**
Por qué podría usarla: Si las sulfonilureas comienzan a perder su capacidad para estimular al páncreas a producir insulina, puede ser útil agregar rosiglitazona o pioglitazona para aumentar la sensibilidad a la insulina.
Qué debe vigilar: La acción doble de producir más insulina y hacer más sensibles a ella las células lo hace a usted especialmente susceptible a la hipoglucemia.

Sulfonilurea más un inhibidor de la alfa-glucosidasa

Por qué podría usarla: Usar acarbosa o miglitol para impedir que la glucosa sea absorbida puede ayudar a mantener baja la glucosa en la sangre después de las comidas si la sulfonilurea no lo logra por sí sola.

Qué debe vigilar : Malestar digestivo e hipoglucemia.

Metformina más un inhibidor de la alfa-glucosidasa

Por qué podría usarla: No todas las combinaciones se han estudiado detalladamente, pero ésta sí y los resultados muestran que los dos medicamentos juntos son mejores que la metformina sola para controlar la glucosa en la sangre, en especial después de comer.

Qué debe vigilar: Gases, inflamación y otros efectos de la descomposición bacterial de los carbohidratos.

Metformina más una tiazolidinadiona

Por qué podría usarla: Esta combinación es útil si las sul-

MEDICAMENTOS Y DOSIS

La mayoría de los medicamentos vienen en varias dosis, así que su doctor puede afinar su régimen de acuerdo con su condición y lo bien que responda usted a lo que está tomando. Espere comenzar con una dosis baja y progresar a dosis mayores cuanto más tiempo esté en tratamiento.

TIPO	FÓRMULA	NOMBRE	DOSIS
Sulfonilurea	Acetohexamida	Dymelor	250 y 500 mg
	Clorpropamida	Diabinese, Insogen	100 y 250 mg
	Tolazamida	Tolinase	100, 250 y 500 mg
	Tolbutamida	Rastinon, Artosin	250 y 500 mg
	Glimepirida	Amaryl	1, 2 y 4 mg
	Glipizida	Minodiab, Glupitel	5 y 10 mg
	Glibenclamida	Micronase, Diabeta, Glynase	1.25, 2.5 y 5 mg
Biguanidas	Metformina	Glucophage	500, 850 y 1,000 mg
Tiazolidinadionas	Rosiglitazona	Avandia	2, 4 y 8 mg
	Pioglitazona	Actos	15, 30 y 45 mg
Inhibidores de la alfa-glucosa	Acarbosa	Glucobay	25, 50 y 100 mg
	Miglitol	Diastabol	25 y 50 mg
Meglitinida	Repaglinida	Novonorm	0.5, 1 y 2 mg
	Nateglinida	Starlix	60 y 120 mg

fonilureas han perdido su efectividad, sobre todo si el sobrepeso lo ha hecho a usted resistente a la insulina.

Qué debe vigilar: Problemas gastrointestinales.

▶ **Metformina, una tiazolidinadiona y una sulfonilurea**

Por qué podría usarla: Si toma metformina más una tiazolidinadiona o metformina más una sulfonilurea y el nivel de glucosa en la sangre continúa alto, bien pueden agregar a su régimen un tercer medicamento.

Qué debe vigilar: Hipoglucemia.

Insulina: ¿quién la necesita?

La insulina, considerada un verdadero avance de la medicina moderna, puede salvarle la vida si tiene diabetes. En la década de 1920 sólo existía un tipo de ella y aún se conoce como insulina "regular". Ahora hay muchas más opciones y algunas de ellas estuvieron disponibles apenas a partir de la década de 1990.

Ya sea que provenga de un frasco o de las células productoras de insulina en el páncreas, todos la necesitamos y no es de uso exclusivo de las personas que padecen diabetes. Pero si el páncreas falla, usted debe asumir su labor. Ésta no sólo es una tarea para diabéticos tipo 1. Incluso entre el 30 y el 40% de los diabéticos tipo 2 necesitan insulina, porque las células beta del páncreas no producen la suficiente para satisfacer las necesidades del cuerpo (aun con medicamento), o las células se hacen más resistentes a la insulina.

Por lo general, el páncreas sólo libera la cantidad exacta de insulina necesaria para ayudar a las células a tomar la glucosa de la sangre. Aunque un páncreas sano hace ajustes sutiles constantes, hay dos patrones de insulina básicos que necesita imitar artificialmente, ya sea que tenga el tipo 1 o el tipo 2:

▶ Una línea base continua de bajo nivel de insulina para mantener estables los niveles de azúcar en la sangre entre comidas (se denomina a veces insulina basal).

▶ Ráfagas extra de insulina (conocidas como bolos) al elevarse el azúcar sobre la línea base, en especial luego de comer.

Si tiene diabetes tipo 1, tomará diferentes insulinas a lo largo del día para cubrir todas sus necesidades. Si tiene diabetes tipo 2, el número de dosis (y el tipo de insulina que use) variará de acuerdo con lo bien que esté funcionando su páncreas.

La elección de la insulina adecuada

La insulina ha mejorado con los años tanto en calidad como en variedad, comenzando por la forma en que se fabrica. Hasta hace poco, casi toda la insulina se extraía de animales, como vacas y cerdos, y se purificaba para usarla en humanos. Funcionaba bien para la mayoría de las personas, pero otras tenían reacciones alérgicas, como enrojecimiento, comezón, hinchazón o dolor en la zona de la inyección. Aunque aún existe, la insulina animal se usa cada vez menos gracias a las maravillas de la ingeniería genética. Ahora los científicos insertan ADN humano con instrucciones para la producción de insulina en bacterias, con el fin de hacerlas liberar insulina humana auténtica al reproducirse.

Sin embargo, lo más importante de la insulina es la forma en que actúa. Hay insulinas que difieren en la rapidez con que empiezan a funcionar, en el tiempo en que llegan a su máxima acción y en el tiempo que permanecen activas. Y ellas se organizan en cuatro categorías basadas en el efecto de su duración.

Insulina de acción rápida. Así se clasifica la insulina regular y ello significa que hace efecto rápido pero no dura mucho. Se usa para proveer una ráfaga de control de la glucosa cuando se necesita, en particular a la hora de comer. El efecto de la insulina regular inicia después de 30 a 60 minutos, alcanza su máximo efecto entre 3 y 4 horas, y dura un total de 6 a 8 horas.

Insulina de acción breve o ultracorta. ¿No desea esperar media hora para comer mientras hace efecto su inyección? No hay problema, pues dos nuevas insulinas (consideradas subconjunto de las insulinas de acción rápida) se han alterado químicamente para funcionar más rápido. Las insulinas lispro (Humalog) y aspart (Novolog) empiezan a actuar entre 5 y 15 minutos después de la aplicación, alcanzan su punto entre 60 y 90 minutos y duran de 3 a 5 horas; algo parecido a lo que experimentaría después de comer si tuviera un páncreas sano.

Además de darle más libertad para comer cuando desee, es menos probable que cause hipoglucemia debido a que no dura en el organismo después de agotar la glucosa de la comida.

Insulina de acción prolongada. La insulina de acción prolongada ultralenta (Humulin U), a la cual le toma unas 6 horas hacer efecto, alcanza su máximo entre 12 y 18 horas y dura hasta 24 horas antes de desvanecerse gradualmente. Esto le brinda el respaldo sostenido de insulina de grado bajo que necesita con una sola inyección al día. Los diabéticos tipo 1 deben complementar esta insulina con un agente que actúe más rápido en las comidas. La insulina de acción prolongada puede ser todo lo que se necesite para la diabetes tipo 2, en especial si aún se puede usar medicación.

La FDA aprobó en 2000 la insulina glargina (Lantus), que ofrece otras ventajas. Dura todo el día y la noche con una acción casi constante sin un punto máximo de acción en 24 horas. Imita la producción de insulina basal del páncreas y mantiene los niveles de insulina constantes por periodos largos.

Insulina de acción intermedia. Su punto máximo tiende a ser más alto que el punto máximo de acción prolongada, así que podría ser mejor para usted si sus necesidades de insulina son mayores. Las dos propuestas en esta categoría, Lente (Novolin L y Humulin L) y NPH (neutra, protamina, hagedorn), tienen aditivos que hacen más lenta la liberación de insulina: cinc, en Lente, y proteína protamina, en NPH. De apariencia turbia por los aditivos, ambas empiezan a reducir la glucosa en 2 horas, llegan a su punto máximo entre 6 y 12 horas y duran hasta 24 horas. Brindan una buena cobertura de insulina durante medio día y a veces se combinan con insulina de acción rápida.

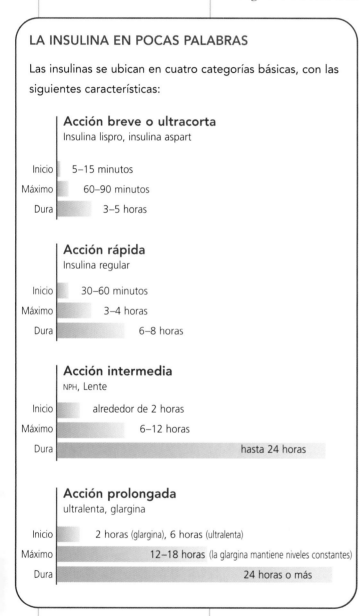

LA INSULINA EN POCAS PALABRAS

Las insulinas se ubican en cuatro categorías básicas, con las siguientes características:

Acción breve o ultracorta
Insulina lispro, insulina aspart

Inicio	5–15 minutos
Máximo	60–90 minutos
Dura	3–5 horas

Acción rápida
Insulina regular

Inicio	30–60 minutos
Máximo	3–4 horas
Dura	6–8 horas

Acción intermedia
NPH, Lente

Inicio	alrededor de 2 horas
Máximo	6–12 horas
Dura	hasta 24 horas

Acción prolongada
ultralenta, glargina

Inicio	2 horas (glargina), 6 horas (ultralenta)
Máximo	12–18 horas (la glargina mantiene niveles constantes)
Dura	24 horas o más

Los pormenores de la terapia con insulina

Puede combinar distintos tipos de insulina, del mismo modo en que puede mezclar fármacos para obtener ventaja de sus diferentes efectos. El plan que elaboren usted y su médico deberá contemplar muchos elementos, como cuánto ejercicio debe hacer usted (y cuándo), cuál será el menú de su plan de alimentación y si podrá comer a una hora regular cada día.

Al principio surgirán conjeturas, pues cada cuerpo responde de diferente manera a la insulina, así que sus tiempos personales de efecto, punto máximo y duración pueden ser distintos del promedio. Debe vigilar siempre su glucosa en la sangre para saber con exactitud cómo responde a las terapias que prueba.

A fin de cuentas, la decisión de crear un plan con insulina se reduce a dos inquietudes fundamentales:

▶ Asegurar que su cuerpo tenga suficiente insulina disponible para responder a los niveles de glucosa en la sangre conforme se elevan y descienden a lo largo del día.
▶ Asegurarse de no ser sorprendido con demasiada insulina en el organismo cuando la glucosa en la sangre está baja; una receta segura para la hipoglucemia.

Lograr el equilibrio es delicado, pero vale la pena el esfuerzo. Recuerde que la Prueba para el control de la diabetes y sus complicaciones halló que las personas que tenían un control estricto de la glucosa en la sangre redujeron en 50% o más su riesgo de complicaciones, como padecimientos oculares, renales y nerviosos. Pero el estudio también subrayó que el control estricto facilita que el azúcar baje demasiado.

El truco para mantener baja el azúcar, pero no demasiado, radica en gran medida en la elección del momento oportuno. Las insulinas que elija deben alcanzar su máxima acción cuando la glucosa esté alta. Hay varias formas de lograrlo y el plan que escoja depende en parte de cuántas inyecciones desea aplicarse al día. Como es natural, no querrá más inyecciones. Pero un mejor control, lo cual es igual a una mejor salud, requiere más inyecciones. Aquí verá cómo pueden variar los planes con el uso de insulina, dependiendo de la frecuencia con que se inyecte.

Una inyección al día

Francamente, podría decirse que este plan es el "ideal". A veces una inyección es adecuada para personas con diabetes tipo 2, pero no sería suficiente para satisfacer las necesidades de un diabético tipo 1. Considere sus opciones teóricas:

▶ La insulina rápida o de acción breve en el desayuno inicia velozmente y maneja la glucosa de los alimentos, pero pasa su punto máximo a la comida y deja el nivel de glucosa inaceptablemente alto por el resto del día y en la noche.

▶ Una insulina intermedia en el desayuno está activa para la comida pero lo deja sin cobertura para el desayuno, a menos que coma a media mañana. Para la tarde, se acabaría la dosis, y aún le quedaría toda la noche por delante.

▶ Tomar una dosis de insulina de acción prolongada al principio del día no proporciona suficiente "vigor" para evitar que la glucosa en la sangre se dispare después de que coma.

▶ Puede mezclar insulinas de acción rápida, intermedia o prolongada en la misma jeringa (vea con su médico el procedimiento apropiado), pero aún le faltaría dosis en algún momento al final del día o en la noche.

Dos inyecciones al día

Con el doble de inyecciones obtiene el doble de cobertura, pero aún hay huecos que debe llenar. Su doctor puede desaconsejar un plan de dos inyecciones al día, pero su éxito depende de lo bien que cumpla el régimen, y la decisión final será de usted.

Dosis dividida. Con un programa de "dosis dividida", se inyecta dos veces insulina de acción intermedia: una en la mañana (media hora o más antes del desayuno) y otra en la tarde (media hora o más antes de cenar). De esta forma, cuando se está desvaneciendo la acción de la primera dosis, la segunda dosis está iniciando su acción. Por desgracia, esto significa que hay un punto en el que ninguna dosis está a su máxima potencia, de manera típica a la hora de cenar, cuando podría usar más y no menos insulina. Aun así, debido a que la segunda dosis alcanza su punto máximo en la tarde, tendrá la cobertura nocturna que necesita, aunque la insulina empiece a terminarse cuando se acerca el amanecer. Una vez más, el desayuno quizá necesite esperar hasta que la insulina empiece a hacer efecto.

Dosis dividida mixta. Para una mejor protección, existe la "dosis dividida mixta", que sigue el mismo programa de inyecciones que la dosis dividida. La diferencia es que en lugar de tomar una sola insulina de acción intermedia como NPH, agrega una insulina regular de acción rápida, lispro o aspart a su jeringa. Esto mantendrá la glucosa bajo control al inyectarla a la hora del desayuno (o sea que puede comer más pronto) y de la cena, mientras el punto máximo intermedio cubre la comida.

Puede mezclar las insulinas de acción rápida e intermedia en cualquier combinación. Esto permite ajustar las proporciones según sus respuestas o necesidades, a saber, si el azúcar está muy alta antes de una comida o si desea comer un segundo trozo de pastel y necesita más insulina para controlarla. Algunos productos de insulina ya vienen premezclados y combinan de 70 a 75% de NPH con de 25 a 30% de regular o lispro.

Estos planes suenan bien en teoría. Sin embargo, en la práctica pocos pacientes que usan dichas insulinas pueden lograr un control de la glucosa lo suficientemente bueno para lograr los niveles recomendados en la actualidad. Y aunque lo libran de más inyecciones, pueden parecer limitantes de otra forma, como obligarlo a comer a horas específicas todos los días.

Tres inyecciones al día

Tres es la dosis estándar de atención mínima para la diabetes tipo 1. Más inyecciones significan más control, porque puede usar insulina de acción rápida para contrarrestar los efectos de una comida o un bocadillo, tiene más libertad para comer cuando quiera y puede corregir rápidamente las elevaciones de la glucosa en la sangre reveladas por su autoexamen.

Hay diferentes planes de tres inyecciones que debe comentar con su médico. Uno es parecido al plan de dosis dividida mixta, pero la segunda dosis puede ser insulina de acción intermedia al acostarse y no al cenar para una mejor cobertura en la noche. En la cena puede aplicar una tercera inyección de insulina de acción rápida. Otra alternativa es usar insulina de acción prolongada en la mañana para su necesidad basal por el resto del día y en la noche, más una insulina de acción rápida en cada comida.

Terapia intensiva

Aun las personas que se aplican tres inyecciones al día a veces agregan una cuarta o una quinta inyección para lograr un control ideal. Éste es el pináculo del tratamiento con insulina, conocido como terapia intensiva. No es para todos debido a tantas inyecciones, además de los pinchazos en los dedos para vigilar la glucosa que las acompaña. Pero si quiere intentar todo lo que pueda para mostrarle a la diabetes quién manda, debe saber que por lo general funcionan mejor estos regímenes.

Libertad y flexibilidad. El objetivo de la terapia intensiva es facilitarle la vida, no dificultársela. La suposición subyacente es que usted no es un robot con un programa reglamentado de alimentación y actividad exactamente igual todos los días. Más bien, podría comer tarde si ha ido de compras, comer un poco más con su café cuando lo visita su familia política, incluso (¡gulp!) saltarse un entrenamiento. La terapia intensiva le permite hacer todo sin renunciar a su programa, porque *éste* responde a lo que sucede en realidad en su vida.

Un enfoque tradicional de la terapia intensiva es tomar una insulina de acción intermedia (casi siempre NPH) dos veces al día: en la mañana (con una de acción rápida para cubrir el desayuno) y al irse a dormir. Además se agregan dos insulinas de acción rápida que se inyectan siempre que come. Las dosis exactas de las cuatro inyecciones deben ajustarse según su actividad física o a los carbohidratos que ingiera. Ahora muchos médicos reemplazan la NPH en este plan por la nueva insulina de acción prolongada glargina, la cual cubre mejor las necesidades de insulina temprano por la mañana y mantiene una insulina basal constante "libre de puntos máximos" que se acerca más a lo que tendría con un páncreas normal.

Bombee sus opciones. ¿No le agradan las inyecciones? Pruebe una bomba de insulina que le da una infusión continua. Estos aparatos, que se cuelgan del cinturón o se llevan en el cuello, tienen un depósito de insulina que se administra a través de un catéter en su abdomen. (Vea "Bombas de insulina", pág. 160.)

Una gran objeción de la terapia intensiva es el riesgo de hipoglucemia por la glucosa baja en forma consistente. Debe estar alerta a los signos de caída del azúcar en la sangre (sudor, nerviosismo, ritmo cardiaco acelerado) y tratarlos pronto con bocadillos de carbohidratos. Si persiste la hipoglucemia, ajuste su dosis de insulina de acuerdo con la opinión del médico.

La insulina y el tipo 2

Los estudios encuentran que el manejo intensivo del azúcar en la sangre es tan útil para prevenir complicaciones con la diabetes tipo 2 como con el tipo 1. Quizá sienta un poco menos intensa la experiencia si tiene tipo 2 porque puede lograrlo con menos inyecciones de insulina, al menos al principio.

Recuerde que, si tiene diabetes tipo 2, por lo general el páncreas produce algo de la insulina que necesita, de modo que las inyecciones se emplean como último recurso si la dieta, el ejercicio y los medicamentos no fueron suficientes. Pero quizá desee hablar con su médico respecto a aplicarse insulina antes de que el control de la glucosa se deteriore en un mayor grado. Algunas investigaciones sugieren que tomarla antes puede ayudar a preservar la función de las células beta productoras de insulina en el páncreas.

Sin embargo, si sigue un patrón de tratamiento normal, su terapia con insulina comenzará con una dosis vespertina de acción intermedia o prolongada, a menudo combinada con una sulfonilurea para cubrir sus necesidades del día; la terapia se llama INSD, por "insulina de noche, sulfonilurea de día".

Con el tiempo, las personas con diabetes tipo 2 necesitan aumentar su régimen de insulina como en el tipo 1, aunque esto puede pasar hasta que haya padecido diabetes por 15 o 20 años. Quizá entonces el tratamiento consista en dos inyecciones al día: por lo general una mezcla de insulina de acción rápida e intermedia en el desayuno y a la hora de acostarse. Si no basta para cubrir sus metas, debe elaborar con su médico un plan de inyecciones múltiples. Ya que la glucosa tiende de manera natural a ser más estable en el tipo 2, su riesgo de hipoglucemia con la terapia intensiva no es tan grande como en el tipo 1.

UN EFECTO DE PESO

La terapia intensiva da un control estricto sobre la glucosa en la sangre y por tanto es lo mejor para evitar complicaciones. Pero puede tener un efecto con el que no contaba: aumento de peso. ¿Por qué? Porque el control estricto de la glucosa hace que las células puedan usarla mejor como energía (léase: calorías), de modo que el cuerpo desecha menos en la orina. Este efecto puede ser un gran problema para las personas con diabetes tipo 2 que luchan por mantener bajo su peso.

Lo primero que debe saber es que los beneficios de un mejor control de la glucosa en la sangre superan cualquier daño ocasionado por unos kilos de más. Los estudios dicen, por ejemplo, que aun cuando la terapia con insulina cause aumento de peso, no cambian los factores de riesgo cardiovasculares como la hipertensión, e incluso mejoran, como en el caso del colesterol y los triglicéridos. Si la metformina le funciona, debe saber que sus propiedades reductoras de peso lo ayudan, al igual que aumentar el ejercicio o ajustar la alimentación.

Inyecciones

Las inyecciones pueden causar pavor al principio, pero la mayoría de las personas se acostumbra pronto a ellas. Las agujas delgadas y de calibre pequeño que hay ahora tienen un recubrimiento especial y están muy afiladas, por lo que se deslizan con facilidad en la piel con un mínimo de dolor. Con práctica y atención a unos cuantos detalles, las inyecciones serán pronto otra parte sin problemas de su rutina diaria.

Tiene muchas opciones para decidir dónde inyectarse. Cualquier lugar donde tenga una capa de grasa bajo la piel es bueno: el abdomen, la parte superior y externa de los muslos, las nalgas y los brazos. Pero el ganador absoluto es el abdomen, que por lo general tiene más pliegues de grasa y absorbe la insulina en forma más rápida y consistente que otras áreas.

Como regla, no debe inyectarse en el mismo sitio dos veces seguidas, pues ello puede endurecer la piel, crear bultos gruesos

INYECCIONES SIMPLIFICADAS

Parece que inyectar es algo que sólo puede hacer una persona con bata blanca, pero usted está perfectamente calificado para encargarse de ello. La siguiente guía cubre los pasos para aplicar una dosis de insulina. (Mezclar dosis es un poco más complicado, pero implica las mismas técnicas básicas.) Primero lávese las manos con agua y jabón, y verifique la botellita para asegurarse de que la insulina es la correcta si es que se aplica diferentes clases en distintos momentos del día. ¿Tiene insulina, jeringa y algodón con alcohol? ¡Listo!

❶ Gire la botella con suavidad entre las palmas (agitarla reduce la potencia de la insulina). Verifique su aspecto. Con excepción de la insulina regular, que es clara, debe estar turbia en forma uniforme. No la use si tiene grumos, si está asentada en el fondo o si la botella tiene un aspecto escarchado.

❷ Limpie con alcohol el tapón, quite la tapa de la jeringa y jale el émbolo hacia atrás hasta obtener la dosis que necesita, marcada por las líneas impresas en un lado.

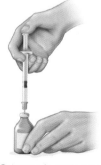

❸ Inserte la aguja a través del tapón y oprima el émbolo para que todo el aire de la jeringa entre en la botella.

u originar pequeñas grietas. Y no deseará usar una parte nueva del cuerpo con cada inyección, ya que la insulina se absorbe más lentamente en algunas áreas que en otras y sería difícil mantener consistentes los efectos de las inyecciones. La solución es inyectarse en la misma área general, pero poner las inyecciones consecutivas separadas unos 2.5 cm y alternar los sitios. Si se va a inyectar varias veces al día, quizá desee aplicarse las inyecciones matutinas en un área del cuerpo y las inyecciones vespertinas en otra, pero aun así debe alternar las inyecciones dentro de las áreas que usted haya elegido.

Minimice el dolor

Las agujas delgadas y afiladas lo libran de pinchazos, pero puede dar pasos adicionales para reducir al mínimo el dolor:

⊃ Relájese. Los músculos tensos promueven una rigidez que dificulta la penetración de la aguja en la piel.

⊃ Primero limpie el sitio de la inyección con agua y jabón. Si usa alcohol como desinfectante, espere hasta que se seque antes de continuar con la inyección, pues la aguja puede empujar el alcohol por la piel y causar escozor.

¡CUIDADO!

Cuando se aplique la inyección en el abdomen, evite hacerlo en un área de cinco centímetros alrededor del ombligo, donde el tejido es más duro y puede hacer inconsistente la absorción de insulina. También debe evitar inyectarse en lunares, cicatrices o músculos firmes como los hombros.

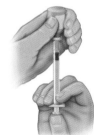

❹ Voltee la botella y la jeringa de modo que la punta de la aguja esté sumergida en la insulina. Jale de nuevo el émbolo para extraer insulina de la botella hasta que llegue a la marca de su dosis.

❺ Si ve alguna burbuja de aire (las cuales diluyen la potencia de la insulina), empuje de nuevo el émbolo y extraiga la insulina otra vez. Repita este proceso hasta obtener la dosis correcta y sin burbujas.

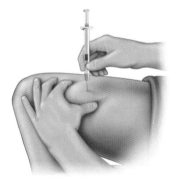

❻ Tras limpiar el sitio de la inyección, pellizque un pliegue de piel y empuje la aguja en un ángulo de 90°. Si usted es delgado, mejor use una aguja corta o insértela en un ángulo de 45° para evitar inyectar en un músculo. Empuje el émbolo; suelte la piel y saque la aguja, oprimiendo con un algodón cerca de la aguja mientras la saca. Siga oprimiendo con el algodón (sin frotar) unos segundos.

⤵ Inserte la aguja con rapidez; igual que cuando quita una venda de la piel, la lentitud y la vacilación hacen que duela más.

⤵ Mantenga firme el ángulo de la aguja mientras entra y sale de modo que no gire debajo de la piel.

⤵ Elija un sitio nuevo con cada inyección, para no meter la aguja en tejido que aún está sensible por la última aplicación.

⤵ Evite inyectar la parte interna del muslo, pues el roce por el movimiento de la pierna puede inflamar el sitio de la inyección.

Alternativas a las inyecciones

Las agujas son la mejor forma de aplicar la insulina. Son confiables, consistentes y relativamente fáciles de usar. Aun así, si busca opciones, encontrará una gama de aparatos. ¿Estos dispositivos son adecuados para usted? La única forma de saberlo es averiguar más.

Primero piense en lo que considera que son las principales desventajas de usar aguja y jeringa. ¿Odia las agujas? ¿Siente que es inconveniente detener lo que estaba haciendo para inyectarse? ¿Cree que tiene que cargar con demasiadas cosas? Aquí encontrará sistemas de administración alternativos para abordar todas estas cuestiones.

Bombas de insulina

¿Qué tal si hubiera una forma de aplicar insulina con un goteo lento y constante todo el día como lo hace un páncreas real? Ésa es la idea de las bombas de insulina electrónicas, que contienen suministro para uno o dos días de insulina de acción rápida que se aplica en forma continua para una cobertura basal, y aplican un chorro de insulina preprogramado al oprimir un botón antes de comer. Permiten un control rígido del azúcar en la sangre sin necesidad de un montón de inyecciones. Cada dos o tres días tiene que cambiar de sitio el catéter que conecta la bomba a su cuerpo, para lo que se inserta una pequeña aguja bajo la piel.

Las bombas de insulina son populares en personas con diabetes tipo 1 (para quienes estaban previstas), porque los ajustes instantáneos las hacen muy flexibles, brindan un excelente control de la glucosa, y su aplicación precisa le permite usar menos

ACERCA DE LOS ESTUDIOS

Las bombas automáticas de insulina parecen ideales para los niños, pero a los médicos les preocupa que ellos no sean tan responsables como para hacerse pruebas de sangre extra y programar con cuidado las dosis para que correspondan con las comidas. Sin embargo, un estudio en 2002 en el Hospital Infantil Strong, en Rochester, Nueva York, encontró que, con un par de excepciones, 53 niños menores de 13 años lograron un mejor control de la glucosa en forma segura, con menos hipoglucemia, al usar bombas y no inyecciones.

insulina que con las inyecciones. Incluso nuevas bombas son resistentes al agua y se pueden usar casi en cualquier momento, hasta al nadar. Las bombas pueden desconectarse rápido cuando se tiene actividad sexual. Sus controles evitan que la unidad le dé una sobredosis de insulina, avisan si el flujo se interrumpe por una obstrucción e indican cuando las baterías están bajas.

A pesar de sus ventajas, las bombas no son perfectas. Son caras, con un precio que varía entre los 30,000 y los 50,000 pesos, y los seguros no siempre cubren el costo total. Algunos médicos han visto que la glargina, con su inicio rápido y su acción estable, puede controlar la glucosa basal casi tan bien como una bomba, a un costo menor. Obstrucciones o infecciones en el sitio de la inyección pueden interferir la aplicación de insulina, aunque la educación del paciente y la práctica pueden minimizarlas, al igual que los autoexámenes más frecuentes con pruebas de sangre, las cuales aún son necesarias. Determine junto con su médico si la bomba de insulina es algo bueno para usted.

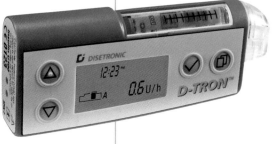

Tres opciones más

Si concluye que una bomba no es para usted, hay más alternativas que puede considerar.

Infusores de insulina. Éstos son como la bomba de insulina, sin bomba. Consisten en un catéter que se pone en el sitio de la inyección (por lo general en el abdomen). Necesita una aguja para insertarlo, pero una vez que está en su lugar, puede dejarlo allí por dos o tres días y administrar la insulina con una jeringa a través de un orificio que se sella solo. Con este método se corre un riesgo mayor de infección en el sitio de la inyección, así que tendrá que ser diligente para mantener estéril el equipo, sobre todo cuando inserte el catéter.

Inyectores de pluma. Estos aparatos no eliminan las agujas, pero hacen más convenientes las inyecciones al reunir la insulina, la aguja y la jeringa en una pequeña unidad que parece pluma. En este caso, el cartucho de "tinta" es una ampolleta con insulina, la cual se inyecta con una aguja que hay en la punta de la pluma; no necesita una botella de insulina ni el

A PROPÓSITO DE BASURA

Para desechar en forma segura agujas, jeringas y lancetas, recoléctelas en un recipiente resistente a pinchazos con tapa hermética, como una lata de café o, aún mejor, una botella de plástico. (No use recipientes de vidrio, pues pueden romperse.) Puede comprar un recipiente para lancetas como el que se muestra aquí, que se vende en muchas farmacias. Tenga el recipiente a la mano para introducir en él las lancetas inmediatamente después de usarlas y póngalo fuera del alcance de los niños. Una vez que esté lleno, coloque la tapa y séllela con cinta resistente. Infórmese con sus autoridades locales sobre los procedimientos para tirar desechos médicos; es posible que pueda tirarlos con la demás basura, pero en algunas comunidades quizá haya sitios de recolección especiales.

procedimiento para llenar la jeringa. A la hora de la inyección, se destapa la pluma, se elige la dosis girando un selector (la pluma contiene muchas dosis) y se oprime un botón para inyectar la insulina. Las plumas no desechables cuestan entre 400 y 600 pesos.

Inyectores de chorro. Si no desea usar agujas en absoluto, puede probar un inyector de chorro, que usa una ráfaga de aire para lanzar un rocío fino de insulina directo a la piel. Las inyecciones de chorro no están exentas de dolor y sentirá un pellizco por la ráfaga presurizada; algunas personas dicen que los chorros producen moretones. Pero puede ser una buena opción para los niños o para cualquiera que no soporte las agujas. Igual que los inyectores de pluma, los chorros contienen muchas dosis, y se elige la cantidad deseada al girar un selector. Los inyectores de chorro cuestan unos 10,000 pesos, así que el precio puede ser un obstáculo. Algunas unidades deben limpiarse cada dos semanas y tienen que desarmarse para hervir las partes o usar germicidas. Si está pensando en un inyector de chorro, pida a su médico que le haga una prueba antes de comprarlo.

¿Debería considerar la cirugía?

Someterse al bisturí es una gran decisión por sus múltiples riesgos: complicaciones en el procedimiento, problemas con la anestesia, y dolor e incapacidad postoperatorios, por nombrar unos cuantos. ¿Qué pasaría si una operación mejorara el control de glucosa en la sangre y redujera los riesgos por la diabetes? La cirugía puede ofrecer soluciones a algunas personas.

La diabetes no es como una enfermedad cardiaca o el cáncer, en los que el problema a menudo es claramente visible como, digamos, una arteria obstruida o un tumor. ¿Cómo corregiría con cirugía un desequilibrio que existe a nivel molecular dentro del torrente sanguíneo a lo largo de todo el cuerpo? Hay técnicas nuevas en el horizonte, pero ahora sólo hay dos formas.

Para el tipo 1: trasplante de páncreas

La solución quirúrgica más obvia para la diabetes es obtener un páncreas nuevo, opción que se considera sobre todo con pacientes tipo 1 porque no producen insulina en forma natural. Un trasplante de páncreas brinda una fuente sustituta de insulina, con el órgano donado (o parte de él) instalado en la pelvis justo encima de la vejiga. Por lo general no se extirpa el páncreas dañado, porque aún puede producir enzimas digestivas.

Cuando tiene éxito, un trasplante de páncreas puede eliminar la necesidad de insulina adicional, porque controla la glucosa. Además, hay evidencia de que la progresión de complicaciones como la retinopatía diabética puede hacerse más lenta, y quizá hasta detenerse gracias al nuevo páncreas. Pero, aunque parece muy prometedor, el procedimiento puede tener desventajas.

Aparte de la dificultad de encontrar donadores, el sistema inmunológico del cuerpo se inclina en forma natural a rechazar el tejido extraño y por tanto atacaría al nuevo páncreas. Para repeler el ataque se requiere tomar fármacos inmunosupresores potentes (como ciclosporinas o corticosteroides), lo que lo hace más vulnerable a la infección por virus y bacterias, y menos capaz de luchar contra otras enfermedades, como el cáncer.

Por lo general se trasplantan al mismo tiempo el páncreas y el riñón (porque éste falla por el daño de la glucosa elevada en la sangre), y 80% de las personas que se practican estas operaciones dobles están libres de tratamiento con insulina después de un año. Pero hasta un 15% no sobreviven más de cinco años después de la cirugía (en parte porque ya están muy enfermos para comenzar). Sin embargo, cuando tiene éxito, el mejor control del azúcar parece proteger al riñón recién trasplantado de la reaparición de la falla diabética.

Para el tipo 2: cirugía para pérdida de peso

Como la obesidad está ligada a la diabetes y a sus complicaciones cardiovasculares (en especial en personas con tipo 2), algunos doctores piensan que la cirugía para perder peso ofrece una forma rápida de eliminar de golpe varios problemas de salud.

Otros, más cautelosos, dicen que es imprudente someterse a una cirugía mayor cuando puede elegir opciones menos drásticas.

La meta de esta cirugía es reducir la cantidad de alimento que puede contener el estómago. La forma más común de lograrlo es por medio de una gastroplastía con bandas verticales. En ella, una banda y unas grapas especiales reducen a una pequeña bolsa la parte superior del estómago. El contenido de la bolsa es dirigido de nuevo, por una salida estrecha, hasta el intestino delgado, permitiendo al sistema digestivo manejar sólo 30 a 60 gramos de comida a la vez. (Con el tiempo, al estirarse la bolsa, puede manejar alrededor de 120 gramos.) A veces la cirugía se combina con una derivación que lleva el contenido estomacal a la parte superior del intestino delgado, donde tiene lugar la descomposición y absorción del alimento. Aunque la bilis y las secreciones del páncreas descomponen la comida a lo largo del intestino delgado, ésta se digiere en forma incompleta y el cuerpo absorbe menos calorías.

Los resultados pueden ser dramáticos. Podría reducir dos tercios el exceso de peso en un periodo de dos años, pero la operación obliga a comer despacio y en cantidades pequeñas; a veces produce náusea, vómito, diarrea y sudoración si se come demasiado o muy rápido. El índice de complicaciones postoperatorias, que por lo general se presentan por infección de la herida y hernia abdominal, se eleva de un 20 a un 40%.

Aun así, la cirugía para perder peso se está volviendo más popular y en la actualidad se ha triplicado el número de operaciones en comparación con las que se llevaban a cabo hace unos cuantos años. Y una nueva técnica con bandas laparoscópicas elimina ahora el uso de grapas, reemplaza las incisiones grandes con aberturas pequeñas y permite que la reducción del estómago se ajuste o se elimine por completo. Aunque algunos doctores piensan que esta técnica es menos confiable que la cirugía tradicional, un estudio publicado a principios de 2002 encontró que la pérdida de peso con el nuevo procedimiento llevó a la remisión de la diabetes en el 64% de los pacientes.

¿Es para usted la cirugía para pérdida de peso? Pida a su doctor los lineamientos médicos para determinar si es candidato. (Por ejemplo, debe tener un índice de masa corporal mayor a 40.) Despeje sus dudas acerca de lo que será comer después, y recuerde sus otras opciones: dieta, ejercicio y medicamentos.

CONTROL POR BOMBEO

Usar una bomba de insulina es una forma excelente para controlar la glucosa en la sangre, aunque no sea un accesorio de moda, según Stephanie Peter, de 24 años. "Supe de la bomba cuando estaba en el bachillerato y pensé en tener una en la universidad; luego decidí que no quería tener eso en mí", dice Stephanie, de Quincy, Illinois. Cambió de idea al comenzar a trabajar tiempo completo.

Probó varios regímenes de insulina desde los 10 años, cuando le diagnosticaron diabetes tipo 1. "Tenía pérdida de peso, sed, mojaba la cama. Mi papá hallaba tazas medio llenas de agua por toda la casa", dice.

En sus años en la universidad, mientras aplicaba Humalog de acción breve y ultralenta de acción prolongada, a Peter se le dificultaba mantener a raya la glucosa. "Empecé a hacer ejercicio, y debía ajustar la ultralenta en la noche si planeaba hacer ejercicio al día siguiente", comenta. Pero no siempre sabía si podría cumplir con su entrenamiento y, si no podía, su azúcar en la sangre terminaba demasiado alta. Por otra parte, una sesión de ejercicio no planeada podía disminuir demasiado la glucosa en la sangre. "A veces tenía que comer sin hambre o aunque no tuviera tiempo, y todo se volvió inconveniente", recuerda Stephanie.

Aun así, no podía usar un sistema programable. "Quería usar vestidos formales, no una bomba", dice. "No era problema inyectarme hasta seis veces al día; era como cepillar mis dientes."

Entonces Stephanie inició un internado, y la idea de una bomba adquirió un nuevo atractivo. "Con el trabajo, mi vida se hizo más programada, pero también más ajetreada. Cargar agujas era un fastidio", comenta. "Sabía que otras personas tuvieron buena suerte con la bomba de insulina, así que decidí probarla por un par de días." Más de un año después, aún la usa.

"La bomba reemplaza la mayor parte de las inyecciones, pero no la supervisión", agrega Stephanie. "No te la pones y te olvidas de ella", dice. "Requiere mucha vigilancia y tienes que estar motivado." Por ejemplo, notó que su azúcar tiende a estar alta en la tarde, pero la corrige con facilidad bombeando insulina extra.

Stephanie se las había arreglado para que la bomba se adaptara a su ropa, y una costurera cosió una bolsa especial para ella en el vestido de novia que usó hace poco. "Cuando compro ropa, pienso: ¿Dónde irá la bomba? ¿Qué clase de brasier necesito? Es un problema, y aún es mi principal queja", dice. "No es obvia bajo la blusa y cuando la gente la nota, piensan que está muy bien."

7

Prevenga complicaciones

En sí, la glucosa alta en la sangre no parece ser tan mala. Incluso puede tenerla así por años sin siquiera saberlo. El problema son los estragos que causa en los ojos, los riñones, los nervios, el corazón, las arterias y los pies. Controlar el azúcar en la sangre es el primer paso crítico para mantener a raya las complicaciones relacionadas con la diabetes. Pero otras estrategias simples, como tomar una aspirina diaria, someterse a exámenes de los ojos con regularidad y usar zapatos cómodos, pueden hacer mucho por su salud.

Para manejar la diabetes con éxito, le conviene ser visionario, es decir, capaz de ver cómo lo que haga (o no haga) hoy lo afectará en el futuro. Esto se debe, a final de cuentas, a que la diabetes lo hace mirar al futuro. Si no controla su enfermedad, podrá tener graves problemas de salud más adelante. Pero si se cuida hoy, puede reducir, o prevenir por completo, las complicaciones mañana.

Muchas personas con diabetes ya tienen complicaciones a largo plazo. Aunque un daño grave puede tardar hasta 10 o 15 años en presentarse, los casos del tipo 2 suelen desarrollarse en silencio por periodos largos, y muchas personas que apenas acaban de ser diagnosticadas ya tienen problemas de salud relacionados con la diabetes.

Sea cuál sea su situación actual, nunca es tarde para hacer lo necesario para estar más sano en los días, meses y años por venir. Y si tiene el beneficio de un diagnóstico temprano, puede evitar los peores efectos de la diabetes, que incluyen:

- ▶ riesgos cardiovasculares
- ▶ enfermedad del riñón
- ▶ enfermedad de los ojos
- ▶ enfermedad nerviosa
- ▶ daño en los pies
- ▶ complicaciones relacionadas, como disfunción sexual, problemas gastrointestinales e infecciones.

¿Por qué complicaciones?

Es extraño que una enfermedad cause tantos otros daños en el cuerpo. Después de todo, la enfermedad renal por sí sola no causa enfermedad cardiaca, y el daño ocular no promueve el daño a los nervios. ¿Por qué estos problemas al parecer sin relación aparecen juntos con la diabetes? La respuesta es que sí se relacionan, y ello se lo deben a la glucosa alta en la sangre.

Si usted manipuló alimentos dulces alguna vez, ya sabe que el azúcar se vuelve pegajosa cuando está más concentrada. Sucede lo mismo en su sangre. El exceso de glucosa se pega a las células de la sangre, dificultando que los glóbulos rojos liberen oxígeno o que los glóbulos blancos combatan las infecciones. La glucosa pegajosa también puede dificultar el flujo de la sangre por los vasos sanguíneos, impidiendo la circulación a áreas importantes como los pies, y a órganos como los riñones y los ojos. Cuando la glucosa se une a las sustancias grasas en la sangre, se adhiere a las paredes de los vasos sanguíneos, pegándolas y formando coágulos que causan ataques cardiacos o apoplejía.

Ya que el azúcar alta en la sangre es la culpable más común en las complicaciones de la diabetes, lo más importante para reducir los riesgos para todas ellas es mantener su glucosa en la sangre bajo el mejor control que pueda. Estudios recientes muestran la diferencia que puede hacer un buen control de la glucosa.

▶ Las personas con diabetes tipo 1 que controlan estrictamente su azúcar en la sangre reducen a la mitad su riesgo de complicaciones, según una prueba para el control de la diabetes y sus complicaciones (DCCT, 1993). En este estudio, un buen control del azúcar redujo 76% el riesgo de enfermedad ocular, 60% el daño nervioso y 35 a 56% el daño renal.

▶ Las personas con diabetes tipo 2 que disminuyen el azúcar en la sangre reducen 35% el riesgo de complicaciones con cada punto porcentual que bajan sus resultados de la prueba de hemoglobina A1c, según el estudio de probabilidades de diabetes en el Reino Unido (1998), que duró 20 años.

▶ Las personas con intolerancia a la glucosa que mejoraron su perfil de azúcar en la sangre al bajar de peso con dieta y ejercicio redujeron en 58% su riesgo de padecer alguna vez diabetes (y sus complicaciones), según el Programa de Prevención de la Diabetes (Estados Unidos, 2002).

Esta prueba creciente lleva a la pregunta "¿Por qué surgen complicaciones?" en una dirección diferente: ¿por qué padecerlas si está en sus manos prevenirlas?

Reduzca riesgos cardiovasculares

La enfermedad cardiovascular y la diabetes a veces aparecen juntas. No está claro cómo se afectan ambas, pero los hechos son muy claros: si usted tiene diabetes, sus probabilidades de padecer una enfermedad cardiaca son de dos a cuatro veces mayores que la población general. De hecho, 80% de los diabéticos mueren a consecuencia de un ataque cardiaco.

ACERCA
DE LOS
ESTUDIOS

Los diabéticos tienen una probabilidad de más del doble de sufrir ataques cardiacos que las personas sin diabetes. Pero una encuesta de la Asociación Norteamericana para la Diabetes y el Colegio Norteamericano de Cardiología encontró que más de dos tercios de los estadounidenses con diabetes no se percatan de que su riesgo de enfermedad cardiaca y apoplejía es diferente del de la población general.

¡CUIDADO!

Sea cauteloso al tratar la hipertensión con bloqueadores beta, fármacos que interfieren en la capacidad de las hormonas de la tensión, como la epinefrina, de hacer que el corazón lata más rápidamente. La razón es que los bloqueadores beta también entorpecen la capacidad del cuerpo para regular el azúcar en la sangre. En un estudio, quienes tomaron bloqueadores beta aumentaron 28% su riesgo de desarrollar diabetes. Además, como reducen la sensibilidad a las hormonas de la tensión, los bloqueadores beta pueden enmascarar los síntomas de hipoglucemia, como el ritmo cardiaco rápido. Una excepción importante: los bloqueadores beta pueden salvarles la vida a diabéticos que tienen un ataque cardiaco.

Los riesgos son tan altos que, según la Asociación Norteamericana para la Diabetes (ADA), tener diabetes lo pone en la misma zona de peligro que una persona que ya ha sufrido un infarto, y que por ello es probable que tenga otro. El ataque cardiaco es sólo uno de varios problemas que deben vigilarse cuando se tiene una enfermedad cardiovascular. La mayor parte de ellos se reducen a dos condiciones básicas, las cuales pueden controlarse.

Evalúe la aterosclerosis

El término *cardiovascular* incluye al corazón (la parte *cardio*) y a los vasos sanguíneos (la parte *vascular*). En una persona sana, un corazón fuerte envía sangre a todo el cuerpo por medio de una red de vasos sanguíneos suaves y elásticos. Pero surgen problemas cuando los vasos sanguíneos se endurecen, se estrechan o se obstruyen, condición conocida como aterosclerosis.

La aterosclerosis ocurre en diversas formas relacionadas con la diabetes. El azúcar alta en la sangre puede hacer más lenta la circulación sanguínea y promueve la formación de coágulos. Tener sobrepeso (en especial si tiene grasa en el abdomen) y tener niveles altos de lípidos en la sangre, como colesterol y triglicéridos (común en la diabetes), puede obstruir los vasos sanguíneos. Dependiendo del lugar en que ocurran, estas reducciones en el flujo sanguíneo pueden desencadenar diversos problemas.

▶ Si se obstruyen las arterias que alimentan al corazón, éste no puede bombear con eficiencia. Al principio, esto causa dolor de pecho por la angina, condición en la que el tejido cardiaco se daña por falta de nutrientes. Si una arteria coronaria se bloquea por completo, el resultado es un ataque cardiaco.

▶ Si se reduce el flujo sanguíneo en las arterias que irrigan el cerebro, la falta de oxígeno puede causar enfermedad cerebrovascular, en la que se lesionan áreas del cerebro. La condición puede empezar con pérdida temporal de la función cerebral que produce síntomas como habla desarticulada, debilidad y entumecimiento. Un bloqueo total puede causar apoplejía.

▶ Al obstaculizarse el flujo a las arterias que irrigan las piernas, se desarrolla una enfermedad vascular periférica. Un bloqueo parcial puede causar dolor temporal (claudicación) en muslos, pantorrillas o nalgas. Un bloqueo total causa gangrena, aunque esto no sucede a menudo, porque la sangre por lo general evita el coágulo usando otras arterias. Aun así, la mala circulación en las piernas, a veces combinada con daño en los nervios, provoca problemas graves en los pies.

Estragos de la hipertensión arterial

La hipertensión arterial aumenta en silencio, como la diabetes, y a veces las dos enfermedades se desarrollan al mismo tiempo. Si es diabético, tiene el doble de probabilidades de tener presión arterial alta que la persona promedio, y 60% de las personas con diabetes tipo 2 la padecen. Controlar la hipertensión es esencial si tiene diabetes, pues el daño que causa no sólo contribuye a la aterosclerosis sino también a la enfermedad renal y a la ocular. En suma, tiene que ver en 35 a 75% de las complicaciones de la diabetes.

Se necesita una cierta cantidad de presión (fuerza que ejerce la sangre contra las paredes arteriales) para una buena circulación. Pero demasiada presión debilita en forma gradual el corazón al hacerlo trabajar más y dañar el recubrimiento de las paredes de los vasos sanguíneos, facilitando la aterosclerosis. La hipertensión arterial también debilita las arterias del cerebro y hace que se hinchen, condición llamada aneurisma. Si éste se rompe, puede ser fatal.

Según la ADA, debería esforzarse por bajar su presión sanguínea al menos a 130/80 mm Hg si tiene diabetes; y si la baja más, mejor.

EL FACTOR RACIAL

Ya con riesgo mayor de diabetes, las personas de origen negro de Estados Unidos también tienen un riesgo mayor de hipertensión que las de otras razas, en particular la blanca. Quizá se deba a que 32% de los negros reportan no tener actividad física fuera del trabajo en la semana, en comparación con 18% de blancos. Pero un estudio reciente de una encuesta de salud y nutrición en ese país halló que aun los negros que hacen ejercicio tienen mayor probabilidad de tener hipertensión arterial que los blancos que se ejercitan igual. Los investigadores aún no conocen las causas. Una teoría: los negros no pueden excretar la sal de sus cuerpos en forma apropiada.

Prevenga la enfermedad cardiovascular

Algo de lo que hace para controlar la diabetes también puede obrar maravillas contra los problemas cardiovasculares. Pero quizá usted y su doctor deseen ver otras opciones, incluyendo fármacos que ataquen de inmediato diversos problemas relacionados con la diabetes. Es importante que considere estos pasos:

⊃ **Mantenga el buen trabajo.** Al ejercitarse en forma regular y seguir su plan de alimentación, reduce el riesgo de complicaciones cardiovasculares. Por ejemplo, comer más carbohidratos y fibra, y consumir menos grasa saturada reduce el colesterol en la sangre y ayuda a bajar de peso, un contribuyente importante para la hipertensión arterial. Al mismo tiempo, el ejercicio fortalece el corazón, mantiene flexibles los vasos sanguíneos y parece disminuir la presión sanguínea, aunque no baje usted de peso.

⤵ **Avance más.** Quizá necesite llevar su dieta un paso más allá de lo que ya hace, para comer menos sal. Durante años, los investigadores han debatido si la sal en realidad afecta la presión san-

DAÑO SECUNDARIO

Con el tiempo, la diabetes mal controlada puede causar estragos en todo el cuerpo. Pero mantener a raya su azúcar en la sangre reducirá de manera significativa sus riesgos. Es más, hay otros pasos que puede dar para minimizar el daño.

SITIO	DAÑO	PREVENCIÓN
Vasos sanguíneos	El nivel alto de azúcar en la sangre hace más lenta la circulación, promueve niveles altos de grasas en la sangre, como colesterol, y fomenta la formación de coágulos. Resultado potencial: bloqueos que pueden causar ataque cardiaco y apoplejía.	■ Baje su presión sanguínea con dieta y ejercicio. ■ Deje de fumar. ■ Tome aspirina. ■ Considere los inhibidores ECA. ■ Tome alimentos sanos para el corazón: pescado, té y frutas, y vegetales ricos en antioxidantes.
Riñones	El azúcar en la sangre daña los delicados capilares que filtran los desechos. Los riñones trabajan más pero con menos eficiencia, perdiendo gradualmente su función y al final fallando.	■ Busque en forma regular signos de daño. ■ Reduzca la hipertensión arterial. ■ Beba jugo de arándanos para prevenir infecciones del aparato urinario. ■ Ingiera menos proteínas.
Ojos	La glucosa alta debilita los vasos sanguíneos pequeños y hace que se rompan. Proliferan vasos nuevos fuera de control, causando daño ocular que lleva a pérdida de la visión o ceguera.	■ Vaya a exámenes regulares con un oftalmólogo. ■ Reduzca su presión sanguínea. ■ Considere la cirugía láser si es necesario.
Nervios	El azúcar en la sangre puede bloquear las señales nerviosas o interferir con la nutrición normal de los nervios. El rango de efectos puede incluir dolor, falta de sensación en la periferia del cuerpo, debilidad muscular y pérdida de control sobre funciones automáticas como ritmo cardiaco, digestión y respuesta sexual.	■ Informe de inmediato los síntomas a su médico. ■ Obtenga más vitaminas B consumiendo alimentos como papas, pescado y carne. ■ Pruebe analgésicos contra el dolor. ■ Cambie su dieta para facilitar la digestión. ■ Pregunte por antidepresivos para atacar el dolor, y otros fármacos para síntomas específicos.
Pies	La combinación de mala circulación y daño en los nervios puede hacer que sus pies estén propensos a lesiones que tardan en sanar y pueden infectarse con rapidez.	■ Use buenos zapatos siempre. ■ Revise sus pies a diario. ■ Mantenga sus pies limpios y secos. ■ Cambie de calcetines con frecuencia. ■ Coméntele a su médico cualquier cambio.

guínea. Uno de los estudios más concluyentes hasta ahora, enfoques dietéticos para detener la hipertensión, o DASH II (2001), mostró que comer menos de una cucharadita de sal al día reduce 42% su riesgo de apoplejía, y más de 20% su riesgo de enfermedad cardiaca. Los estadounidenses ingieren en promedio de 8 a 10 veces más sal de la necesaria. Usted puede reducir de manera significativa su consumo ingiriendo menos alimentos procesados y más alimentos naturales bajos en sales, como frutas y verduras.

◗ **No fume.** Hay muchas razones para dejar de fumar, pero para empezar está el hecho de que duplica el riesgo de tener un ataque cardiaco. De hecho, fumar acelera o exacerba casi todos los procesos que contribuyen a la enfermedad cardiovascular: reduce el flujo sanguíneo a través de las arterias haciéndolas aún más duras y estrechas, eleva la presión sanguínea, contribuye a la formación de placas que pueden formar coágulos, facilita que la sangre se coagule alrededor de obstrucciones y empeora el dolor por enfermedad vascular periférica.

◗ **Pregunte por la aspirina.** Este antiinflamatorio es un potente aliado contra la enfermedad cardiovascular. Además de aliviar el dolor, la aspirina hace que las partículas que forman coágulos en la sangre, llamadas plaquetas, se peguen menos. Como resultado, tomar aspirina a diario reducirá en 60% su riesgo de un ataque cardiaco. Un estudio reciente descubrió que tomar una aspirina al acostarse también puede reducir la hipertensión.

Vea con su médico si debe tomar aspirina de dosis baja (81 mg) o aspirina de potencia completa (325 mg), e incluso si es apropiada para usted. A muchas personas les irrita o les causa sangrado en el estómago, aunque tomar cápsulas recubiertas que se disuelven en el intestino delgado puede ayudar a evitar estos problemas. Aun así, evite la aspirina si tiene úlcera estomacal o enfermedad hepática. Hable con su médico sobre la forma en que la aspirina afecta el funcionamiento de otros medicamentos que pueda estar tomando, incluyendo adelgazadores de la sangre y fármacos para la hipertensión.

◗ **Verifique su ECA.** Hay muchos medicamentos para la hipertensión, pero una clase parece tener beneficios especiales para diabéticos. Los inhibidores ECA (enzima convertidora de la angiotensina) funcionan evitando que una hormona se convierta en otra que estrecha los vasos sanguíneos. Los inhibidores ECA son buenos para disminuir la presión arterial porque, comparados con otros medicamentos para la presión sanguínea, tienen pocos efectos secundarios aparte de causar una tos seca persistente en unos cuantos pacientes. (Fármacos más recientes, los bloqueadores de los receptores de angiotensina II, no tienen este problema.) Ventaja: la investigación muestra que los inhibidores ECA reducen el riesgo de problemas cardiovasculares en diabéticos aunque no tengan hipertensión arterial. Es más, un estudio publicado en 2000 halló que las personas que toman ramipril tuvieron 30% menos probabilidades de desarrollar diabetes, lo que sugiere que mejora la sensibilidad a la insulina.

⟳ **Busque la ayuda de las estatinas.** Los diabéticos a veces tienen alto el colesterol, factor de riesgo para ataques cardiacos. Pero muchos no se benefician con los medicamentos reductores del colesterol llamados estatinas. Si cree que no es candidato para las estatinas, piénselo de nuevo y consulte respecto a esta posibilidad con su médico.

⟳ **Cambie a té.** Ciertos alimentos tienen un efecto protector contra el daño cardiovascular. Uno de ellos es el té, que en muchos estudios ha sido vinculado con una mejor salud cardiaca. En un estudio reciente, grandes bebedores de té (que tomaban en promedio dos o más tazas al día) tuvieron un índice de mortalidad tras un ataque cardiaco 44% menor que los que no

¿DEBE TOMAR MEDICAMENTOS PARA BAJAR DE PESO?

Adelgazar tiene el doble beneficio de reducir su riesgo de enfermedad cardiovascular y controlar su azúcar alta, lo cual hace que los fármacos para bajar de peso sean una opción atractiva.

Aunque no puede perder kilos con sólo una píldora (aún debe hacer ejercicio y comer una dieta baja en grasas), dos fármacos para reducir de peso pueden ayudarle si no bastan la dieta y el ejercicio. Un estudio alemán reciente encontró que

uno de ellos, el orlistat (Xenical), disminuía el azúcar después de comer, reduciendo la necesidad de medicamentos para el control de la glucosa.

Aun así, los doctores aconsejan considerarlos con precaución. El orlistat, que bloquea la absorción de grasa en los intestinos, puede causar efectos secundarios gastrointestinales desagradables, incluyendo tener que defecar más seguido, incontinencia fecal y heces grasosas.

El otro fármaco para bajar de peso, un supresor del apetito llamado sibutramina (Raductil, Ectiva), puede causar dolor de cabeza, boca seca y estreñimiento. Además eleva la presión sanguínea en algunas personas, así que no deben usarla los hipertensos. Otros fármacos para perder peso se retiraron del mercado porque pueden alterar la válvula cardiaca. Verifique con su médico si estos medicamentos son apropiados para usted.

bebían té; los moderados tuvieron un índice de mortalidad 28% menor. Se cree que el efecto protector del té proviene de su contenido de flavonoides, compuestos antioxidantes del té negro y el té verde, que parecen prevenir que el colesterol obstruya las arterias, impiden que la sangre se coagule y mantienen flexibles los vasos.

◗ **Coma mucho pescado.** Otro gran protector del corazón es el pescado o más bien sus ácidos grasos omega–3, que hacen que la sangre sea menos propensa a coagularse, disminuyen los niveles de triglicéridos y reducen la inflamación de los vasos, previniendo la acumulación de placas. En un estudio de 2002, las mujeres que comían cinco o más porciones de pescado a la semana redujeron en más de un tercio su riesgo de enfermedad de la arteria coronaria, y a la mitad su riesgo de un ataque cardiaco en 16 años. Otro estudio de la misma fecha descubrió que los hombres sin enfermedad cardiaca que comían varias veces pescado a la semana tenían 81% menos probabilidades de morir de repente. Salmón, trucha, caballa, atún y otros peces de agua fría son ricos en omega–3.

◗ **Apunte a los antioxidantes.** Los nutrientes antioxidantes como las vitaminas C y E contrarrestan la oxidación, en la que el uso de oxígeno por moléculas inestables producidas por el cuerpo daña al tejido sano. Entre sus beneficios, hacen menos probable que el colesterol se adhiera a las paredes arteriales. La vitamina C se halla en alimentos como frutas cítricas, pimientos rojos y verdes, brócoli y tomates. Obtenga vitamina E en cacahuates, semillas de girasol, germen de trigo y aceites vegetales.

◗ **Complemente con ácido fólico.** Esta vitamina B reduce los niveles de homocisteína, sustancia vinculada con el riesgo de enfermedad cardiovascular. Un multivitamínico bastará.

ATIENDA LOS SIGNOS DE ADVERTENCIA

A veces las emergencias cardiovasculares surgen de repente, aunque tiene tiempo de reaccionar con eficacia si pone atención a las señales de advertencia. Llame a su médico de inmediato si presenta algunos de estos síntomas:

MALESTAR	SÍNTOMAS
Ataque cardiaco	■ Opresión o dolor en el pecho ■ Dolor o malestar que irradia del pecho al cuello, a los hombros o a los brazos, en especial en el lado izquierdo, donde está el corazón ■ Mareo, vértigo, transpiración, náusea o falta de aliento (no suponga que éstos son signos de hipoglucemia si experimenta dolor)
Apoplejía	■ Debilidad o entumecimiento de la cara, el brazo o la pierna, en especial en un lado del cuerpo ■ Dificultad para hablar o entender a los demás ■ Confusión mental ■ Problemas de visión ■ Dificultad para caminar o mantener el equilibrio ■ Dolor de cabeza intenso
Aneurisma	■ Dolor de cabeza, dolor de espalda o dolor abdominal intenso, que no desaparece ■ Vértigo ■ Visión borrosa ■ Hemorragia nasal

Cuide sus riñones

Lo primero que valora de sus riñones es que tiene dos, situados a los lados de su columna vertebral, en la parte de atrás del torso y encima de la cintura. Dos son en realidad más de los que necesita: una persona puede sobrevivir con uno solo (suponiendo que esté sana). Pero que el cuerpo los tenga en abundancia es señal de lo importantes que son los riñones.

Los riñones son la planta de aguas residuales del cuerpo, donde la sangre es filtrada por un complejo de diminutos vasos sanguíneos llamados capilares. La sangre limpia regresa a la circulación mientras que desechos y toxinas son enviados a la vejiga para excretarse en la orina. Los riñones son trabajadores y eficientes, y suelen estar callados aunque su trabajo se torne difícil, que es lo que pasa cuando la sobrecarga persistente de azúcar en la sangre obstruye sus delicados capilares y estructuras.

Se necesitan años de azúcar alta en la sangre para estropear los riñones, pero cuando se dañan, no pueden repararse. La pérdida total de la función renal requiere diálisis, en la que lo conectan a una máquina limpiadora de sangre, de dos a cuatro horas varias veces a la semana. Otra opción es un trasplante de riñón.

La cuenta regresiva de la enfermedad renal

Entre 20 y 40% de los diabéticos desarrollan la enfermedad renal, también conocida como nefropatía. De hecho, la diabetes aún es la causa principal de falla renal en Estados Unidos. Aun así, los notables resultados de la prueba para el control de la diabetes y sus complicaciones dejan claro que puede evitarse, en especial si la persona está alerta a lo que sucede conforme progresa la enfermedad, y actúa pronto. Puede esperarse que el daño sin control avance en varias etapas.

▶ Primero, los riñones comienzan a filtrar los desechos más rápidamente tratando de limpiar el exceso de azúcar, aumentando el índice de filtración glomerular o IFG. Algunas estructuras de los riñones se agrandan, ocupando el espacio usado por los capilares que filtran la sangre, haciéndolos menos eficientes y causando que los riñones trabajen más duro.

▶ Luego de un año más o menos, los riñones empiezan a ser menos capaces de filtrar los desechos o de evitar que se expulsen los nutrientes que deben quedar en la sangre. En la orina se detectan pequeñas cantidades de una proteína, la albúmina, condición conocida como microalbuminuria.

▶ Al aumentar el daño en los riñones se pierde más albúmina, cuya labor es conservar el agua en el torrente sanguíneo. La deficiencia hace que el agua se acumule en los tejidos corporales, causando síntomas clásicos de la enfermedad renal, como hinchazón alrededor de los ojos, y en manos y pies. Al mismo tiempo, el hígado comienza a agotar el colesterol y otras grasas que participan en la elaboración de albúmina, aumentando los riesgos cardiovasculares de la persona. Si tiene diabetes tipo 2, aún puede repeler la falla renal en esta etapa (conocida como síndrome nefrótico), pero puede ser muy tarde si tiene la del tipo 1.

LOS RIÑONES, LIMPIADORES DE LA SANGRE

Los riñones producen y eliminan orina a través de un sistema complejo de unos 2 millones de filtros diminutos llamados nefronas. Arriba de cada nefrona, en la cápsula de Bowman, está el glomérulo, un microscópico grupo de capilares. La sangre fluye a alta presión a través del glomérulo, donde urea, toxinas y otros desechos son filtrados y expulsados por medio de la orina. El líquido purificado regresa a la sangre por la vena renal. Con el tiempo, la glucosa alta en la sangre destruye las nefronas.

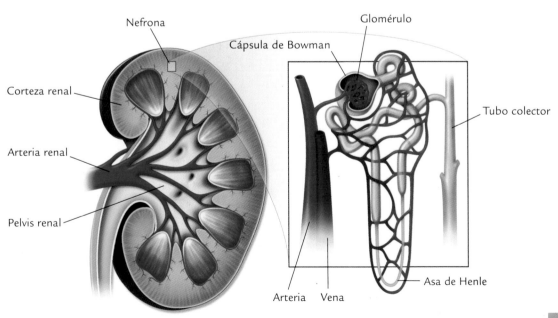

Nefrona
Glomérulo
Cápsula de Bowman
Corteza renal
Tubo colector
Arteria renal
Pelvis renal
Asa de Henle
Arteria   Vena

▶ Las últimas dos etapas son de falla renal y el cuerpo es cada vez menos capaz de filtrar los desechos. En la primera etapa, llamada insuficiencia renal, el tratamiento todavía puede ayudar, pero al empeorar el daño, entra en la etapa final de la falla renal, cuando quizá ni un buen control del azúcar pueda evitar lo inevitable: diálisis o trasplante.

Líbrese de las complicaciones renales

Controlar con rigidez el azúcar en la sangre es el mejor modo de tener a raya la enfermedad renal. Pero también es importante manejar la hipertensión, que puede estrechar las arterias que llegan a los riñones y dañar sus delicados vasos sanguíneos. Esto significa que hay mucho que puede hacer para reducir su riesgo o reducir el progreso de la enfermedad. Algunos de éstos reducen además su posibilidad de desarrollar otras complicaciones.

➲ **Examínese con regularidad.** Los síntomas distintivos, como inflamación, fatiga y dolor en la espalda baja, por lo general no se muestran hasta que se ha dañado gran cantidad de tejido del riñón, quizá hasta 80%. Pero es posible detectar los primeros signos de enfermedad renal mucho antes con exámenes. Uno de los exámenes más sensibles es el de la microalbuminuria, el cual se recomienda que se practique al menos una vez al año. Su médico también puede sugerirle un examen de creatinina, producto de desecho de los músculos que un riñón sano eliminará de la sangre, pero que uno dañado dejará en cantidades detectables.

➲ **Trate la hipertensión.** Controlar la hipertensión con inhibidores ECA ayuda a los riñones al aliviar la presión que daña las delicadas estructuras de filtración y mantener flexibles los vasos sanguíneos. Algunos estudios dicen que tomar inhibidores ECA reduce a la mitad las muertes por enfermedad renal diabética. Aun en personas que no tienen hipertensión, pero tienen signos de daño renal, la investigación sugiere que los inhibidores ECA son benéficos. Cualquier otra cosa que reduzca la presión sanguínea, en especial no fumar, también beneficiará a sus riñones.

➲ **Reduzca las proteínas.** No todos están de acuerdo en que comer menos proteínas ayuda a evitar la enfermedad renal, en especial en sus primeras etapas. Pero ya empezada, la ADA recomienda que las proteínas no deben constituir más de 10% de su ingestión de calorías. Muchas personas comen muchas más proteínas de las que necesitan, dejando que los riñones excreten el exceso, carga que puede acelerar el daño. Varios estudios sugieren que es útil restringir las proteínas si la enfermedad renal progresa, aun si el azúcar en la sangre y la presión sanguínea están bajo control.

➲ **Protéjase contra la infección.** Sentir ardor al orinar, orinar en forma constante y la orina turbia o con sangre son signos de una infección del aparato urinario (IAU), la cual se trata con antibióticos. Las IAU son comunes en diabéticos, en parte debido a que el daño a los nervios que controlan la vejiga puede impedir que excrete bien, dejando desechos que se pudren en el cuerpo. Esto es malo para los riñones, que pueden dañarse más a causa de las bacterias. Además de estar alerta con los síntomas, trate de tomar jugo de arándano regularmente en su dieta: los estudios dicen que ayuda a prevenir las IAU, quizá dificultando que las bacterias se adhieran al tejido del aparato urinario.

➲ **Vigile su medicación.** Una amplia gama de fármacos, que se venden con y sin receta médica, pueden dañar los riñones. Entre ellos están el ibuprofeno (como Advil y Motrin) y el naproxeno (Naxen), junto con antiinflamatorios más potentes que requieren receta. Otros fármacos que pueden empeorar el daño renal incluyen algunos antibióticos y el litio. Pregúntele a su médico siempre que le extienda una receta nueva si no hay riesgos al tomarlas en caso de enfermedad renal.

Sea prudente con sus ojos

Como los riñones, los ojos son irrigados por vasitos sanguíneos que se dañan fácilmente si padece diabetes. Si se deja, puede perder la visión; la diabetes es la causa principal de ceguera en adultos. Pero la mayoría de los problemas oculares pueden tratarse si se detectan a tiempo, y quizá se libre de ellos por completo.

Una vez más, el control del azúcar en la sangre puede hacer la diferencia. En la prueba de control de la diabetes y sus complicaciones, la reducción del riesgo por un buen control de la gluco-

Veinte por ciento de las personas con diabetes tipo 2 ya tienen signos de retinopatía al ser diagnosticadas. Después de 15 años, la cifra se incrementa a 60–85%, pero sólo 20% de las personas con diabetes avanzan a la más grave retinopatía proliferativa. En cuanto a las personas con diabetes tipo 1, la mayoría tiene retinopatía en la marca de los 15 años, y la mitad ha progresado a una enfermedad ocular más grave.

sa fue mayor para la enfermedad ocular (76%) que para cualquier otra complicación. Aun así, no descarte la posibilidad de lesión ocular, en especial porque al principio no se nota.

La mayor parte del daño tiene lugar en la retina, el área sensible a la luz en la parte posterior del ojo que registra las señales visuales y las envía al cerebro por el nervio óptico. El azúcar alta en la sangre (en especial cuando se combina con hipertensión) puede debilitar los pequeños vasos sanguíneos que suministran oxígeno y nutrientes a los ojos, lo que causa que se hinchen y se revienten, condición conocida como retinopatía no proliferativa. En algunos casos, la fuga de líquido y la falta de nutrición pueden dañar en forma directa la retina y hacer que su visión sea borrosa, pero puede ser que no note nada en absoluto.

Si el daño progresa, puede desarrollar una condición más grave llamada retinopatía proliferativa, en la que empiezan a surgir más vasos sanguíneos en la retina y hacen que se pierda el suministro de sangre por los vasos reventados. Esto sólo agrava el problema llevando a más rupturas. Esto bloquea la luz en la retina y causa hemorragias y presión dentro de los ojos, lo cual contribuye a que se forme tejido cicatricial que al final causa que la retina empiece a desprenderse del ojo. La retinopatía también puede causar edema macular. En esta condición, el área central de la retina (llamada mácula), la cual le permite ver los detalles finos y el color, se inflama, lo que causa pérdida de la visión fina.

Cómo mantener la visión

La clave para conservar la visión clara es mantener sus ojos libres de síntomas que indiquen un problema.

⊃ **Esté alerta a los cambios.** Es fácil pasar por alto cambios sutiles en su visión, como molestias menores, pero si tiene diabetes no suponga que necesita lentes nuevos o que sus ojos se están volviendo "viejos". Por supuesto que existe esta posibilidad, y las fluctuaciones altas o bajas del azúcar en la sangre también pueden afectar la visión temporalmente. Pero aun así debe consultar de inmediato a su médico o a un oftalmólogo si:

▶ Su vista parece borrosa

▶ Experimenta visión doble

▶ Su visión se distorsiona o las líneas rectas, como los postes telefónicos, parecen combados

- Los puntos o líneas parecen flotar frente a sus ojos
- Su campo de visión parece más reducido
- Tiene más dificultad para ver con claridad con luz tenue
- Parece que hubiera una persiana sobre su campo de visión
- Siente presión o dolor en los ojos
- Tiene problemas para percibir los colores, en especial el azul y el amarillo, o para distinguir entre colores semejantes

Vigílese con frecuencia. Quizá no sienta los primeros signos de retinopatía, pero un médico puede detectarlos con facilidad en un examen ocular, así que programe exámenes de la vista regulares. No se conforme con las letras en la pared: vaya con un oftalmólogo, que le hará un examen general que incluya dilatación de pupilas para observar su retina. La Asociación Norteamericana para la Diabetes recomienda que las personas con diabetes tipo 1 se hagan un examen de la vista dentro de los tres

CÓMO AFECTA LA DIABETES A LOS OJOS

La retina, que recubre el interior del ojo, es una delicada membrana de 10 capas llena de fibras nerviosas y fotorreceptores. La retinopatía diabética ocurre cuando el azúcar alta fuera de control daña o bloquea los diminutos vasos sanguíneos (capilares) a lo largo de la retina, reduciendo el suministro de sangre a pequeños parches de tejido retinal. Los vasos sanguíneos dañados también tienden a filtrarse, produciendo inflamación en la retina. Al avanzar el daño retinal, surgen nuevos vasos, y la visión se hace cada vez más borrosa. Un 25% de los diabéticos tienen algún grado de retinopatía.

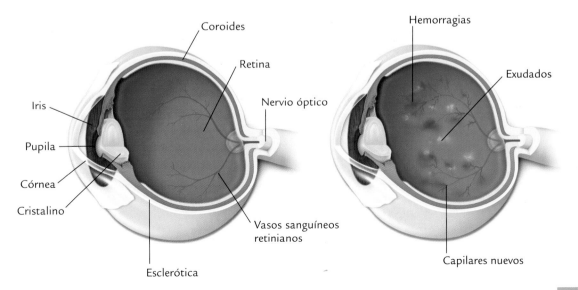

Coroides
Retina
Nervio óptico
Iris
Pupila
Córnea
Cristalino
Vasos sanguíneos retinianos
Esclerótica

Hemorragias
Exudados
Capilares nuevos

a cinco años del inicio de la enfermedad, y que las personas con tipo 2 se hagan un examen de inmediato después del diagnóstico. Luego, todos los diabéticos deben examinarse una vez al año.

⮕ **Obtenga ayuda para la hipertensión.** Aliviar la presión sanguínea puede reducir el riesgo de retinopatía o hacer más lento su progreso. Pregunte al médico si, además de cambiar su dieta, hacer más ejercicio y no fumar, debe tomar medicamentos.

⮕ **Evalúe su ejercicio.** Una vez que sepa que tiene retinopatía, hable con su médico para revisar su programa de ejercicio. Ciertas formas de ejercicio pueden lastimar las delicadas estructuras dentro del ojo, o incrementar la cantidad de presión dentro de él y, por tanto, provocar más sangrado retinal.

⮕ **Considere la cirugía.** La mejor forma de prevenir más daño por retinopatía es arreglar la afección que hay. Con una cirugía láser llamada fotocoagulación, el oftalmólogo dirige un diminuto rayo de luz láser a la retina para destruir vasos sanguíneos rotos, sellar áreas con fuga y prevenir que se formen vasos nuevos. En algunos casos, esta cirugía reduce la pérdida de la visión en 90% o más. Otra cirugía, la crioterapia, destruye los vasos sanguíneos anormales congelándolos con una sonda, técnica útil en áreas que no puede alcanzar un láser o para personas que aún tienen retinopatía proliferativa tras la cirugía láser. En una tercera operación, la vitrectomía, se saca el núcleo gelatinoso del ojo (humor vítreo) para que el médico extirpe el tejido cicatricial del interior del ojo y repare la retina si ha empezado a desprenderse.

Corte de raíz la afección nerviosa

La diabetes literalmente puede destrozarle los nervios. No es broma: el daño a los nervios puede ser una complicación trascendental de la enfermedad, puesto que el sistema nervioso controla o interviene en muchas cosas, desde su sentido del tacto (y del dolor) hasta el movimiento muscular, la digestión y la función sexual, por nombrar unas cuantas. Por suerte, quizá pueda prevenir el daño, que por lo general se desarrolla después de tener diabetes 10 o 15 años.

ACERCA DE LOS ESTUDIOS

La aspirina ayuda a proteger el corazón, pero hay pruebas de que también puede ayudar a proteger los ojos. Un estudio del Instituto de Investigación Ocular Schepens, en Boston, encontró que los pacientes diabéticos tenían un aumento cuádruple de diminutos coágulos sanguíneos en los capilares que irrigan la retina. Estos coágulos con el tiempo pueden privar a la retina de oxígeno y nutrientes, y desencadenar el crecimiento de nuevos vasos sanguíneos anormales. Los investigadores dicen que la aspirina puede proteger a los capilares de los coágulos y, por tanto, ayudar a demorar la retinopatía.

No se sabe bien cómo la diabetes causa daño a los nervios, pero quizá el azúcar alta altere el equilibrio de las sustancias químicas que permiten que los nervios transmitan impulsos eléctricos, prive a los nervios de oxígeno al impedir la circulación, y dañe el recubrimiento protector de los nervios (vaina de mielina). Puede estar tranquilo porque al parecer la diabetes no afecta al cerebro ni a la médula espinal, componentes del sistema nervioso central. Aun así, el resto de los nervios del cuerpo, que llevan impulsos eléctricos por una vasta e intrincada red de "cables", son vulnerables a una reducción de la velocidad, mala comunicación o interrupciones de las señales relacionadas con la diabetes.

Hay tres tipos importantes de daño en los nervios, o neuropatía, que afectan al cuerpo en muchas formas diferentes. Si desarrolla neuropatía, su médico determinará de qué clase es, sobre todo por sus síntomas y por el lugar donde ocurren.

Polineuropatía: en la periferia. El tipo más común de lesión nerviosa afecta a muchos nervios de todo el cuerpo (*poli* significa "muchos"), pero ataca sobre todo a los nervios largos del sistema nervioso periférico que corren a lo largo de brazos y piernas. A veces esta clase de daño se denomina neuropatía simétrica distal, debido a que ataca áreas alejadas del sistema nervioso central (*distal* significa "distante del centro") y tiende a causar síntomas en ambos lados del cuerpo (simétrica). Por lo general, la polineuropatía no afecta el movimiento; en su lugar trastorna la sensación, causando con frecuencia dolor, calambres u hormigueo en manos o pies y, luego, entumecimiento.

Neuropatía focal. Menos común, la neuropatía focal ataca un solo nervio, o conjunto de nervios, y a veces afecta una sola área del cuerpo, por lo que se llama mononeuropatía (*mono* significa "uno"). A diferencia de la polineuropatía, que progresa en forma gradual, ésta surge de repente, causando entumecimiento, dolor o debilidad en los músculos, dependiendo de los nervios afectados. Aunque surge en cualquier parte, la neuropatía focal a veces causa parálisis de Bell, en la que los nervios pierden el con-

NERVIOS A PRUEBA

Aunque le toca a usted sonar la alarma de la neuropatía si sospecha que tiene daño nervioso, su médico puede confirmar y afinar el diagnóstico con pruebas sutiles. En una, puede sostener un diapasón contra partes del cuerpo de usted, como los pies, para ver si detecta su vibración. Del mismo modo, puede tocarlo con un alambre fino como un cabello para medir su respuesta a estímulos delicados, o aplicarle calor o frío para asegurarse de que usted sentiría si le lastima, digamos, el agua hirviendo con que se baña. Si alguna de estas pruebas indica que tiene daño nervioso, su médico podría enviarlo con un neurólogo para averiguar la extensión del daño.

trol de los músculos de la cara, causando que los rasgos se encorven. La neuropatía focal produce bizquera si afecta músculos que controlan el movimiento ocular, y puede causar síndrome de túnel carpiano, en el que los nervios comprimidos en la muñeca producen dolor o debilidad en mano y antebrazo.

Neuropatía autónoma: problemas de control. El sistema nervioso autónomo gobierna las funciones corporales en las que normalmente no tiene que pensar mucho, como el ritmo cardiaco, la digestión, la transpiración y el control de la vejiga, pero que vienen a la mente de inmediato si los nervios se dañan. Entre los problemas que pueden resultar de la neuropatía autónoma están:

▶ Problemas cardiovasculares, como ritmo cardiaco irregular y una condición llamada hipotensión ortostática, en la que su presión sanguínea no se ajusta rápidamente al ponerse de pie, haciéndolo sentirse débil o mareado. Los nervios embotados también pueden no captar el dolor de un ataque cardiaco.

▶ Gastroparesia, en la que los músculos del aparato gastrointestinal se hacen lentos e ineficientes. La digestión perezosa no sólo causa problemas gastrointestinales como náusea, vómito, inflamación, diarrea, estreñimiento y pérdida del apetito, sino que hace más difíciles de predecir los patrones de glucosa en la sangre y se contrapone con la insulina.

▶ Disfunción de la vejiga, en que los nervios tienen problemas para indicar cuándo se llena la vejiga y no la vacían por completo al orinar, lo que aumenta el riesgo de infecciones del aparato urinario, que a su vez pueden acelerar el daño renal.

▶ Disfunción sexual, en que los hombres no consiguen o no mantienen una erección, y las mujeres padecen resequedad vaginal o respuesta sexual tibia. Sin embargo, por lo general, el impulso sexual no se ve afectado en ninguno de los sexos.

▶ Respuesta embotada a los síntomas nerviosos de hipoglucemia, como temblor, transpiración y ansiedad, una condición peligrosa conocida como hipoglucemia desprevenida.

▶ Transpiración y desregulación de la temperatura corporal.

Mantenga el vigor de los nervios

En caso de afección nerviosa, controlar en forma rígida la glucosa, su prioridad principal, reduce los riesgos hasta 60%. Una vez que se desarrolla la neuropatía, los tratamientos varían dependiendo de la forma en que esté afectando su cuerpo. Entre los pasos que puede dar para minimizar el daño y el malestar:

⮕ **Esté en contacto con sus sensaciones.** Como con la mayor parte de las complicaciones de la diabetes, cuanto más pronto atienda su daño nervioso, más podrá hacer para evitar que se agrave. No desatienda sensaciones o dificultades que desaparecen: en muchos casos, los síntomas van y vienen, u oscilan de leve a grave. Diga a su médico de inmediato si experimenta:

▶ Hormigueo, entumecimiento, escozor o dolor punzante en brazos, piernas, manos o pies. Esté alerta: la sensación puede ser sutil al principio. Trate de notar en especial sensaciones inusuales en los pies, que son afectados primero, o por la noche, cuando por lo general empeoran los síntomas

▶ Sensibilidad al tacto, aun el ligero roce de las sábanas contra su cuerpo cuando está en la cama

▶ Calambres en las piernas, en especial por la noche

▶ Dificultad para sentir la posición de sus pies o de los dedos de los pies, o sensación de que no conserva el equilibrio

▶ Callos o llagas en sus pies

⮕ **Ajuste su dieta.** Vea con su dietista si cambios en su alimentación ayudan a contener algunos síntomas de neuropatía. Si padece gastroparesia, ingiera comidas más pequeñas más seguido o consuma alimentos más suaves para facilitar la digestión. Pregunte si debe comer menos fibra, que es buena para el control del azúcar en la sangre, pero puede ser mala para la gastroparesia porque hace más lenta la digestión. Si se siente mareado al ponerse de pie, pregunte si debe consumir más sal para estabilizar su presión sanguínea. Pero verifique primero con su médico, en especial si también está en riesgo de sufrir hipertensión.

⮕ **Aumente sus vitaminas B.** A veces, la neuropatía es fomentada por una deficiencia de vitaminas B_6 y B_{12}, que intervienen en la función del sistema nervioso. Puede obtener vitamina B_6 de aguacates, plátanos, aves, cerdo, papas y pescados, como atún; mientras que la B_{12} se encuentra en pollo, res y una amplia variedad de mariscos, incluyendo ostiones, sardinas y otros pescados. Pregunte a su dietista o médico si debe tomar complementos.

⮕ **Complemente la salud de sus nervios.** Vea la pág. 200 para saber sobre el ácido alfa-lipoico, un complemento antioxidante que puede proteger los nervios y aliviar el dolor de la neuropatía.

⊃ **Busque alivio.** Trate de mitigar el dolor de la polineuropatía con analgésicos comunes, en especial aspirina, ya que también tienen beneficios cardiovasculares. (Si ya toma dosis pequeñas de aspirina a diario, pregunte a su médico cómo ajustar la cantidad.) También puede hallar alivio con cremas tópicas que contengan capsaicina, compuesto que se encuentra en los chiles y alivia el dolor al interferir con las señales que envían las células nerviosas al cerebro. Al usar estas cremas, tenga cuidado de mantenerlas alejadas de los ojos y otras áreas sensibles.

⊃ **Pregunte por la medicación.** Hay fármacos que controlan muchas de las condiciones que surgen por la neuropatía. El sildenafil (Viagra) para la disfunción sexual es sólo un ejemplo. También hay fármacos que ayudan a vaciar la vejiga, previenen episodios de presión sanguínea baja y tratan la gastroparesia. Quizá podría beneficiarse al tomar un antidepresivo tricíclico, como amitriptilina (Anapsique), nortriptilina (Motival), desipramina (Norpramin) o trazodona (Sideril), no sólo porque se sienta triste, sino porque se ha visto que reduce el dolor de la neuropatía. Déles a los fármacos tiempo para actuar; a veces toma varias semanas que surtan efecto. Su médico podría recomendarle también un medicamento anticonvulsivo, como fenitoína (Epamin), carbamazepina (Tegretol) o gabapentina (Neurontin), los cuales pueden reducir el dolor causado por el daño nervioso.

Evite tropiezos con los pies

Los pies sufren si tiene diabetes. La mala circulación en los vasos dañados hace lenta la curación y vuelve los pies más propensos a infecciones, mientras que el daño nervioso puede embotar la sensación y hacer que se olvide de las heridas que se salen de control rápidamente.

En el panorama global, los líos con los pies parecen cómicamente mundanos. Pero cuando tiene diabetes no puede descartar piel agrietada, juanetes, callos, uñas enterradas y otros problemas, como irritaciones menores. Si se dejan sin tratamiento mucho tiempo, estas condiciones lo ponen en riesgo de perder un pie, o incluso una pierna, por gangrena (muerte del tejido). De hecho, 15% de los diabéticos de Estados Unidos presentan con el tiempo problemas de los pies que amenazan un miembro, y más de 50,000 se someten a amputaciones cada año.

Todo inicia con alguna forma de lesión que rasga o rompe la piel, la barrera protectora que impide que los gérmenes entren en su cuerpo. Quizá sus zapatos no le quedaron bien o tropezó con una piedra. Una vez que el área dañada se infecta, quizá será difícil que sane, en especial si sigue pisando con ella o no se percata de que está allí, y puede desarrollarse con rapidez una llaga. Ésta es una razón para llamar al médico. La infección por llagas sin control puede penetrar en la piel y llegar al hueso, poniendo en riesgo todo el pie o la pierna. Cuando ha tenido diabetes por mucho tiempo, los pies también se vuelven vulnerables a una condición llamada pie de Charcot, en la cual el entumecimiento y los malos reflejos de la neuropatía causan traspiés que con el tiempo destruyen las articulaciones de los pies.

Por suerte, poner un poco de atención extra a sus pies puede hacer mucho por mantenerlos sanos. Algunos de los pasos más importantes que debe dar son los siguientes:

⮞ **Siempre use zapatos.** Considere a sus zapatos los guardaespaldas de sus pies, que los protegen de golpes, rasguños y objetos afilados, por no decir que los mantienen calientes y secos. Mejorará mucho esta protección si evita andar descalzo (incluso en la playa, donde la arena causa abrasiones y los detritos perforan la piel) o usar zapatos abiertos, como huaraches, sandalias o zuecos. No se quite los zapatos ni siquiera cuando esté en casa, donde algo tan insignificante como golpearse el dedo contra una mesita puede provocarle una llaga en el pie.

⮞ **Revíselos a diario.** Examine sus pies una vez al día, quizá al acostarse, recorriéndolos con ojos y manos. Hágale saber a su doctor si encuentra evidencia de algún problema. Además de ampollas, cortadas, moretones, grietas, despellejaduras u otras señales obvias de daño, busque áreas que tengan un tono diferente (ya sea más pálido o más rojizo), lo cual podría indicar una presión persistente de los zapatos. Sienta áreas más frías, que podrían ser señal de mala circulación, o más calientes, que podrían ser evidencia de una infección, junto con enrojecimiento o inflamación. Si tiene problemas para verse la planta de los pies, coloque un espejo en el piso y vea el reflejo. Si tiene mala visión, pida a alguien que le revise los pies.

⊃ **Lávese y séquese.** Mantenga sus pies limpios lavándolos a diario con agua tibia y jabón. (Evite el agua caliente, la cual, si tiene neuropatía, puede escaldarlo sin que se entere.) Por otra parte, evite remojarse los pies, lo cual ablanda la piel y la hace vulnerable a la infección. Seque sus pies presionando con suavidad (no los frote), asegurándose de secar entre los dedos para prevenir infecciones por hongos. Use una crema humectante para prevenir la resequedad y las grietas, pero no se la aplique entre los dedos, donde puede fomentar el desgaste de la piel.

⊃ **Corte con cuidado.** Mantenga las uñas de los pies aseadas, cortándolas en forma recta para prevenir uñas enterradas y limando los bordes ásperos para evitar dañar los dedos adyacentes. Algunos doctores desaconsejan usar cortauñas por temor de

NO ESPERE MÁS

Encontrar zapatos que queden bien es importante para cualquiera, pero lo es el doble para personas con diabetes. Su podiatra puede ayudarlo si tiene problemas para encontrar calzado adecuado, pero usted podrá escoger zapatos cómodos si sigue estos consejos:

⊃ **Siga tres factores de ajuste.** No use un zapato que no cumpla estos tres criterios:

La punta del zapato debe sobresalir más o menos el ancho de su dedo pulgar, del dedo más largo del pie.

La parte más ancha del pie debe caber bien, sin que estén apretados los dedos, en la parte más ancha del zapato.

El talón debe caber cómodamente sin deslizarse cuando camine.

⊃ **Mídase cada vez.** No sólo le diga al dependiente su talla: mídase de nuevo. Los cambios de peso, la circulación sanguínea y la estructura de los pies pueden hacer que éstos tengan un tamaño o forma diferente.

⊃ **Pruébese ambos zapatos.** Quizá uno de sus pies sea un poco más grande que el otro, así que asegúrese de que los zapatos le queden bien en ambos pies. Si es necesario, cómprelos de la talla del más largo y vea a su podiatra para rellenar el otro zapato.

⊃ **No asuma que se estirarán.** Los zapatos pueden amoldarse mejor a sus pies cuanto más los use, pero no permita que el vendedor le diga que la talla básica mejorará con el tiempo. El zapato debe quedarle ahora.

⊃ **Compre por la tarde.** Los pies se hinchan hasta un 5% en el día, así que comprar por la tarde le asegura que los zapatos nuevos no le apretarán los pies en la mañana.

⊃ **Pregunte si hay devolución.** Si ha perdido la sensación en sus pies, no puede confiar en la forma en que siente los zapatos en la tienda. Llévelos a casa y úselos en ella media hora, luego revísese los pies. Si ve áreas rojizas, que indican presión porque no le quedan bien, devuelva los zapatos.

que se corte accidentalmente la piel junto a la uña. Si le preocupa, use una lima de uñas para rebajarlas (sin que queden más cortas que los extremos de los dedos de sus pies) o pida ayuda.

⮞ **Empiece bien.** Comience el día con calcetines limpios hechos de un material que respire, como algodón o lana, los cuales eliminan la humedad de la piel y ayudan a mantener secos los pies. Asegúrese de que los calcetines le quedan bien sin fruncirse, y no use calcetines con costuras que le rocen los pies, pues podrían causar llagas por presión. Si le sudan mucho los pies, cámbiese de calcetines varias veces al día.

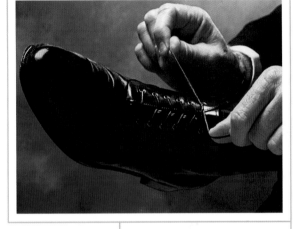

⮞ **Use buenos zapatos.** El calzado debe brindar comodidad y protección. Los empeines de cuero son mejores porque se amoldan a la forma del pie y respiran, de modo que sus pies transpiran menos. Opte por tacones bajos para mayor estabilidad, y suelas de crepé o hule espuma para un amortiguamiento excelente. Es buena idea tener al menos dos pares de zapatos, para usarlos con regularidad en días alternos, dando tiempo a cada par de zapatos para ventilarse entre cada uso. Los zapatos nuevos nunca deben usarse más de unas cuantas horas seguidas. Cuando se ponga los zapatos, sacúdalos y revise su interior para estar seguro de que no tienen nada que pueda causarle presión o irritación.

⮞ **Haga equipo con su doctor.** El examen de pies debe ser parte rutinaria de su visita al médico, al igual que cuando le toman la presión sanguínea. Deben examinarle los pies al menos una vez al año, con más frecuencia si tiene signos de neuropatía o mala circulación, o llagas en los pies. (Lleve a la consulta su par de zapatos más gastado, para que su doctor revise los patrones de desgaste.) Pero no espere a su examen médico anual si nota algún cambio. No toda herida demanda la atención del médico, pero llámelo si se le infectó o si se le hizo una llaga; si se pinchó los pies con un objeto afilado; si un dedo se le puso rojo y sensible, o si nota cualquier cambio en la sensación, como entumecimiento, dolor u hormigueo. No use tratamientos ácidos, callicidas o eliminadores de verrugas sin receta médica, y nunca trate de hacerse "cirugía de baño" para tratar problemas como verrugas, callos, juanetes o uñas enterradas.

8

Terapias alternativas

Usted sigue un plan de alimentación, vigila su peso, hace ejercicio y tal vez toma medicamentos o se aplica insulina. Pero, ¿puede ayudar algo más? Es posible. Ciertas hierbas y otros complementos son promisorios para reducir la glucosa en la sangre y proteger los ojos, los nervios, los riñones y el corazón. Otras terapias alternativas, como la biorretroalimentación y la acupuntura, pueden ayudar a reducir la tensión emocional y aliviar el sistema nervioso. ¿Debe probarlas? Pondere la investigación, considere los efectos secundarios potenciales, consulte a su médico y luego tome una decisión.

La medicina moderna ha aportado medicamentos potentes como el Glucophage para mantener a raya la glucosa en la sangre y estatinas para reducir las complicaciones relacionadas con el corazón. ¿Pero qué pasa con la medicina no tan moderna? Por miles de años los curanderos usaron terapias naturales, muchas de ellas basadas en las hierbas, para tratar enfermedades como la diabetes. ¿Alguna puede ayudarlo?

Esta pregunta se la hacen cada vez más pacientes, y muchos doctores, conforme crece el interés en la llamada medicina alternativa. Según un estudio reciente, las visitas a médicos convencionales fueron estables a fines de la década de 1990, pero las visitas a terapeutas alternativos se elevaron 47%. Quizá es más sorprendente que las encuestas revelen que hasta 60% de los médicos han recomendado terapias alternativas a los pacientes, reflejo de que más de 75 escuelas norteamericanas de medicina ahora dan capacitación en varios tipos de medicina alternativa. Para aprender más sobre estas terapias muy populares pero mal comprendidas, los Institutos Nacionales de Salud establecieron en 1993 una Oficina de Medicina Alternativa, la cual le ha conferido un aire de credibilidad y, en algunos casos, validación científica, a la medicina alternativa en Estados Unidos.

La medicina alternativa

Muchas veces, la definición de la palabra "alternativo" es cuestión de cultura. Muchas terapias alternativas provienen de regiones orientales, como Asia y la India, donde las tradiciones curativas tienden a ser menos científicas que en Occidente. Pero no todos los países occidentales ven igual la medicina. Alemania, por ejemplo, desde hace tiempo incluye terapias herbarias en la medicina convencional e investiga sus beneficios. En Estados Unidos, los complementos herbarios son populares pero forman una parte menor de la medicina, principalmente porque no se han estudiado tanto como los fármacos.

Los doctores a veces usan la abreviatura MCA (medicina complementaria y alternativa) para referirse a los tratamientos no tradicionales. "Complementaria" enfatiza el hecho de que las terapias alternativas a veces son útiles en conjunto con la atención médica tradicional, pero que nunca deben ser un sustituto, como muchos practicantes alternativos aseguran. Debe preguntarle al médico acerca de cualquier tratamiento complementario o alternativo que desee probar, o al menos informarle qué está usando. Muchos tratamientos alternativos, en especial las hierbas, pueden interferir con otros medicamentos y afectar la forma en que su médico le aconseja tratar la diabetes.

Cómo juzgar las terapias alternativas

Una forma de resumir la diferencia entre la medicina alternativa y la convencional es que la primera es más arte y la segunda es más ciencia. Este balance está cambiando conforme se investigan los beneficios potenciales de las terapias alternativas. Pero una de las desventajas principales de la MCA es que, en muchos casos, la prueba científica de que una terapia funciona es imprecisa, y a menudo no se comprenden bien sus riesgos.

Esto no significa que la medicina alternativa sea automáticamente inútil o peligrosa. Pero es una razón para aproximarse a ella con mente abierta, incluyendo una apertura saludable al escepticismo. El material publicitario (junto con mucha de la información publicada en libros o en sitios web que promueven la medicina alternativa) hace que los complementos y otros productos suenen bien. Pero puede hacer poco caso si sabe la forma en que los fabricantes llaman la atención sobre sus productos:

Fe incuestionable. En muchos casos, las etiquetas y la publicidad sólo indican para lo que se usa un producto, como si no hubiera duda de su funcionamiento.

Investigación vaga. En otros casos se citan "investigaciones" o "estudios" sin mayores detalles acerca de quien los realizó.

Testimonios. Una "prueba" favorita de que la terapia funciona es citar a alguien (de preferencia una celebridad) para que dé fe de que sí es buena. Pero, desde una perspectiva científica, las anécdotas son la prueba menos convincente.

Historia. El hecho de que una terapia se ha usado por cientos o incluso miles de años a veces se sostiene como prueba de efectividad, pero la tradición no necesariamente es una prueba.

Las normas para los estudios

¿Por qué es escasa la investigación sobre los remedios alternativos? En parte, por dinero. Nadie puede patentar un producto natural, como una hierba, y las compañías farmacéuticas, que financian mucha de la investigación de medicinas convencionales, por lo general no están dispuestas a invertir dinero en productos sobre los que no tienen exclusividad.

Entonces, ¿cómo puede saber si un tratamiento alternativo le funcionará? La única respuesta real, como pasa con muchos fármacos, es probar y ver qué pasa, si su doctor lo aprueba. Pero antes de hacerlo, sería sensato reunir toda la información posible de la terapia y considerar la investigación que se ha realizado.

Al revisar la investigación podrá darse una idea de su valor con los mismos criterios que usan los investigadores. En el mundo de la ciencia médica, los mejores estudios son:

Grandes. La diabetes no es igual en todas las personas, así que si usted y alguien más toman el mismo complemento, puede esperar resultados diferentes. En unos casos, los mejores fármacos convencionales no funcionan para algunas personas. En otros, la salud de la persona mejora por razones ajenas al tratamiento que está probando. Por lo tanto, obtener resultados confiables depende en cierto grado de realizar pruebas que incluyan a un gran número de gente. Sin embargo, la mayor parte de los estudios de terapias alternativas son en pequeña escala.

Humanos. Los científicos a veces hacen pruebas de laboratorio para ver las propiedades químicas y efectos de las sustancias. Esto es un buen inicio, pero no predice en forma confiable lo que sucederá en el cuerpo humano. Las pruebas en animales son informativas, pero son más contundentes las hechas en personas.

Controlados. En los experimentos poco confiables se da la terapia a las personas y sólo se les pregunta si se sienten mejor. Muchas veces, las personas dicen que sí aun cuando el tratamiento no tenga ningún beneficio médico, fenómeno conocido como efecto placebo. Los mejores experimentos son controlados, o sea que a un grupo de personas se le da el tratamiento real y a un segundo grupo se le da uno falso, para comparar los resultados y cifrar el impacto del efecto placebo.

Doble ciego. Para mayor protección contra el efecto placebo, es mejor que los sujetos de estudio no sepan cuál tratamiento les están dando. Para asegurarse de que las personas no sepan si les están dando medicina real o no, hay encargados de administrar los tratamientos y ellos no saben a quién le están dando qué; así, no hay riesgo de que los investigadores den indicios por medio del lenguaje corporal u otras pistas sutiles.

Revisión de colegas. Por último, están los estudios que no sólo cumplen todos los criterios anteriores sino que también han sido considerados válidos por otros expertos en el campo antes de ser publicados en algún boletín especializado.

El botiquín de medicina natural

Las terapias alternativas más populares para combatir la diabetes o sus complicaciones son los complementos herbarios y vegetales que se venden en tiendas naturistas, en farmacias y en supermercados. ¿Funcionan? En su mayor parte, el jurado aún está deliberando, pero la investigación sugiere que algunos son prometedores.

El uso de remedios herbarios es una decisión personal que debe tomar con ayuda de su doctor. Desde luego, debe tener precaución. No suponga que "herbario" significa "seguro" porque, en muchos casos, no se han realizado investigaciones minuciosas sobre los efectos a largo plazo. El hecho es que muchas hierbas medicinales tienen efecto en el cuerpo, lo cual es razón para tener esperanza o preocupación. La información que sigue no es un aval para estas terapias, pero puede hacer que comience a pensar que ciertos complementos pueden ser útiles para usted.

En busca del control de la glucosa

La meta principal de las terapias herbarias para la diabetes es igual que la de los fármacos y la insulina: reducir la glucosa alta en la sangre. Es importante recordar que estas terapias son complementarias: aun si funcionan, nunca debe tomarlas como un sustituto de la insulina o del medicamento, aunque podrían ser útiles para reducir la dosis que usa.

Es muy importante que vigile de cerca su glucosa en la sangre si toma estos remedios, por dos razones. Primera, no sabrá lo efectivos que son a menos que mida su impacto en la glucosa. Segunda, si son capaces de reducir el azúcar en la sangre, necesita estar alerta a un aumento de la posibilidad de padecer hipoglucemia. Entre las hierbas que muestran la mayor promesa para reducir la glucosa en la sangre están:

Gymnema. Esta planta, conocida en botánica como *Gymnema sylvestre,* es nativa de África y la India, donde su nombre hindi significa "destructora de azúcar". Puesta en la lengua afecta la capacidad para distinguir lo dulce y lo amargo, quizá una razón por la que se ha usado en la India para tratar la diabetes por más de 2,000 años.

Aunque los herbolarios por lo general la consideran la hierba más potente para el control de la glucosa, no se ha estudiado en experimentos controlados y de doble ciego. No obstante, la investigación realizada sugiere que la hierba es promisoria. En uno de los estudios mejor controlados (pero no ciego), los requerimientos de insulina se redujeron a la mitad en 27 personas con diabetes tipo 1 que tomaron un extracto de 400 miligramos de gymnema durante 6 a 30 meses, mientras que las necesidades de insulina del grupo control no cambiaron.

Se cree que la gymnema fomenta la actividad de las enzimas que ayudan a las células a usar glucosa o estimula las células beta productoras de insulina en el páncreas. No se han hecho estudios de seguridad (tenga precaución en especial si está embarazada o en periodo de lactancia o si tiene enfermedad hepática o renal), pero no se sabe que cause efectos secundarios graves.

Fenogreco. Más conocido ahora como una especia procedente del Mediterráneo y el Cercano Oriente que como medicina, al fenogreco se le ha dado una variedad de usos a lo largo de los siglos. Por ejemplo, registros que datan de 1500 a.C. indican que se usaba para inducir el parto en el antiguo Egipto. En Europa, la Comisión E Alemana, que regula la medicina herbaria, lo aprobó para su uso en una cataplasma contra la inflamación.

Muchas pruebas con animales y algunos estudios pequeños con unas 100 personas sugieren que las semillas de fenogreco disminuyen la glucosa. En uno de los estudios más grandes (aunque no doble ciego), 60 personas con diabetes tipo 2 que tomaron 25 gramos de fenogreco a diario mostraron una mejoría significativa en su control general de glucosa, los niveles luego de comer, la glucosa en la orina y el nivel de colesterol.

La razón de estos beneficios quizá no sea un misterio. El fenogreco es una leguminosa pariente del garbanzo, la lenteja, el cacahuate y el chícharo, y es rico en fibra, la cual hace más lenta la digestión y la absorción de glucosa. Pero la investigación de laboratorio también indica que el fenogreco contiene un aminoácido que aumenta la liberación de insulina.

No tome complementos de fenogreco en el embarazo o si padece del hígado o el riñón, y no lo ingiera sino hasta dos horas después de tomar medicamento para la diabetes, pues interfiere con la absorción del fármaco. Sea precavido si toma adelgazadores de la sangre (anticoagulantes o antiagregantes plaquetarios), con los que puede interactuar el fenogreco.

Melón amargo. También llamado calabaza amarga, pera balsámica, karella o (científicamente) *Momordica charantia,* el melón amargo es un elemento básico de la dieta en Asia y la India. Es una verdura muy usada como remedio popular para la diabetes en Oriente, y varios estudios en personas (ninguno doble ciego) sugieren que puede ser benéfico. En un estudio sin control de 18 personas diagnosticadas recientemente con diabetes tipo 2, 73% de las que bebieron media taza de jugo de melón amargo notaron descensos significativos en sus niveles de glucosa en la sangre. En otro estudio, cinco personas que tomaron 15 gramos de melón amargo en polvo (disponible en cápsulas) redujeron su azúcar 25% en tres semanas.

Se cree que ayuda a las células a usar la glucosa por medio de ingredientes activos como insulina vegetal, la cual es químicamente parecida a la insulina de las vacas que a menudo se usa para tratar la diabetes tipo 1. Se cree que otras sustancias del melón amargo bloquean la absorción de glucosa en el intestino.

Además de tener un sabor terrible, el melón amargo puede causar efectos secundarios como malestar gastrointestinal y dolores de cabeza, y no debe tomarse durante el embarazo.

Ginseng. En chino, *gin* significa "hombre" y *seng,* "esencia", quizá no sólo porque la forma de la raíz de ginseng parece una figura humana, sino también porque se cree que puede curar casi todo. De hecho, el nombre del género del ginseng, Panax, proviene del griego "curar todo". Se dice que el ginseng tiene efecto en todo el cuerpo, lo que lo hace útil para aumentar la resistencia a la enfermedad, recuperarse de un padecimiento, combatir los efectos físicos de la tensión emocional y promover una vida más larga (por no decir que mejora su impulso sexual).

¿Puede tomar en serio algo que suena demasiado bueno para ser verdad? Algunas investigaciones sobre los efectos del ginseng en la diabetes, aunque lejos de ser concluyentes, son inusualmente sólidas y han aparecido en boletines especializados. La Universidad de Illinois publicó en 2002, en la revista *Diabetes*, un estudio de ratones obesos con diabetes tipo 2 que fueron inyectados con un extracto de ginseng asiático (uno de los dos tipos de ginseng) y normalizaron su glucosa, bajaron un 10% su peso corporal y disminuyeron su colesterol cerca de un tercio.

En un estudio de la Universidad de Toronto publicado en *Annals of Internal Medicine* en 2000 se encontró que 10 personas que tomaban tres gramos de ginseng americano (el otro tipo) 40 minutos antes de comer redujeron su glucosa después de la comida 20% en comparación con un grupo control. Un estudio anterior reportado en *Diabetes Care* encontró que tomar ginseng disminuía el índice de hemoglobina A1c en diabéticos tipo 2.

No se sabe cómo funciona, pero se cree que hace más lenta la absorción de carbohidratos, fomenta la utilización de la glucosa y mejora la secreción de insulina. También se dice que el ginseng, que causa excitabilidad, hace que la gente se active. Sus efectos secundarios incluyen dolor de cabeza, aumento de la presión sanguínea e insomnio. El ginseng interfiere con ciertos fármacos cardiacos y con el adelgazador de la sangre warfarina. Si compra ginseng, evite el siberiano, que no se relaciona con los ginsengs "verdaderos" y quizá no sea igual. También debemos advertirle que el cultivo del ginseng es caro, así que a menudo lo adulteran con otras sustancias, como la cafeína.

Otros reductores potenciales de la glucosa

Se ha sugerido que otros complementos vegetales reducen la glucosa en la sangre, con base en investigaciones preliminares que son aún más escasas que las de los anteriores complementos. Entre estos prospectos están:

Áloe vera. Planta desértica famosa por las cualidades calmantes del gel extraído de sus hojas, que tomado puede disminuir la glucosa en la sangre, según algunos estudios realizados sobre todo en Inglaterra. En uno de ellos, cinco pacientes tipo 2 que tomaron media cucharadita diaria de 4 a 14 semanas redujeron su azúcar en ayunas de un promedio de 273 a 151 mg/dl.

Arándano. El arándano, originario de Europa y Canadá, es un remedio popular para la diabetes, aunque no se han realizado estudios en humanos de sus efectos sobre la glucosa en la sangre. En animales, se ha demostrado que reduce el azúcar 26% y los triglicéridos 39%, lo que lo hace potencialmente más benéfico si padece del corazón. La seguridad del extracto no se ha establecido (dosis altas pueden interactuar con los adelgazadores de la sangre), pero puede comerse como fruta.

Cilantro. Esta popular hierba se usa en la medicina tradicional china para una variedad de propósitos, pero un estudio con animales publicado en una revista inglesa de nutriología encontró que disminuía la glucosa en la sangre cuando se introdujo en la dieta y el agua para beber de ratones con diabetes.

Nopal. Este cacto es un remedio popular mexicano para la diabetes y se ha estudiado en diversos ensayos pequeños y sin control. En dos de ellos, las personas con diabetes tipo 2 que consumieron 500 gramos de nopal (una cantidad considerable) vieron disminuir su glucosa en forma significativa en unas cuantas horas. Se sospecha que una de sus formas de acción se debe a su alto contenido de fibra. Y no le sorprenda que sus posibles efectos secundarios incluyan malestar gastrointestinal.

Pterocarpus marsupium. Este árbol de la India contiene epicatecina, que en algunos estudios se ha visto que mejora la función de las células beta productoras de insulina en el páncreas. En un estudio realizado en la India con 97 diabéticos tipo 2 se vio que el 69% de los que tomaban diario de 2 a 4 gramos de la hierba lograron un buen control de la glucosa en 3 meses.

Los nervios: un tema delicado

Algunos remedios naturales para personas con diabetes no reducen la glucosa en la sangre, pero pueden ser útiles para disminuir el impacto de ciertas complicaciones, como la neuropatía. Sin embargo, no es fácil demostrarlo, porque el daño a los nervios ocurre despacio, a largo plazo, mientras que los estudios de los remedios naturales tienden a hacerse a corto plazo. Al menos dos complementos parecen promisorios al anular la neuropatía.

Ácido alfa-lipoico. El ácido alfa lipoico (AAL) es un potente antioxidante que protege las células de los efectos perjudiciales de unas moléculas conocidas como radicales libres. Se cree que estos azotes químicos contribuyen a la neuropatía causada por la diabetes, y numerosos estudios sugieren que este ácido puede evitar el daño en los nervios causado por los radicales libres. También reduce la inflamación nociva de los nervios al bloquear una enzima, causante de que un subproducto de la glucosa (llamado sorbitol) se acumule dentro de las células nerviosas.

El cuerpo produce pequeñas cantidades de AAL y también se puede obtener una cierta cantidad de la carne y las espinacas. Pero ninguna de estas fuentes provee el suficiente sorbitol para ejercer un efecto terapéutico, en especial en las personas con diabetes que son propensas a tener niveles bajos de este ácido.

¿Qué efectos tiene el AAL? Varios estudios de alta calidad en todo el mundo han abordado esta cuestión y las respuestas, aunque no son concluyentes, son fascinantes. Por ejemplo, un estudio de la Clínica Mayo mostró que tres meses de complementación con AAL mejoraron la capacidad de los nervios para transmitir señales en diabéticos. Y un estudio universitario de más de 300 diabéticos en Alemania encontró que los pacientes que tomaron 600 mg de ácido alfa-lipoico por tres semanas sufrieron menos dolor y otros síntomas de polineuropatía.

Pero los resultados han sido variados en algunas pruebas grandes realizadas en Alemania en una serie de estudios llamada ALADIN (*Alpha-Lipoic Acid in Diabetic Neuropathy*). En una prueba de doble ciego con 328 diabéticos tipo 2, los que recibieron inyecciones de AAL diario por tres semanas sintieron menos dolor por neuropatía que los que recibieron un placebo. Pero un seguimiento mayor halló poca diferencia en los síntomas entre personas tratadas con inyecciones y píldoras del ácido por 9 meses y aquellas que recibieron un placebo.

Además de la efectividad está la seguridad, la cual no se ha establecido formalmente, pero la sustancia se ha usado para tratar diabetes en Alemania por más de 30 años sin reportes de efectos secundarios graves. Aun así, los estudios con animales sugieren que es tóxico en ratas con deficiencia de tiamina, de modo que algunos naturistas le sugieren tomar esta vitamina B cuando tome ácido alfa-lipoico.

Ácido gamma linolénico. Aunque el nombre se parece al lipoico, el ácido gamma linolénico (AGL) es un ácido graso esencial cuya fuente más concentrada en la naturaleza es el aceite de prímula vespertina (llamada así porque sus pétalos amarillos se abren al atardecer). Por lo general, el cuerpo elabora el AGL que necesita con otras grasas, pero la investigación indica que este proceso puede estar dañado en diabéticos, por lo que los complementos pueden ser una buena idea. Necesitamos AGL porque el cuerpo lo convierte en prostaglandinas, sustancias que regulan una variedad de funciones, incluyendo inflamación, dilatación de los vasos sanguíneos y actividad hormonal. Se piensa que tener más AGL ayuda a prevenir la neuropatía al aumentar el flujo de nutrimentos y oxígeno a los nervios.

Al menos un estudio mediano, controlado, doble ciego y revisado por colegas, respalda estas afirmaciones. Dicha investigación, con 111 personas con neuropatía, halló que las que tomaron 480 mg diarios de AGL tuvieron puntuaciones mejores en 13 de 16 pruebas de daño en los nervios después de un año, que las personas que recibieron un placebo. Otro estudio doble ciego, aunque pequeño (22 personas), produjo resultados similares con una dosis menor de AGL contenida en alrededor de 4 gramos de aceite de prímula vespertina.

Debido a que el aceite de prímula vespertina se ha estudiado como tratamiento para una variedad de problemas (incluyendo eccema y artritis reumatoide) y se usa mucho en Europa, tiene un récord de seguridad muy grande y no se conocen efectos secundarios graves. Sin embargo, algunas pocas personas pueden experimentar dolor de cabeza o malestar gastrointestinal.

Protección natural para los ojos

¿Las terapias naturales protegen los ojos del debilitamiento y el estallido de vasos sanguíneos que ocurren con la retinopatía? Ciertos complementos pueden ser útiles, aunque las pruebas de ellos no son tan firmes como en algunas de las terapias recomendadas para otros aspectos de la diabetes.

L-carnitina. Es un aminoácido, pequeña unidad de material orgánico que se enlaza con otras para formar proteínas. Una forma de L-carnitina llamada acetil L-carnitina, o ALC, tiene un potente efecto antioxidante y se ha propuesto como tratamiento para la retinopatía y la neuropatía diabéticas. Se puede obtener de alimentos ricos en proteínas, como carne de res y cordero, y en productos lácteos, pero al menos un estudio europeo sugiere que los diabéticos pueden tener una deficiencia natural del aminoácido.

¿La L-carnitina previene el daño ocular? Las pruebas que sugieren beneficios provienen de la investigación en animales. Un estudio publicado en la revista *Diabetes* encontró que las ratas que tomaron ALC invirtieron los resultados anormales en una prueba de la función retinal, mientras que un grupo control no mostró mejoría. Hubo resultados similares en un estudio europeo con una L-carnitina diferente, llamada propionil L-carnitina.

Otros estudios sugieren que la acetil L-carnitina ayuda a proteger el corazón al reducir el riesgo de angina, además de reducir la glucosa y disminuir el dolor de la claudicación inter-

¿CUÁNTO DEBE TOMAR?

Aun cuando pueden tener efectos medicinales, los complementos naturales no se recetan como fármacos, los cuales tienen guías para la dosificación basadas en investigaciones sobre la efectividad y la seguridad. Aun así, en muchos casos (pero no en todos), los estudios sugieren dosis terapéuticas que, hasta donde se sabe, no son tóxicas. Debe buscar el consejo de su médico acerca de las dosis recomendables para usted, pero las siguientes son muy comunes.

COMPLEMENTO	USO	DOSIS COMÚN
Ácido alfa-lipoico	Reducción de daño en los nervios	100 a 800 mg diarios
Ácido gamma linolénico	Reducción de daño en los nervios y prevención de enfermedad cardiaca	200 a 600 mg diarios
Ajo	Prevención de enfermedad cardiovascular	400 a 600 mg diarios
Arándano	Disminución de glucosa y prevención de retinopatía	40 a 160 mg tres veces al día
CPO	Prevención de enfermedad cardiovascular	200 mg diarios (extracto de semilla de uva)
Fenogreco	Disminución de glucosa	25 a 50 g diarios
Ginseng	Disminución de glucosa	100 a 250 mg dos veces al día
Gymnema	Disminución de glucosa	400 a 600 mg diarios
L-carnitina	Protección de la vista y prevención de enfermedad cardiovascular	500 a 1,000 mg diarios
Melón amargo	Disminución de glucosa	5 a 30 g tres veces al día

mitente en las piernas. También se usa para tratar condiciones que no se relacionan con la diabetes, como distrofia muscular. El uso amplio de L-carnitina no ha revelado problemas con la toxicidad, pero ésta no se ha estudiado bien.

Arándano. Además de su capacidad para reducir la glucosa en la sangre, se usa para tratar varios problemas oculares, incluida la retinopatía diabética. La prueba de que mejora la visión es anecdótica en parte: por ejemplo, en la Segunda Guerra Mundial, los pilotos de bombarderos ingleses decían que veían mejor de noche después de comer arándano. Pero hay una razón para creer que sus beneficios pueden ser reales. El arándano es rico en flavonoides, sustancias vegetales antioxidantes parecidas a las vitaminas, algunas de las cuales fortalecen los vasos sanguíneos diminutos, como los que irrigan la retina. En particular contiene antocianósidos, flavonoides que hacen que los vasos sanguíneos sean menos frágiles, y refuerzan el tejido conectivo, como el de la retina.

Un estudio pequeño, controlado y doble ciego de 14 personas con daño retinal por diabetes o hipertensión encontró que el arándano mejoró significativamente los vasos sanguíneos del ojo. Pero se han hecho pocos estudios controlados para mostrar lo bien que funciona. Aun así, vale la pena probarlo, con la aprobación de su médico o dietista. En general no se sabe que los complementos de arándano tengan efectos nocivos y la fruta, por supuesto, es segura, al igual que otros alimentos que contienen antocianósidos, como la frambuesa, la zarzamora y la uva.

Ayuda para el corazón y los riñones

A veces las complicaciones de la diabetes están interrelacionadas, sobre todo con las enfermedades cardiaca y renal. Por ejemplo, la enfermedad renal puede elevar los niveles de colesterol y triglicéridos en la sangre, los cuales no sólo aumentan su riesgo de enfermedad cardiovascular sino que también aceleran el daño renal. Varios complementos pueden romper este círculo vicioso.

CPO. Si pone atención a los nombres científicos, adivinará que los complementos CPO (abreviatura para complejos proantocianidina oligoméricos) tienen algo en común con los flavonoides del arándano. De hecho, los dos se relacionan y al parecer tienen efectos similares. Los CPO, que se encuentran sobre todo en el extracto de semillas de uva, son potentes antioxidantes y al parecer fortalecen las paredes de los vasos sanguíneos, haciéndolas menos frágiles, lo que es importante para proteger los delicados capilares que filtran desechos en los riñones.

Pocas investigaciones controladas muestran lo bien que los CPO protegen los riñones. En un estudio francés (donde se popularizó el extracto de semillas de uva), los diabéticos o hipertensos que tomaban 150 mg diarios de CPO tuvieron una disminución de la fragilidad de los vasos sanguíneos en los riñones. Pero estos resultados son preliminares. Incluso se han hecho pruebas sobre la seguridad de los CPO y han sido positivas, aparte de reacciones alérgicas ocasionales y problemas gastrointestinales leves. Advertencia: las dosis altas pueden interferir con adelgazadores de la sangre, como la warfarina (Coumadin) o la aspirina.

Ajo. Los antiguos griegos decían que este bulbo picante limpiaba las arterias y la investigación moderna sugiere que ése sólo

es el comienzo. Docenas de estudios desde 1980 han observado los efectos del ajo en una variedad de riesgos cardiovasculares y, aunque no siempre son consistentes, por lo general los resultados han sido positivos. Por suerte para usted, y para los que lo rodean, el ajo en polvo encapsulado usado en muchos estudios no produce mal aliento.

Muchos de los estudios sugieren que el ajo reduce el colesterol de 9 a 12%, baja la presión sanguínea de 5 a 10%, previene que la sangre se coagule alrededor de las obstrucciones arteriales, hace más flexibles los vasos sanguíneos y reduce su riesgo general de sufrir un ataque cardiaco. No obstante, la investigación no es perfecta. Por ejemplo, en un estudio donde se mostró que el ajo fue igual de efectivo que un medicamento para reducir el colesterol, los participantes hicieron cambios en sus dietas que quizá afectaron los resultados. Aun así, el balance de la evidencia sugiere que el ajo tiene beneficios reales para el corazón y los vasos sanguíneos.

El ajo adelgaza la sangre, así que consulte a su médico antes de tomar complementos de ajo si toma aspirina u otro fármaco adelgazador de la sangre o complementos con el mismo efecto, como ginkgo biloba o dosis altas de vitamina E.

L-carnitina. Además de los beneficios para los ojos, este aminoácido mostró en estudios controlados que reduce el índice de mortalidad en personas que sufrieron un ataque cardiaco, alivia síntomas de claudicación intermitente en las piernas y mejora la función cardiaca en personas con angina. En un estudio, por ejemplo, los que tomaron 4 g de L-carnitina al día tras sufrir un ataque cardiaco tuvieron un índice de mortalidad de 1.2% en un año, mientras que en los que tomaron un placebo fue de 12.5%. Los que tomaron L-carnitina también mejoraron su presión sanguínea, perfiles de lípidos y tasas cardiacas. Paradójicamente, las mejores fuentes de L-carnitina en la dieta (carne de res, cordero y productos lácteos) no son alimentos saludables para el corazón.

Ácido gamma linolénico. Aunque se usa para la neuropatía diabética, el AGL (del aceite de prímula vespertina) ayuda también al corazón. En un estudio de cinco años con 102 personas a quienes apenas se les había diagnosticado diabetes, aquellas con dietas enriquecidas con ácido linolénico (precursor del AGL) padecieron menos problemas cardiovasculares y menos daño cardiaco en comparación con un grupo control.

¡ATENCIÓN, COMPRADORES!

Aunque un estudio muestre que una hierba o un remedio natural funciona, no se garantiza que el que compre lo hará. Sea cual sea su efecto, los complementos no son fármacos y por tanto no los regula la Administración de Alimentos y Medicamentos a menos que se demuestre que son inseguras. Esto deja el control de calidad en manos de los fabricantes. Entre los problemas potenciales están:

Mala calidad. Sin nadie que ejerza vigilancia, no hay garantía de que los fabricantes llenen las botellas en verdad con lo que dice la etiqueta que contienen.

Variación natural. Aun si el fabricante cuida la calidad, las plantas de la misma especie que se cultivan en diferentes lugares o bajo diferentes condiciones pueden variar significativamente en su composición química.

Falta de conocimiento. En muchos casos, nadie sabe en realidad cuál parte de una planta produce el efecto terapéutico deseado (la raíz o las hojas, por ejemplo). Así que el fabricante puede proveer de manera responsable la hierba que usted desea, pero no la parte que da resultados.

Los fabricantes responsables saben esto y hacen su mejor esfuerzo para asegurar la calidad. Para identificar productos de calidad, busque en la etiqueta:

- El nombre botánico si el producto es vegetal

- La dosis recomendada en miligramos

- El número de lote y la fecha de caducidad

- El nombre y la dirección del fabricante

- Una declaración de que el producto contiene un extracto estandarizado, que asegura una determinada dosis del ingrediente activo

La farmacia nutricional

Ciertas vitaminas y minerales pueden ayudar a controlar la glucosa en la sangre y reducir el riesgo de complicaciones. Son mejores cuando vienen de los alimentos, pero, ¿debe obtener más con complementos? Aquí hay tres que podría considerar.

1 **Biotina.** El cuerpo sólo necesita unos 300 mcg (millonésimas de gramo) diarios de esta vitamina B, de alimentos como yema de huevo, maíz y coliflor, para un metabolismo normal (incluyendo la descomposición de carbohidratos, grasas y proteínas de los alimentos). Pero estudios preliminares sugieren que cantidades mayores de 8 a 16 mg al día reducen la glucosa. En un estudio, los diabéticos tipo 2 que tomaron 9 mg de biotina al día por un mes redujeron su nivel de glucosa sanguínea en ayunas un promedio de 45%. Parece que la biotina aumenta la sensibilidad a la insulina y ayuda al cuerpo a usar la glucosa. También ayuda a protegerse del daño en los nervios. Es probable que la biotina sea segura porque el cuerpo excreta la que no necesita.

2 **Cromo.** El requerimiento diario de cromo, un oligoelemento aún misterioso, es de apenas 50 a 200 mcg, pero la mayoría de los estadounidenses sólo ingieren unos 30 mcg al día. Algunos estudios dicen que tomar complementos en cantidades superiores a 500 mcg reduce el azúcar en la sangre (aunque otros estudios no han encontrado beneficios). Se cree que el cromo ayuda a las células a usar insulina. ¿Debe tomarlo? Las cantidades usadas en los estudios son mayores que el límite "seguro y adecuado" estimado por el gobierno de 200 mcg. Quizá pueda tomar más de esta cantidad, aunque nadie sabe con exactitud cuánto es demasiado.

3 **Magnesio.** Este mineral colabora en muchos procesos químicos del cuerpo y ayuda a las células a usar la insulina. La deficiencia de él (común en diabéticos) promueve el daño ocular. El valor diario oficial es 400 mg, pero algunas investigaciones encuentran que tomar hasta 2 gramos al día ayuda a personas con diabetes tipo 2 a usar la insulina con eficacia. Desventaja: las dosis altas pueden producir diarrea. Evítelas si tiene una enfermedad renal o está embarazada.

Exploración de otras terapias

Tomar un complemento es como tomar un medicamento convencional, porque ambos vienen en forma de píldora o cápsula. Pero otras terapias alternativas son totalmente diferentes.
Por ejemplo, hay enfoques mente-cuerpo, técnicas vinculadas con ideas orientales sobre el flujo de energía y otras ideas poco convencionales o sin demostración científica.

¿Estas terapias funcionan? Cada una debe juzgarse por sus méritos, pero a partir de la investigación, buscan más conseguir la curación y la salud que lograr cambios químicos con medicamentos o arreglar el cuerpo con cirugía. Incluso la medicina convencional, al controlar el efecto placebo (en el que pensar que habrá una mejoría parece hacer que suceda), reconoce de forma tácita que la mente y el cuerpo están entrelazados. Las teorías que sostienen que la tensión emocional y otros estados mentales afectan el sistema inmunitario, que antes se descartaban, ahora se aceptan conforme los estudios revelan conexiones entre los sistemas nervioso e inmunitario.

Esto no significa que toda terapia sin una explicación plausible sea válida y esté en espera de que la ciencia la adopte. Pero algunas terapias parecen promisorias. Aunque pueden requerir una inversión de tiempo o dinero, es probable que planteen pocos riesgos. Aquí hay tres que vale la pena intentar.

Biorretroalimentación: el lazo mente-cuerpo

Los médicos asumieron mucho tiempo que no teníamos control sobre las funciones automáticas del cuerpo, como la respiración, los latidos y la regulación de la temperatura corporal. Por eso el sistema nervioso se clasificó en dos partes: la voluntaria, en la que pensamientos conscientes, digamos, hacen que sus dedos se muevan, y la autónoma, en la que el cuerpo, por sí solo, por ejemplo, hace que su corazón trabaje más rápido al estar en peligro o bajo tensión emocional. Se pensaba que los dos sistemas eran independientes y que no se comunicaban. Sin embargo, la biorretroalimentación ha mostrado que esos sistemas tienen una

Hay varias formas de biorretro-alimentación que miden diferentes cambios en el cuerpo. Un tipo registra el flujo sanguíneo en las extremidades, como manos y pies, midiendo la temperatura de la piel. Otro tipo sondea la ansiedad al medir cuánto transpira. Un tercer tipo rastrea la actividad muscular por medio de la actividad eléctrica de los nervios en las fibras musculares. Un cuarto tipo detecta la tensión emocional y otros estados mentales mediante la medición de las ondas cerebrales.

comunicación oculta que les permite influirse. La biorretroalimentación consiste en "conectar" a una persona a una máquina computarizada que registra las funciones corporales, como la transpiración o la actividad cerebral. Con entrenamiento, usted puede aprender a reconocer sus respuestas corporales y otros estados, y a ejercer un control consciente sobre ellos.

El Instituto Nacional de Salud de EUA ha visto que la biorretroalimentación es útil para más de 100 condiciones, y muchos estudios sugieren que es útil contra la diabetes y sus complicaciones. Por ejemplo, un estudio publicado en *Diabetes Care* halló que personas que usaron biorretroalimentación pudieron elevar la temperatura de los dedos de los pies al aumentar el flujo sanguíneo 22%. Otros estudios en diabéticos muestran que la biorretroalimentación reduce la tensión emocional y la presión sanguínea y, quizá como resultado, ayuda a estabilizar la glucosa.

Para sacar ventaja de la biorretroalimentación necesitará aprender técnicas de control con un profesional capacitado (pida a su médico una recomendación), pero una vez que la domine puede practicarla en casa.

Acupuntura: terapia con una punta

Según la medicina tradicional china, la razón por la que padecemos enfermedades como la diabetes es que sufrimos desequilibrios en el flujo de energía vital, o chi, a lo largo del cuerpo. Se cree que chi corre por un sistema invisible de meridianos, o vías de energía, que pueden ser influidas por la inserción de agujas muy delgadas en sitios específicos conocidos como acupuntos.

En Occidente, el tratamiento con agujas o acupuntura se ha calificado como charlatanería, al menos en parte debido a que el sistema de meridianos no corresponde con ninguna parte de la anatomía. Pero la acupuntura ha ganado cierto crédito en la medicina occidental; no es raro encontrar practicantes con título de médico, debido a que los estudios sugieren que en verdad puede aliviar ciertas condiciones, en particular la náusea y el dolor. (El tratamiento en sí puede irritar pero, por lo general, no duele.)

Mucha de la investigación sobre los efectos de la acupuntura en la diabetes viene de China, donde es más aceptada, lo que algunos médicos ven con escepticismo. En una revisión de estudios chinos publicada por un investigador en una universidad de Beijing, se halló que la acupuntura reduce los niveles de azúcar a la mitad, en promedio. También se ha visto que mejora síntomas de neuropatía y afección cardiaca. En Occidente, un estudio inglés halló que el 67% de pacientes tipo 2 con dolor crónico por neuropatía tuvieron un alivio significativo con la acupuntura.

Si está considerando probar la acupuntura, encuentre un practicante con licencia y espere unos 25 tratamientos (de dos a tres meses) para ver algún efecto.

Imanes: ¿una opción atractiva?

La idea de que los imanes influyen en la salud no es nueva: fue popular a principios del siglo xx, pero las imanoterapias se desacreditaron por falta de pruebas de su funcionamiento. Sin embargo, la idea ha comenzado a ganar adeptos de nuevo. Los tratamientos van desde sostener imanes junto a las áreas afligidas hasta acostarse sobre colchones magnéticos.

En el caso de la diabetes, no se cree que los imanes estabilicen la glucosa, pero hay algunas pruebas de que pueden ser útiles para aliviar el dolor de la neuropatía, en especial en las extremidades, como los pies. En un estudio piloto en el que 14 personas con neuropatía periférica usaron plantillas magnéticas en los zapatos por cuatro meses, mejoró 75% de los diabéticos (y 64% de todo el grupo) y algunos dijeron que su dolor desapareció por completo. Otros estudios han producido resultados similares, aunque estos hallazgos aún son preliminares.

Las teorías de que los imanes promueven la salud no son tan absurdas como parecen. Cantidades diminutas de energía magnética participan en una gran gama de procesos bioquímicos, desde la división celular e intercambio de energía hasta las fuerzas sutiles que unen los átomos del cuerpo. Se cree que los imanes tienen efectos terapéuticos al llevar sangre (que contiene hemoglobina rica en hierro) a áreas que necesitan más oxígeno y nutrientes, lo que afecta el flujo de iones que relaja las paredes de los vasos sanguíneos, o al estimular el sistema nervioso.

¿LA FUERZA VITAL?

Según la medicina tradicional china, la buena salud depende de un equilibrio del yin y el yang, aspectos positivo y negativo del chi, fuerza vital universal, la cual fluye por 14 meridianos en el cuerpo. ¿Hay algo allí? La investigación sugiere que los acupuntos tradicionales a lo largo de los meridianos difieren un poco de la piel circundante en sus propiedades eléctricas y magnéticas, y contienen concentraciones densas de vasos sanguíneos y nervios. Las pruebas de laboratorio en animales sugieren que la acupuntura libera endorfinas y otros mensajeros químicos que pueden aliviar el dolor.

9

Viva bien con la diabetes

La diabetes no sólo es un trastorno físico; como cualquier condición crónica, también es un reto emocional progresivo. Habrá varios momentos en los que enfrente ira, frustración y tal vez sentimientos de depresión y apatía, al verse consumido por tener que salir adelante con su enfermedad. Pero es imprescindible aprender a hacerle frente. También necesitará algunas habilidades para manejar la diabetes cuando esté enfermo o cuando salga de viaje. En resumen: no es necesario que la diabetes lo desanime o lo haga aminorar el paso.

La diabetes es crónica y tiene que vivir con ella el resto de su vida. Incluso requiere atención diaria, lo cual puede ser pesado. Pero no puede olvidar este punto importantísimo: aunque no debe negar los retos de la diabetes, no hay razón para que todos los aspectos de una vida agradable no sean tan remuneradores para usted como para cualquier otra persona.

La calidad de vida es importante en el cuidado de la diabetes. De hecho, podría afirmarse que es por la calidad de vida que hace todo para cuidar su condición, desde contar carbohidratos y caminar con regularidad hasta revisarse los pies en la noche y tomar dosis diarias de aspirina. Entre mejor se cuide es menos probable que tenga las complicaciones causantes de la mayor parte del sufrimiento de la diabetes. Cuando se trata de la glucosa, un mejor control es igual a una mejor vida.

No sólo son porras. Los investigadores estudian problemas de calidad de vida en diabéticos, cuando intentan ver cómo se vive bien con diabetes. Un estudio publicado en el *Journal of the American Medical Association* comparó la calidad de vida de personas con diabetes que controlan su glucosa con la de quienes no lo hacen. Aquellos con buen control tuvieron síntomas menos graves, se sentían mejor y se mostraban mentalmente más ágiles que el otro grupo. Como resultado, tendían a ser más productivos y se restringían menos en todos los aspectos de la vida.

Pero vivir bien con diabetes va más allá del control de la glucosa. También significa manejar sus emociones (una parte esencial si tiene diabetes) y contender con un montón de problemas prácticos día con día.

El factor sentimental

"¿Cómo se siente?" Es una pregunta que puede dirigirse en dos sentidos: el físico, que es en lo primero que piensa la gente, y el emocional, que es igual de importante. En efecto, un cuerpo creciente de investigación muestra que la salud mental y la física están relacionadas. Si usted es muy emotivo, es casi seguro que se reflejará en su salud.

Los estudios han encontrado, por ejemplo, que las personas que sufren emociones negativas como ira, depresión y ansiedad tienden a tener índices mayores de enfermedad cardiaca y una respuesta inmunitaria más débil que las personas con una perspectiva más positiva, consideraciones importantes para los diabéticos. Esto no significa que deba preocuparse por arruinar su salud si ya se siente mal. Pero poner atención a su bienestar emocional puede ayudarlo a mejorar.

¿Por qué la diabetes puede deprimirlo?

Quizá cualquier persona con diabetes esté de acuerdo con que tener una enfermedad crónica hace su vida más difícil que la de alguien sano (al menos en forma distinta). Aun así es interesante señalar que según un estudio reciente de personas con condiciones crónicas (incluidas diabetes, afección hepática y enfermedad gastrointestinal), aquellas que padecen diabetes tendieron a tener una mejor calidad de vida. Este estudio encontró que enfrentar a diario la diabetes, incluyendo tareas como hacerse pruebas y tomar medicamentos o insulina, no desconcierta tanto a las personas como podría esperarse. Resulta que la batalla real es con los problemas emocionales, psicológicos y sociales. Es fácil ver por qué esta enfermedad que amenaza la vida puede cobrar su cuota:

Nunca desaparece. La diabetes es para toda la vida. Aun cuando es posible demorar o evitar las consecuencias más debilitantes, saber que libra una batalla sin fin puede hacerlo sentirse fastidiado y derrotado.

A veces se oculta. La diabetes se considera una enfermedad silenciosa, invisible, en dos aspectos diferentes. Primero, aunque progrese puede no mostrar ningún síntoma, lo cual fomenta una sensación engañosa de no estar enfermo. Como resultado, puede encontrar tentador apartarse de sus planes de dieta, ejercicio o tratamiento. (O puede tener la impresión descorazonadora de que, haga lo que haga, la diabetes está acabando en secreto con su salud.) El otro aspecto oculto de la diabetes es que no es obvia para otras personas. En el exterior, todo en usted parece "normal" aunque, en el fondo, se da cuenta de que es diferente a los que lo rodean. Esto puede hacerlo sentirse socialmente inadaptado, en especial en los sitios donde se sirve comida.

Es inconsistente. Todo sería más fácil si la diabetes siguiera un mismo curso predecible para todos, pero no es así. Su enfermedad es distinta a la de otras personas (con base en los niveles de glucosa en la sangre, la función pancreática, la resistencia a la insulina y otros factores). Pero su propio caso de diabetes también está sujeto a cambios, al parecer erráticos. Por ejemplo, el azúcar en la sangre puede subir y bajar en respuesta a una amplia variedad de influencias, desde una enfermedad hasta la actividad física (por no mencionar los tratamientos de farmacología y de insulina), y puede ser difícil predecir cuándo podría bajar la glucosa y causar una crisis de hipoglucemia.

Enfrente sus emociones

La vida es en sí una montaña rusa emocional aun sin la carga de la diabetes, así que no siempre debe responsabilizar a su enfermedad de las altas y bajas. Incluso hacerlo lo hará sentirse más desamparado y fuera de control (y evitará que solucione problemas que no están relacionados con la diabetes). Pero es útil reconocer cuándo la diabetes aviva las llamas del sentimiento, y enfrentar las emociones.

El primer paso es reconocer que los cambios de ánimo son un fenómeno natural en la diabetes, aparte de los retos emocionales de manejar la enfermedad. Las variaciones en sus niveles de azúcar en la sangre pueden afectar su ánimo en forma directa. Los niveles bajos pueden ponerlo nervioso, irritable y ansioso, mientras que el azúcar alta puede hacerlo sentirse fatigado y deprimido. Esto quiere decir que lo que haga para controlar su azúcar en la sangre también tiene una retribución emocional. Aun así, espere contender con sentimientos negativos que no tienen que ver con el azúcar en la sangre, sino con tener diabetes.

Combata la depresión

Todos nos sentimos tristes alguna vez, y el sentido común sugiere que tener un padecimiento crónico es razón suficiente para estar deprimido. De hecho, las personas con diabetes tienen una probabilidad hasta cuatro veces mayor que el resto de la población de abatirse, y también pueden sufrir depresión. Todo esto sugiere que la depresión es normal si tiene diabetes. Pero usted no tiene que aceptar, ni debería, el estado de ánimo decaído como algo inevitable o fuera de su control.

🡒 **Esté alerta a los síntomas.** Lea los criterios de la depresión clínica (vea el recuadro, abajo) y acuda a su doctor si la padece. Su problema puede tener una causa fisiológica que se remedia, digamos, ajustando su medicación para la diabetes o retirándole fármacos que tengan efectos secundarios depresivos (incluyendo algunos para la presión arterial y antihistamínicos). Si no, su médico o psiquiatra pueden recetarle medicamentos antidepresivos que regulan ciertas sustancias químicas en el cerebro. Los ISRS (abreviatura de inhibidores selectivos de la recaptura de serotonina) son idóneos por su efectividad y porque tienen menos efectos secundarios que otros antidepresivos, aunque en algunas personas causan efectos secundarios como nerviosismo, insomnio, falta de apetito y disminución de la respuesta sexual. Los fármacos en esta clase incluyen fluoxetina (Prozac), paroxetina (Paxil) y sertralina (Altruline).

🡒 **Hable de ello.** Compartir sus sentimientos es una forma efectiva de quitarse una carga emocional de los hombros, razón por la cual la asesoría es un pilar del tratamiento para la depresión. Comience por hablar con un amigo o ser querido de lo que le está pasando. Garantícele que no tiene que tratar de resolver sus problemas, pero que usted podría sentirse bien si lo escucha.

🡒 **Socialice más.** Estar con otras personas en un ambiente social o un grupo, como un club, una organización voluntaria o

¡CUIDADO!

La depresión no sólo afecta su emotividad. Las personas que siempre se sienten tristes también tienden a tener hipertensión y son más propensas a la enfermedad cardiaca que otras predispuestas a ella. De igual modo, sentirse decaído puede disminuir su motivación para cuidarse, lo cual pone en riesgo su control de la glucosa en la sangre, y su salud general.

EL DIAGNÓSTICO DE LA DEPRESIÓN

Los doctores distinguen entre el abatimiento corriente que va y viene en respuesta a sucesos en su vida y la tristeza persistente de la depresión clínica, la cual puede rondarlo por semanas sin disminuir. Si usted tiene depresión clínica, los medicamentos pueden ayudarlo. Puede estar clínicamente deprimido si tiene cinco o más de los siguientes síntomas, al menos durante dos semanas seguidas:

■ Se siente triste, vacío, ansioso o irritable casi todo el tiempo.

■ Muestra poco interés o placer en la mayor parte, si no en todas, de sus actividades diarias.

■ Carece de energía.

■ Su apetito normal cambia o baja, o aumenta una cantidad significativa de peso.

■ Se siente agitado o lento en sus respuestas.

■ Se siente inútil o culpable.

■ Tiene problemas para dormir o duerme más de lo usual.

■ Se le dificulta concentrarse o tomar decisiones simples.

■ A veces se sorprende pensando en morir o suicidarse.

una congregación religiosa, puede hacerle olvidar sus problemas, alegrarlo y hacerlo sentirse menos solo.

⮕ **Apéguese al programa.** No deje que su ánimo decaído descarrile su programa de autocuidado, en especial en lo que se refiere al ejercicio regular. De hecho, se ha mostrado que la actividad física mejora la depresión leve o moderada.

⮕ **No beba.** El alcohol, debido a que es un depresivo, no ahogará sus penas, y en cambio las agravará. Beber en exceso, por supuesto, también añadirá calorías vacías a su dieta y quizá merme su autodisciplina.

Ataque la ira

La mayoría de las personas pasan por un ciclo predecible de emociones cuando les diagnostican diabetes, comenzando de manera típica con una negación ("esto no puede ser cierto"), que al fin da paso a la ira al percatarse de que la enfermedad es para toda la vida. Puede sentir que su cuerpo (o la naturaleza o Dios) lo ha traicionado, que su vida ha sido trastornada en formas que no puede controlar, o que no merece algo como eso y que no es justo.

Éstas son respuestas normales que al principio pueden ponerlo irritable por semanas e incluso meses. Conforme acepte gradualmente su diabetes y establezca una rutina de autocuidado, su ira puede calmarse. Pero también es posible que la ira persista, en especial si lo frustra su enfermedad. Por ejemplo, sus mejores esfuerzos para controlar la glucosa pueden no producir los resultados que desea. Puede resentir la intrusión de la diabetes en su rutina diaria o sentirse irritado por tener que cambiar sus patrones de alimentación o de actividades.

La frustración es parte de enfrentar la diabetes, pero la ira incontenible no es sana para sus relaciones, su salud mental o su cuerpo. Como con la depresión, la ira está vinculada con índices más altos de enfermedad cardiaca. Parece una emoción difícil de controlar, pero si está alerta y preparado para contender con los arrebatos de cólera, puede dominarla. Aquí tiene cómo hacerlo.

⮕ **Asuma la responsabilidad.** Progresar hacia la paz significa trabajar por lograr una actitud de aceptación, no sólo de la diabetes sino también de su cuota emocional. La diabetes puede ser frustrante y puede enfurecerlo. Éstas son realidades, y está bien reconocerlas como tales. Ello le permite dar un paso atrás y ver un panorama más grande en el que sus emociones no son abrumadoras ni están fuera de control, sino más bien son respuestas predecibles de las que puede comenzar a responsabilizarse. Parte de esta responsabilidad implica comprender de dónde viene su ira y no culpar injustamente a otras personas o circunstancias. Si permanece más calmado, los que lo rodean también lo estarán y quizá encuentre menos motivo para sus arrebatos.

⮕ **Busque patrones.** Trate de predecir cuándo es más probable que experimente sentimientos de enfado, frustración o furia. ¿Al esperar en largas filas para pagar con cajeros lentos? ¿Una persona en particular tiende a irritarlo? ¿Ciertos temas de conversación lo exasperan? Si no tiene idea de los momentos en que tiende a enojarse, trate de escribir lo que sucedió cada vez que se puso furioso, para ver si empiezan a revelarse los patrones. En algunos casos, conocer sus detonantes puede darle una mayor sensación de control. Y, por supuesto, puede ayudarlo a evitarlos.

⮕ **Ignore la carnada.** Un ejercicio que sugieren algunos expertos es pensar en sí mismo como un pez al que le ponen una carnada. En el anzuelo hay un detonante de su ira. ¿Se traga la carnada o reconoce lo que es y pasa de largo? Elegir de manera consciente no morderla le permite tomar el control de la ira rehusándose a permitir que otra persona o situación determine sus sentimientos.

⮕ **Cambie su mente de canal.** A veces, aun cuando enfoque su ira en forma racional, se irritará. En esos casos, trate de cambiar sus pensamientos. Si está que echa chispas atorado en el tránsito, escuche un programa de radio o un libro en casete. Repase mentalmente el juego de basquetbol o la película de la noche anterior. O bien, repita una frase en silencio, como "calma" o su oración favorita.

En busca de un antídoto para la ansiedad

Si está deprimido, es probable que también experimente ansiedad, pues las dos emociones suelen ocurrir juntas. Incluso si no está luchando con la melancolía, tener diabetes puede darle suficientes causas de preocupación. Para los principiantes, existe el temor de que las complicaciones deterioren su calidad de vida en

PÓNGALE UN ALTO A LA IRA

Según los expertos en medicina conductual de la Universidad Duke, puede calmar su rabia haciéndose a sí mismo cuatro preguntas acerca de lo que se la está provocando:

■ ¿Es importante?

■ ¿Mi reacción es apropiada?

■ ¿Puedo cambiar la situación?

■ Si puedo, ¿vale la pena hacerlo?

Si respondió "no" a cualquiera de estas preguntas, la única opción racional es calmarse. Aunque la ira no siempre es racional, obligarse a entrar en un marco mental objetivo, a menudo puede ser calmante.

el futuro. Aun si está haciendo un buen trabajo de supervisión y control de la diabetes, la naturaleza imperceptible de la enfermedad puede fomentar una sensación persistente de pavor.

Preocuparse por su diabetes es normal, y en cierto grado saludable, porque ayuda a motivarlo para seguir su plan de tratamiento. Pero la ansiedad a veces puede adquirir vida propia y volverse contraproducente y malsana. Si sus temores son más intensos de lo necesario, aparecen con frecuencia o persisten aun cuando las circunstancias ya no los justifiquen, pueden distraerlo de las mejores cosas de la vida, socavar su capacidad para manejar su enfermedad y paralizar el pensamiento más positivo. Para liberarse de las garras del temor:

⟳ **Consulte a su médico.** Recuerde que el nerviosismo y otros síntomas, como ritmo cardiaco acelerado, son signos de hipoglucemia al igual que la ansiedad, así que el primer paso es hacer que el doctor evalúe la historia reciente de su glucosa sanguínea. En algunos casos, un ataque de ansiedad podría requerir tan sólo un ajuste en su insulina o medicación. Si ése no es el problema, su médico puede referirlo a un profesional de la salud mental que pueda tratar su ansiedad con medicamentos.

⟳ **Replíquese a sí mismo.** La ansiedad puede cegarlo a las emociones positivas y causar que se enfoque sólo en las negativas y en catástrofes potenciales. Podría temer que un ligero desliz de sus metas para su azúcar sanguínea es el primer paso hacia la pérdida de la visión, o que si toma tiempo para hacer ejercicio, no terminará su trabajo y lo despedirán. Ponga atención a lo que los terapeutas llaman pensamientos automáticos, los cuales fijan el tono de su estado mental. Si tiende a ser negativo ("Esto no va a funcionar" o "No puedo manejarlo"), trate de ser objetivo y pregúntese si los resultados apoyan su pensamiento o si está equivocado. Vea los retos que superó con éxito en el pasado como prueba de que las cosas pueden salir mejor.

⟳ **Tenga un cuaderno junto a la cama.** Las preocupaciones pueden entrometerse en sus pensamientos en medio de la noche. Si la ansiedad lo mantiene despierto, tenga papel y lápiz junto a su cama para anotar lo que le preocupa. Trate de escribir pasos concretos para resolver sus preocupaciones; esto provee una sensación tranquilizadora de que abordó el problema. Dormir mejor hará que esté más fresco y vigoroso en la mañana, y esto puede ayudarlo a mantener sus ansiedades en perspectiva.

Ponga la tensión en su lugar

Mucha tensión emocional no es buena para nadie, pero es mala en especial para los diabéticos. Puede impedir el manejo de su enfermedad al frustrar sus intenciones de llevar una dieta, seguir su programa de ejercicio y pincharse el dedo en forma regular para vigilar la glucosa. Peor aún, hay muchas pruebas de que la tensión emocional puede elevar el azúcar.

Las hormonas liberadas cuando se está tenso o frente a un arma, en particular cortisol y epinefrina, bombean glucosa a la sangre desde el hígado para que el cuerpo tenga más energía para enfrentar el reto. Estas hormonas de la tensión pueden tener efectos perjudiciales. Un estudio reciente encontró que la tensión inhibe la capacidad de los vasos sanguíneos para expandirse, lo cual puede ser un factor en los ataques cardiacos.

La mejor forma de enfrentar la tensión emocional es evitar lo que lo ponga tenso. Pero como esto no siempre es posible, puede beneficiarse si sigue otros pasos:

⊃ **Invierta en las relaciones.** Numerosos estudios indican que rodearse de familiares y amigos amortigua la tensión mejor que cualquier otra cosa. El llamado apoyo social lo hace sentirse menos aislado y refuerza su sensación de control, lo cual por sí solo puede hacer la vida menos desalentadora. Cuando hable con sus seres queridos (en especial su cónyuge), evite los insultos y el lenguaje negativo; los estudios han hallado que ello puede producir un marcado aumento en las hormonas de la tensión emocional.

⊃ **Consiga un programa.** Su médico puede recomendarle un buen programa de manejo de la tensión. Un estudio publicado en 2002 halló que los diabéticos que participaron en dichos programas mejoraron de manera significativa sus resultados de hemoglobina A1c; suficiente para lograr el nivel de glucosa

¿LA TENSIÓN CAUSA DIABETES?

Hecho: La tensión libera hormonas como el cortisol.

Hecho: Las hormonas elevan la glucosa en la sangre.

Hecho: La tensión aumenta la grasa en el vientre.

Hecho: El azúcar alta y la grasa en el vientre contribuyen a la resistencia a la insulina y, con el tiempo, a la diabetes. Conclusión: la tensión emocional causa diabetes.

¿Es cierto? Es una idea controvertida y la respuesta no es clara. Un estudio holandés reciente, publicado en *Diabetes Care*, encuestó a más de 2,200 personas sin historial de diabetes y halló que las que reportaron muchas tensiones tuvieron mayor probabilidad de tener diabetes no diagnosticada. Pero la tensión de algunas fuentes significativas (sobre todo el trabajo) no pareció afectar los índices de diabetes, lo que cuestionó el efecto de la tensión.

en la sangre que ha mostrado que reduce el riesgo de varias complicaciones de la diabetes.

⮕ **Siga su fe.** Las creencias religiosas ayudan a poner las pruebas y tribulaciones de la vida en una perspectiva tranquilizadora o, si la fe no es algo para usted, le provee una oportunidad de recibir apoyo social a través del culto comunitario.

⮕ **Exprésese.** Los que escriben sus pensamientos en un diario tienden a sentir menos tensión e incluso resisten mejor la enfermedad. Sólo asegúrese de ser honesto acerca de lo que le moles-

---

CUATRO GRANDES ESTRATEGIAS PARA ALIVIAR LA TENSIÓN

Para domar la tensión es útil atajar sus dimensiones física y psicológica. Aquí hay algunos pasos importantes que puede dar, según Mark Abramson, cirujano especialista en manejo del estrés, que imparte cursos en el Centro de Medicina Integradora de la Universidad Stanford y en el Programa para el Mejoramiento de la Salud en la Escuela de Medicina de la Universidad Stanford:

❶ INFLE EL GLOBO

La respiración profunda calma rápido la respuesta física del cuerpo a la tensión. "Tres respiraciones disminuyen el ritmo cardiaco y la presión sanguínea", dice el doctor Abramson. "Es una herramienta muy potente, pero la gente por lo general no entiende cómo hacerlo bien." La mayoría respira en forma superficial, lo que expande el pecho, con el diafragma empujando hacia arriba. Sin embargo, las respiraciones más profundas deben hacer que el diafragma se mueva hacia abajo y expanda el vientre. "Imagine que debe llenar un globo en su vientre." "Cuando inhale aire, imagine que el globo se expande, y luego deje que salga con lentitud."

❷ CONTROLE SUS PENSAMIENTOS

La mayor parte de la tensión viene de preocuparse del pasado o del futuro. "Sentirá menos tensión si permanece enfocado en el presente, donde hay una cantidad limitada de cosas con las que tiene que tratar emocionalmente", dice el doctor Abramson. Empiece por reconocer y aceptar lo que siente en este momento, sin pensar en qué

hacer al respecto. "Quédese con lo que es ", explica el doctor. "Tendemos a pensar en oraciones continuas. Sólo piense: 'Estoy frustrado' y termine ahí la frase." Si su mente divaga al futuro, haga que vuelva al presente. Respirar hondo ayuda a permanecer centrado en el aquí y el ahora.

❸ PRACTIQUE LA ACCIÓN DE GRACIAS

Antes de comer, o siempre que le parezca apropiado, dé gracias. Este hábito fomenta una conciencia de lo que es bueno en el momento presente, y de cómo las cosas que damos por sentadas (como comida, un lugar para vivir, el lujo de una ducha cada mañana) son verdaderas bendiciones.

❹ SEA AMABLE CONSIGO MISMO

La mayoría de las personas se juzga con severidad, esforzándose por la perfección y castigándose por las fallas. "Dígase conscientemente: 'No tengo que ser perfecto'." "Ser indulgente consigo mismo no sólo aliviará la tensión del momento, también mejorará la forma en que trata a los demás, lo cual conduce a mejores relaciones y, a la larga, a una mayor reducción de la tensión."

ta: En un estudio reciente, las personas que se explayaron en el papel tuvieron mejoras en la función inmunitaria y las que reprimieron sus pensamientos tuvieron disminuciones.

El "agotamiento de la diabetes"

Aunque enfrentar la diabetes día y noche parece abrumador al principio, mucha gente se ajusta con gusto a un nuevo estilo de vida de autocuidado. Pero, con el tiempo, puede sentir fatiga y frustración, lo que algunos expertos llaman "agotamiento de la diabetes". Cuando se agota, puede sentirse enfermo y cansado de la rutina de la interminable diabetes, pero no deprimido. Como resultado, puede encontrar que su motivación comienza a menguar.

Aun cuando el agotamiento no causa cambios físicos en el cuerpo en forma directa, sentirse frustrado, a menudo porque siente que no progresa contra su enfermedad, puede tener un impacto en su salud. Puede empezar a disminuir su dieta, ejercicio, régimen de medicamentos o programas de autovigilancia.

Hablar con su doctor o con un consejero es su primer paso si el cuidado de la diabetes lo está desgastando. El médico puede hacer ajustes en su tratamiento: por ejemplo, menos inyecciones usando combinaciones diferentes de insulina, para aliviar su carga. Un consejero puede sugerir nuevas formas de pensar que alienten sus propósitos. Pero luego necesitará dar pasos por sí mismo para fortalecer su resolución.

➲ **Revise sus metas.** En algún punto de su tratamiento, usted y su equipo médico establecieron objetivos para su autocuidado, como el nivel de glucosa, la dieta y el ejercicio, con base en lo que pensaban que era conveniente entonces, pero puede ser tiempo de revisar su lista de objetivos con una mirada fresca. Piense que está empezando de nuevo. Sabiendo lo que no sabía entonces, ¿siente que sus metas son razonables? Sentir que cumple con sus objetivos es esencial para seguir motivado.

➲ **Evalúe su progreso.** Tal vez no ha progresado tanto como le gustaría. Pero sea objetivo respecto a lo que ha logrado. ¿Cómo ha mejorado su control de la glucosa en la sangre? ¿Qué ha ocurrido con su peso o su condición física general? ¿Ha logrado ser disciplinado con sus pruebas y al tomar sus medicamentos? Puede encontrar que lo ha hecho mejor de lo que pensaba. Por otra parte, su frustración puede ser una buena señal, pues significa que en realidad está motivado para hacerlo mejor.

⮕ **Identifique las áreas problema.** Si es como la mayoría de las personas, es probable que haya sido más efectivo con algunos elementos de su autocuidado que con otros. Pero no deje que su debilidad o falta de progreso en un área desvirtúe el panorama entero. Trate de aislar los aspectos de su cuidado con los que tiene más problema. ¿Es un reto controlar su apetito? ¿Olvida

tomar su medicamento o insulina? ¿Es una batalla constante encontrar tiempo para hacer ejercicio?

⮕ **Busque soluciones.** Una vez que identifique las áreas problema, comience a buscar soluciones. ¿Por qué se le dificulta tanto un reto particular? ¿Qué podría cambiar para hacerlo más manejable? Por ejemplo, si su plan alimentario es el problema, pida al dietista que le sugiera cambios para que las comidas sean más apropiadas para usted y sus preferencias personales. Si odia su entrenamiento físico, trate de hallar formas que combinen el ejercicio y la diversión, como unas clases de danza.

⮕ **Liste las fuentes de apoyo.** Recuerde que no está solo. Hable con otros diabéticos para tener perspectivas, ideas y aliento. Únase a un grupo de apoyo a diabéticos (pida a su doctor una recomendación), o trate de encontrar un grupo de charla en Internet en el que se sienta cómodo. Si usted sabe inglés, le recomendamos visitar grupos de apoyo en línea en el sitio web: www.joslin.org, en Internet, que pertenece al Centro de Diabetes Joslin, en Boston. Consiga amigos que se le unan en sus sesiones de ejercicio o que se mantengan al tanto de su progreso; saber que alguien está pendiente de su caso puede ayudar a estimularlo. Sería estupendo que la sociedad mexicana pudiera contar, como en otros países, con clubes en los centros comerciales, que animan a la gente a caminar en sus corredores equipados con clima artificial, seguridad y sanitarios. También haría falta tener un apoyo que premie el esfuerzo de los caminadores.

⊃ **No pierda de vista el premio.** Trate de permanecer enfocado en la calidad de vida que obtiene al controlar la diabetes y no se centre en lo negativo; o sea, en las complicaciones, que evita. Es una distinción sutil, pero acobardarse por temor a las consecuencias por lo general es un motivador menos efectivo que esforzarse por más alegría, libertad y flexibilidad en su vida.

Cómo pensar en la diabetes

Cuando tiene diabetes, sus actitudes van en dos direcciones que parecen opuestas. Por un lado, necesita que su principal prioridad sea el control de la glucosa, al grado de que su tiempo y sus actividades diarias se organicen alrededor de su rutina de autocuidado. Por otro lado, desea llevar una vida lo más normal posible. ¿La diabetes debe estar siempre en primer plano en su mente, o no debería insistir en ella?

Estas cuestiones representan un espectro con dos extremos malsanos. Uno es la negación (común en los primeros días después del diagnóstico), en la que no se percata o no acepta todos los cambios necesarios para hacerse cargo de la diabetes y asegurar una calidad de vida superior. El otro es la obsesión, en la que lucha desesperadamente por la perfección en todos los aspectos de su tratamiento, al grado que casi no piensa en otra cosa.

Debe incorporar un poco de ambos extremos en su actitud hacia la diabetes. Un poco de negación le permite apartar los pensamientos pesimistas de las complicaciones, de modo que pueda concentrarse en disfrutar su vida hoy. Y un poco de obsesión lo alienta a ser diligente respecto a su cuidado. Pero llevadas demasiado lejos, ambas perspectivas pueden amenazar su salud, pues la negación lo conduce a un mal control de la glucosa y la obsesión lo lleva al desaliento por un fracaso inevitable para lograr el control perfecto. Hallar el equilibrio depende en parte de la forma en que tome la vida en conjunto.

⊃ **Busque serenidad.** La frase de que debemos tener el valor de cambiar lo que podemos, la serenidad de aceptar lo que no podemos y la sabiduría para distinguir la diferencia se aplica en

particular a la diabetes. Es importante responsabilizarse de su enfermedad y hacer todo lo que esté en su poder para manejarla, pero debe abandonar la idea de que ejercerá un control total sobre la enfermedad, o sobre cualquier otro aspecto de su vida.

⮑ **Adopte la ambigüedad.** Si lucha con cuestiones como si debe considerarse enfermo o sano, o en control o a merced de su enfermedad, dé un paso atrás y pregúntese por qué es necesario tener todas las respuestas. Como ocurre con gran parte de la vida, el camino de la sabiduría puede ser tan sólo aceptar las ambigüedades inherentes a la situación.

⮑ **Conózcase.** La cuestión real respecto a cómo piensa en la diabetes puede ser cómo piensa en sí mismo. ¿Se ve como una persona enferma o como alguien cariñoso, creativo, ingenioso y apreciado por familiares, amigos y por la comunidad? Entre menos se defina por su condición, más fácil será ver las medidas que tome para controlar su diabetes como un trampolín para satisfacer los papeles de verdadera importancia en la vida.

El sexo y la diabetes

Cuando piensa en disfrutar de la vida y sus placeres, el sexo puede ser de lo primero que le venga a la mente. La buena noticia es que no hay razón para que no pueda tener una vida sexual plena y satisfactoria si tiene diabetes. Pero necesita entender cómo la enfermedad puede afectar diferentes aspectos de su sexualidad y su función sexual.

Primero tenga en cuenta que el acto sexual es físicamente vigoroso y quema calorías. Esto significa que, igual que el ejercicio, lo pone en riesgo de padecer hipoglucemia: un inconveniente, por decir lo menos. Para mantener estable el azúcar en la sangre, es sensato tomar lecturas de glucosa antes y después del sexo para saber cómo responde su cuerpo. Trate de tener una bebida azucarada o un pequeño bocadillo o bien, con la aprobación de su doctor, ajuste la dosis de insulina ante la perspectiva de la actividad sexual.

Sólo para mujeres

La sexualidad es compleja en las mujeres aun sin la interferencia de una enfermedad crónica, así que no es sorprendente que experimenten más efectos sexuales secundarios relacionados con la diabetes que los hombres. Pero no son insuperables. Entre ellos:

Flujos de glucosa en la sangre. Aunque no es una ley, muchas mujeres notan que su glucosa en la sangre se eleva antes del ciclo menstrual. Los investigadores sospechan (aunque no todos coinciden) que algunos flujos en las hormonas sexuales femeninas, como el estrógeno y la progesterona, hacen a las células temporalmente más resistentes a la insulina. Si sospecha que tiene este problema:

▶ Registre durante varios meses cuándo comienza su periodo, luego compárelo con sus registros diarios de glucosa en la sangre. Si encuentra una correlación distinta entre sus niveles de glucosa y su ciclo menstrual, hable con el médico para ajustar las dosis de insulina o de medicamentos.

▶ Considere otra causa. Algunos médicos piensan que la razón real por la que se eleva el azúcar antes de la menstruación es que los antojos e irritabilidad del síndrome premenstrual la hacen comer más, o en forma más errática, causando altas y bajas inusuales en los niveles de glucosa. Trate de comer a intervalos regulares para mantener estable su azúcar, y evite el alcohol y la cafeína, pues afectan su humor.

▶ Si toma anticonceptivos orales, pregúntele a su médico cuál es el adecuado para usted. Los anticonceptivos orales monofásicos, que contienen cantidades fijas de estrógeno y progestágeno, mantienen los niveles de glucosa en la sangre más estables que los trifásicos y los anticonceptivos de progesterona sola.

Resequedad vaginal. Las mujeres con diabetes a veces carecen de lubricación natural durante la excitación sexual, aunque esto no se limita a mujeres con la glucosa alta. Puede probar lubricantes con base de agua, disponibles en cualquier farmacia. Si el problema continúa, consulte a su médico; podría tener bajos los niveles de estrógeno, y ello puede solucionarse con crema de estrógeno tópica o terapia de reemplazo hormonal (TRH). Sin embargo, pondere la opción de TRH con cuidado: aunque alivia la resequedad, eleva el riesgo de otros problemas de salud.

Infecciones. El exceso de glucosa en la sangre fomenta el crecimiento de hongos y bacterias, lo que hace que las mujeres con diabetes sean más propensas a infecciones micóticas y vaginitis. Si tiene supuración vaginal o comezón, vea al médico para que le dé una crema fungicida o antibióticos.

Sólo para hombres

El sexo puede ser más sencillo para el hombre, pero la respuesta sexual masculina también es una mezcla compleja de mente y cuerpo que implica numerosos sistemas afectados por la diabetes.

La mayor dificultad para los hombres es la disfunción eréctil (o impotencia), incapacidad para lograr o mantener una erección, problema que a menudo ocurre con la edad y que difícilmente se limita a los diabéticos. En muchos casos, la causa es sólo física. La mala circulación impide que la sangre congestione las cámaras en el pene, y la afección nerviosa puede interferir con las señales relacionadas con la respuesta sexual. (Por suerte, los nervios que permiten el orgasmo rara vez se deterioran.) Pero también la depresión y la ansiedad pueden causar disfunción eréctil, y las dificultades sexuales pueden implicar una combinación de factores. Aquí hay algunos pasos que puede seguir:

⮕ **Limítelo.** Hable con el médico acerca de las posibles causas para que sepa cómo tratar el problema. Quizá haga falta ajustar alguno de los medicamentos. Muchos fármacos, incluyendo algunos para la hipertensión arterial, pueden interferir con la función sexual. Si ése no es el problema, ponga atención a los patrones: si la disfunción eréctil aparece y desaparece, llega de pronto u ocurre en algunas circunstancias pero no en otras, el problema podría tener un origen psicológico. Si pierde la función de manera gradual y consistente, es más probable que tenga una causa física.

SI USTED ESTÁ EMBARAZADA Y TIENE DIABETES

Tener un bebé cuando se padece diabetes es riesgoso para el bebé y para usted, pero muchas mujeres pasan el embarazo sin apuros.

Antes de concebir, hágase una evaluación minuciosa para descartar complicaciones de la diabetes, como retinopatía, daño renal, daño en los nervios e hipertensión, lo cual puede empeorar con el embarazo. Para evitar complicaciones y proteger la salud del bebé, debe prepararse para controlar el azúcar de una manera aún más rígida que antes. De 2 a 3% de los casos de mujeres con diabetes pueden tener bebés con defectos congénitos, pero esta cifra puede triplicarse si el control de la glucosa es sólo regular.

El control estricto no sólo reduce el riesgo de defectos congénitos sino que evita que el bebé crezca mucho, lo cual eleva el riesgo de problemas en el parto. Si tiene diabetes tipo 1, quizá necesite más insulina y tal vez desee aplicarla con una bomba. Si tiene tipo 2, no se recomiendan los medicamentos, así que deberá empezar o modificar un programa de insulina. Consulte al dietista para cerciorarse de que usted y el bebé obtengan una buena nutrición, y asegúrese de estar activa durante el embarazo, tanto para controlar el azúcar como para prepararse para el parto.

● **Pregunte por el Viagra.** El citrato de sildenafil (Viagra) induce erecciones que duran al menos una hora en alrededor del 80% de los pacientes. Si lo molestan los efectos secundarios, como dolor de cabeza, presión arterial baja y diarrea, existen otros medicamentos, aunque tienden a ser menos efectivos. Si tiene problemas cardiacos, quizá no pueda tomar Viagra.

● **Vaya a los extremos.** Si los fármacos orales no funcionan, pruebe alprostadil (Caverject), que relaja el tejido muscular liso del pene para aumentar el flujo sanguíneo, pero se inyecta por vía intravenosa. También hay otras inyecciones (papaverina, fentolamina). Las opciones no farmacológicas incluyen dispositivos de vacío (que usan un tubo que se bombea sobre el pene para irrigar sangre) e implantes quirúrgicos que son inflados por el hombre (o su pareja) cuando desea una erección.

Planee los días de enfermedad

Estar enfermo no divierte a nadie, pero es de cuidado en especial si tiene diabetes porque se puede desequilibrar la glucosa y ponerlo en riesgo de complicaciones a corto plazo. La mejor forma de enfrentar los días de enfermedad es planearlos antes de que lleguen. Hable con su médico, endocrinólogo y dietista para afinar los detalles de una estrategia que pueda poner en acción con rapidez la próxima vez que lo ataque un resfriado, una diarrea o cualquier otra cosa.

La enfermedad, al igual que la tensión emocional, despierta las defensas del cuerpo. Así, el hígado aumenta la producción de glucosa para proveer más energía. Al mismo tiempo se liberan hormonas que hacen a las células más resistentes a la insulina. El resultado es que la glucosa puede elevarse cuando se enferma. Los problemas graves que se presentan son:

▶ **Cetoacidosis.** Si la insulina disponible no es suficiente para mover la glucosa a las células (un problema con la diabetes tipo 1), el cuerpo agotará sus depósitos de grasa, liberando cetonas tóxicas y poniéndolo en riesgo de un coma.

▶ **Coma hiperosmolar no cetósico.** Cuando se eleva mucho el azúcar en pacientes tipo 2, el cuerpo trata de deshacerse de la glucosa a través de la orina, lo cual puede producir una grave deshidratación que puede llevarlo a un coma.

Para controlar la glucosa en la sangre cuando esté enfermo y sentirse mejor más rápido, siga estos pasos:

➲ **Aumente la vigilancia.** Será más importante que nunca vigilar los niveles de glucosa en la sangre, así que necesitará examinarse con más frecuencia de lo que acostumbra, al menos cada tres o cuatro horas. Si el azúcar se eleva más de 240 mg/dl, realice también un examen de cetona en la orina. Si los resultados de cetona son positivos o si el azúcar se mantiene en forma consistente por encima de 240 mg/dl, llame a su médico.

➲ **Cuide su alimentación.** La enfermedad disminuye el apetito (en especial si no retiene el alimento), pero debe comer para obtener la energía que necesita. Elabore con su dietista un menú para los días de enfermedad, adaptado a su plan alimentario, que incluya alimentos como harina de avena, pan tostado y sopa caliente, los cuales ofrecen una buena nutrición y son ligeros para el estómago. Si no le apetece una comida en forma, trate de comer pequeñas cantidades con frecuencia a lo largo del día.

➲ **Tome muchos líquidos.** Este consejo resulta peligroso cuando se padece diabetes, porque el agua es atraída por el exceso de glucosa y excretada en la orina, lo cual causa deshidratación. Beba una taza de líquido (incluyendo caldo) cada media hora más o menos. Si la falta de apetito le dificulta el consumo de comida para satisfacer sus necesidades de energía, beba sorbos de bebidas azucaradas, como refrescos no dietéticos, jugos de fruta o bebidas para deportistas en lugar de agua natural, para asegurarse de que ingiere al menos algunas calorías.

➲ **Siga con sus medicamentos.** A menos que su doctor indique lo contrario, es importante que siga con sus medicamentos o se aplique insulina aunque no esté comiendo. Incluso su médico puede sugerir que tome más insulina cuando esté indispuesto, dependiendo de las cantidades exactas de las lecturas de glucosa y de lo enfermo que esté. Aun si tiene diabetes tipo 2 y normalmente no se aplica insulina, es sensato tener a la mano un frasco de insulina de acción rápida en caso de que su médico la crea necesaria cuando lo ataque una enfermedad.

⮞ **Cuidado con los remedios.** Algunos medicamentos comunes que se venden sin receta médica, como los descongestivos con seudoefedrina, pueden elevar la glucosa. Consulte a su médico antes de tomar cualquier fármaco, remedio herbario o complemento dietético cuando esté enfermo.

⮞ **Esté alerta.** Vigile los signos de cetoacidosis (dolor estomacal, vómito, dolor en el pecho, dificultad para respirar, debilidad, somnolencia, aliento afrutado y visión borrosa) y de deshidratación (sed extrema, boca seca, labios partidos, ojos hundidos, confusión mental y piel seca), y llame al médico de inmediato si tiene cualquiera de esos síntomas.

De viaje con la diabetes

Si siempre ha considerado casi un derecho de nacimiento hacer sus maletas y partir (por carretera, tren o avión) cuando se le antoja, por suerte no hay razón para que la diabetes le impida viajar, con tal que tome algunas precauciones razonables para asegurarse de que mientras se escapa, su glucosa en la sangre no le hará una mala jugada.

Su lema debe ser "Planear con anticipación". Dígale a su médico su itinerario. Dependiendo del tiempo que estará fuera, puede mandar hacerle un examen completo antes de que salga. Y para asegurarse un viaje tranquilo, tome en cuenta estos consejos.

⮞ **Tenga a la mano sus artículos para el control de la glucosa.** Si viaja en avión, guarde medicamentos, insulina, jeringas, tiras de prueba, lancetas, tiras de cetona y otros materiales en su maleta de mano para evitar que se pierdan. Considere llevar materiales extra en su maleta registrada. Asegúrese de que todos los medicamentos tengan las etiquetas originales de la farmacia.

⮞ **Lleve bocadillos.** A dondequiera que vaya, lleve tentempiés, como manzana, barras de cereal, plátano, pasas, queso y galletas, en caso de que su glucosa baje y no tenga acceso inmediato a otro alimento. Si come sus bocadillos en el camino, reponga sus suministros tan pronto como pueda.

⊃ **Anticípese a la seguridad del aeropuerto.** La seguridad en los aeropuertos ha aumentado mucho y sus suministros pasarán por una revisión minuciosa. Pero la administración de los aeropuertos (por presiones de tiempo) permite abordar un avión con jeringas y equipo de administración de insulina siempre que documente que tiene una necesidad médica legítima de ellos. La carta de su médico lo ayudará, pero no bastará. Asegúrese de llevar los frascos de insulina en cajas que tengan etiquetas farmacéuticas impresas y, una vez que las use, consérvelas. (No abra su equipo de Glucagon a menos que lo necesite.) También puede llevar lancetas a bordo, siempre que estén tapadas, y un glucómetro con el nombre del fabricante impreso en él. Estas normas están sujetas a cambios, y algunas aerolíneas pueden tener reglas más estrictas, así que debe llamar antes para averiguar las políticas actuales antes de partir.

⊃ **No olvide la comida.** Si va a volar o a hacer un viaje largo por tren, llame al transportista unos días antes y pregunte qué comidas especiales tienen para personas con diabetes o afección cardiaca (puede haber más de una opción de donde elegir). Cuando esté en camino, espere a que comience de verdad el servicio de comida antes de tomar la insulina previa a la comida, para asegurar que no le baje la glucosa en la sangre si el servicio

NO ESPERE MÁS

Empacar siempre es un reto, pero es un reto aún mayor cuando se tiene diabetes. Siga estos consejos antes de partir.

⊃ Cuando se trata de provisiones, como medicamentos, insulina, tiras de prueba y lancetas, la regla es: empaque el doble de lo que cree que necesitará. Es más fácil llevar extra que conseguir más en el camino.

⊃ Pídale a su médico que le dé recetas por si necesita reabastecerse mientras está fuera. También es buena idea que le dé una lista de sus medicamentos y una carta con los detalles de su condición, de modo que tenga toda la información que necesita para

explicar su historia en caso de que tenga que ver a un doctor mientras está de viaje.

⊃ Pida a su médico que le recete un equipo de Glucagon, que contiene una dosis de emergencia de una hormona que alguien que esté con usted pueda inyectarle, para hacer que el hígado libere glucosa en caso de un ataque hipoglucémico que le impida tragar o lo haga perder el conocimiento.

⊃ Si aún no tiene uno, consiga un brazalete o un collar de identificación médica que alerte a las personas que usted tiene diabetes y provea un número telefónico al cual llamar en caso de emergencia.

es lento o se cancela en forma imprevista. Si viaja en automóvil, trate de apegarse a su horario normal de comidas para mantener estable su glucosa. Si no es posible, lleve tentempiés y esté alerta a los síntomas de azúcar baja, como nerviosismo, transpiración e irritabilidad. Si siente que se aproxima una crisis hipoglucémica, oríllese de inmediato y tome una píldora de azúcar o coma algo. Espere al menos de 10 a 15 minutos hasta que pase la sensación, antes de continuar.

◗ **Considere la zona.** Viajar a través de diferentes husos horarios puede trastocar su horario normal de insulina y comidas por completo, pero puede compensar la desorganización si es cuidadoso. Cuando añade horas a su día viajando al oeste, puede necesitar tomar más insulina. Cuando pierde horas al viajar al este, puede necesitar menos. Consulte con su médico las recomendaciones específicas. En cuanto al horario de sus inyecciones y comidas, mantenga su reloj con la hora de su casa mientras viaja hasta su destino, luego cambie su reloj, y su horario, a la hora local, la mañana siguiente a su llegada.

◗ **Organícese al ir al extranjero.** Si sale del país, debe saber que la insulina que encuentre en el extranjero puede venderse en potencias distintas que la insulina disponible en México, que la ha estandarizado en una dosis conocida como U-100. Cada potencia de insulina (como U-40 y U-80) requiere jeringas especiales. Llenar un tipo diferente de jeringa con insulina mexicana hará inexacta su dosis. Lo mejor que puede hacer es apegarse a sus propios suministros. Si compra insulina de potencia diferente, compre jeringas adecuadas.

EJERCÍTESE EN EL CAMINO

Es duro mantenerse físicamente activo cuando se viaja, pero no imposible. Trate de mantener su cuerpo en forma planeando con anticipación y aprovechando las oportunidades:

■ Si su hotel no tiene gimnasio, pregunte si provee acceso a un club de salud local. Si la respuesta es no, pregunte cuáles gimnasios hay en el área y vea si puede hacer arreglos por su cuenta, o reserve en un hotel que tenga más facilidades.

■ Lleve ropa cómoda para caminatas o ejercicios improvisados: camisetas, shorts, calcetines y zapatos deportivos. Lleve traje de baño por si el hotel tiene alberca.

■ Lleve aparatos de ejercicio ligero que pueda usar en su cuarto, como cuerda para saltar, banda elástica de resistencia (de venta en tiendas deportivas) o un video de aeróbics.

■ Si su viaje es de negocios, use zapatos para caminar elegantes, en lugar de zapatos de vestir más formales, y camine durante los recesos o antes de su primera junta.

■ Aproveche los retrasos de los vuelos para caminar por la terminal aérea. Al hacer conexiones, no use las aceras móviles: mejor recorra a pie las distancias.

10

Avances del futuro

Aún está fuera de nuestro alcance una cura para la diabetes, pero no por mucho tiempo si los avances y progresos tecnológicos marchan al ritmo actual. La investigación proporciona nuevas perspectivas acerca de la enfermedad y sus causas. Nuevos medicamentos y operaciones indicarán cómo tratarla. Usted podrá tener en sus manos un inhalador de insulina y un sistema mecánico que funciona como un páncreas artificial. Hay incluso un nuevo giro tentador sobre trasplantes de las células de los islotes de Langerhans, que virtualmente eliminarían de raíz la enfermedad.

Imagine que no tuviera ningún tratamiento para la diabetes: ni insulina ni medicamentos para controlar la glucosa en la sangre, ni cirugías de alta tecnología para las complicaciones en ojos y riñones, y pocas esperanzas de una vida sana y larga. No suena bien; sin embargo, las personas del periodo de la Segunda Guerra Mundial tuvieron que conformarse con esas condiciones. Este libro muestra la rapidez de las innovaciones para atender la diabetes.

Debido al aumento en la incidencia de diabetes, ha sido más urgente comprender el funcionamiento de la enfermedad y encontrar nuevos tratamientos efectivos. Como resultado, los investigadores logran avances continuos que hacen mucho más alentador el futuro de los pacientes diabéticos. Aunque gran parte de la atención de la diabetes aún estará en manos de los pacientes (como la dieta y el ejercicio), puede esperar un arsenal de nuevas herramientas en los próximos años. Se puede decir que el futuro ya está aquí. Considere algunos de los avances importantes logrados en los últimos cinco años:

▶ Medicamentos para la glucosa alta, como Glucobay y Diastabol, los inhibidores de la alfa-glucosidasa, la combinación de Glucovance, Prandin y Starlix, que son de acción rápida.

▶ Nuevos tipos de insulina que proporcionan más opciones para mantener estable la glucosa en el día y después de las comidas. Éstos incluyen la nueva insulina glargina (Lantus), que permanece activa 24 horas, el lispro de acción rápida y la insulina aspart, que empiezan a actuar cinco minutos después de haberlos tomado.

▶ Nuevos métodos para verificar la glucosa, como la lanceta láser, que analizan el azúcar en la sangre sin tener que pincharse un dedo. En especial el GlucoWatch, un dispositivo que se coloca en la muñeca y que extrae la glucosa a través de la piel mediante la corriente eléctrica. El GlucoWatch analiza la muestra y calcula el nivel de glucosa en la sangre.

Formación en el presente

Pocos adelantos médicos surgen de la nada, pues la mayoría de ellos se desarrollan con base en un trabajo previo. Esto significa que los investigadores no se sientan en sus laureles luego de haber tenido logros, sino que continúan con nuevas perspectivas y desarrollos. Esto es parte de lo que veremos en años futuros:

Nuevas insulinas. "Durante algunas décadas carecimos de una buena insulina basal (como la insulina glargina)", comenta el doctor Richard Hellman, profesor de medicina clínica en la Escuela de Medicina de la Universidad de Missouri, en Kansas City, y miembro del consejo de la Asociación Norteamericana de Endocrinólogos Clínicos. "Ahora la tenemos. Y quizá contemos con más de este tipo de insulina, porque las empresas farmacéuticas aumentarán su participación en este mercado." Esto y la competencia entre compañías, que ayuda a frenar el costo de los medicamentos, ofrecen más opciones para los pacientes.

Más control sin dolor. Las compañías buscan formas de obtener lecturas de glucosa en la sangre sin tener que pincharse el dedo con una lanceta. Una de ellas es el análisis del fluido intersticial, un líquido claro que rodea las células y se encuentra debajo de la superficie de la piel. (Las lecturas de glucosa del fluido intersticial no son iguales a las lecturas de sangre, pero los glucómetros traducen la diferencia.) Otro sistema, que aún está en pruebas clínicas, usa rayos láser para crear hoyos microscópicos en la piel y succionar el fluido intersticial a través de un tubo que llega a un glucómetro portátil. También está el Sistema de Monitorización Continua de Glucosa SonoPrep, que usa dos dispositivos: uno de ultrasonido de baja frecuencia para romper la capa externa de la piel, y otro que se oprime contra la piel y succiona el fluido. El único fin es analizar la glucosa por medio de un proceso noble. Un aparato prometedor (que no estará pronto en el mercado) dirigirá un rayo de luz a través de tejido delgado, como el del lóbulo de la oreja o la membrana de un dedo, y analizará la sangre mediante la medición del espectro de luz.

Nuevos estándares para el cuidado. Sin importar los avances que se intentan lograr en fármacos o tratamientos para las complicaciones, la forma más importante de tratar la diabetes seguirá siendo el control de la glucosa en la sangre. Los estudios continúan ilustrando cómo la glucosa eleva el riesgo de diabetes, enfermedad cardiaca y complicaciones, y la comunidad médica intenta crear normas de atención más estrictas. La Asociación Norteamericana para la Diabetes (ADA) recientemente disminuyó el límite del nivel de glucosa en plasma en ayunas para el diagnóstico de diabetes, de 140 mg/dl a 126 mg/dl. La

Asociación Norteamericana de Endocrinólogos Clínicos sugiere fijar los niveles de hemoglobina A1c en 6.5% y no en el nivel actual de la ADA, de 7%. No es sólo materia de semántica: "Disminuir su A1c con dieta y ejercicio puede hacer innecesarios los nuevos medicamentos y terapias", señala el doctor Hellman.

La futura transfusión de insulina

Si usa insulina, es posible que en su lista de deseos esté encontrar otra forma, además de la inyección, de introducirla en el cuerpo, y crea que los científicos se esfuerzan por lograrlo. Esto puede parecer una tarea difícil si consideramos que las inyecciones han sido el único sistema disponible en más de 80 años para administrar la insulina. Aunque hay desafíos, pronto pueden surgir nuevas alternativas.

SABÍA USTED

El problema de introducir insulina en los pulmones mediante un inhalador es que la mayoría del medicamento (90%) se queda pegado en la garganta y nunca llega a su destino. Se necesitarían dosis mayores para compensar el problema.

Muchos métodos (incluyendo gotas en los ojos, supositorios rectales y píldoras de cera colocadas bajo la piel) se han probado sin éxito a través de los años, pero los investigadores aún tienen ideas. Al menos, un sistema prometedor sin aguja está en la última etapa de pruebas clínicas y parece que obtendrá la aprobación de la FDA. Esto es lo que hay que esperar.

Un suspiro de alivio. Saldrá al mercado un tipo de insulina en polvo, que se absorbe en los tejidos permeables de los pulmones con ayuda de un inhalador similar al que se usa para el asma. Se considera que es una alternativa muy viable, pues es efectiva y ya se probó en seres humanos. Los estudios indican que la insulina inhalada controla la glucosa en la sangre tan bien como las inyecciones de acción rápida en personas con diabetes tipo 1, y mejora el control de la glucosa en pacientes tipo 2, que sólo tomaban medicamento. Algunas personas que usaron el inhalador en las pruebas no tuvieron un buen resultado en una prueba de funcionamiento pulmonar, y otras desarrollaron tos ligera o moderada. "El inhalador está próximo, pero la investigación se prolongó; mientras, la FDA estudia con detalle cómo afecta los pulmones", dice la doctora Carol J. Levy, profesora asistente de medicina en el Hospital Presbiteriano de Nueva York. No obstante, se harán pruebas adicionales. Si no se presentan problemas de seguridad, la FDA podría aprobarlo en 2003.

Exploración de la insulina oral. Los investigadores se estancaron durante años en sus intentos por desarrollar insulina de administración oral, debido a que la hormona se descompone durante la digestión y no es posible que llegue al torrente sanguíneo. Algunas opciones en el desarrollo de las pruebas pueden librar esta barrera. En Estados Unidos y Europa se estudia un método para cubrir las pastillas con una capa de resina o plástico que se descomponga después de que el medicamento llegue a la sangre. Hay otro método que sugiere usar un parche en la nalga o un aerosol que permitan absorber la insulina.

Uso de mensajeros moleculares. Para las próximas décadas está la idea de cargar insulina en moléculas diseñadas llamadas nanocápsulas (pequeñas esferas de silicón huecas y cubiertas de oro). Éstas se inyectarían en el cuerpo con un láser infrarrojo manual que calentaría las nanocápsulas, para que liberen pequeñas cantidades de insulina. En teoría, cada nanocápsula proporcionaría insulina durante meses, sin necesidad de usar agujas.

La frontera de la enfermedad

Los investigadores tienen mucho que aprender sobre la diabetes y su prevención. En la diabetes tipo 2, no queda claro por qué el cuerpo se vuelve resistente a la insulina o por qué la obesidad causa riesgos. En la diabetes tipo 1, que se atribuye en parte a los genes, los detonantes ambientales de la enfermedad son un misterio.

Éstas son algunas formas en las que los investigadores intentan llegar a la raíz de la diabetes y mejorar su prevención y tratamiento.

El estudio AHEAD. Durante la próxima década, los investigadores de 16 centros fundados por los institutos nacionales de la salud harán un estudio llamado Look AHEAD (Acción para la Salud en la Diabetes), que comparará un programa de medidas intensivas en el estilo de vida (dieta y ejercicio, sobre todo para perder peso) con un enfoque menos disciplinado que da apoyo general y educación, y no sólo será un programa para perder peso, para personas de más de 45 años con diabetes tipo 2. Con este estudio se sabrá cómo la pérdida de peso influye en la mortalidad por enfermedad cardiovascular.

UN PRONÓSTICO DE DIABETES

Un descubrimiento alentador de la Prueba de Prevención de Diabetes Tipo 1 fue que la presencia de cierto tipo de anticuerpos, los antígenos leucocitos humanos, está asociada con el desarrollo de la diabetes tipo 1. Casi todos estos antígenos protegen el cuerpo, pero unos eligen los productos de las células de los islotes en el páncreas, como la insulina. "Al observar antígenos específicos, se sabe con precisión si es probable que alguien padezca diabetes tipo 1 en los próximos tres años", dice el doctor Richard Furlanetto (Fundación para la Investigación de Diabetes Juvenil).

El poder de la insulina. Aunque controle su glucosa con insulina, es difícil lograr resultados perfectos. Algunos desafíos son: la glucosa suele aumentar demasiado luego de las comidas y bajar mucho cuando no come (y si el control es bueno, tiende a ganar peso). Y aparece la amilina, una hormona liberada por las células beta en el páncreas, al mismo tiempo que se secreta insulina. Las personas con tipo 1 y tipo 2, que requieren insulina, son deficientes en amilina. Esto guió a los investigadores para tratar de estabilizar la glucosa en la sangre con amilina sintética, llamada pramlintide. Ésta evita la secreción de otra hormona (glucagon) que aumenta la glucosa en la sangre y entorpece la digestión al hacer lento el paso de la comida del estómago al intestino delgado. Las pruebas clínicas son alentadoras: en un estudio de un año con 538 personas con diabetes tipo 2, las que se inyectaban pramlintide con las comidas bajaron los niveles de hemoglobina A1c con la misma dosis de insulina, o sufrían de hipoglucemia y perdían peso.

Medidas preventivas. Los estudios en animales indican que al tomar pastillas de insulina dos veces al día se podría prevenir la diabetes tipo 1 en personas con riesgo de desarrollarla. La Prueba de Prevención de Diabetes Tipo 1 probó la idea en 400 personas. Resultado: no funciona. No obstante, los investigadores abrazan la idea de que si el cuerpo se expone a insulina suplementaria, se capacita al sistema inmunitario para que no ataque al páncreas. (El objetivo de las píldoras de insulina en estos experimentos no es disminuir la glucosa en la sangre.) Una nueva fase del estudio hace pruebas en personas con riesgo menor de desarrollar diabetes tipo 1, pero los resultados se obtendrán en 2004. Los investigadores hacen pruebas similares con insulina modificada. "Buscamos una vacuna para la diabetes", dice el doctor Richard Furlanetto, director científico de la Fundación para la Investigación de Diabetes Juvenil, "y hay muchas ideas acerca de cómo lograrlo".

Revelación de secretos con medicamentos. Muchos fármacos se desarrollan en "orden inverso", pues los científicos no entienden por qué actúan. La efectividad de un medicamento da indicios sobre los mecanismos de la enfermedad. En el caso de la diabetes tipo 2, los científicos examinan las tiazolidinadionas o glitazonas, fármacos que ayudan a disminuir la glucosa al hacer más sensibles las células a la insulina. "La resistencia a la insulina es una característica clave de la diabetes tipo 2", comenta el doctor Furlanetto. "Las glitazonas son interesantes porque no sólo tienen efectos benéficos en un tipo de célula, sino que actúan sobre la grasa, el hígado y las células musculares afectados por la diabetes." Mediante el estudio de las glitazonas, los investigadores podrían desarrollar mejores medicamentos en el futuro.

En busca de detonantes. Si se parte de que el origen de la diabetes tipo 1 es genético, los factores ambientales tendrían un papel, pero, ¿cuáles son los factores? Una teoría es que la ingestión de leche de vaca a temprana edad hace más susceptibles a los niños a la diabetes, quizá por la similitud de proteínas entre la leche y las células beta pancreáticas. Un estudio internacional en Europa, TRIGR (prueba para reducir la diabetes en personas genéticamente en riesgo), analiza esta idea mediante los índices de diabetes en niños amamantados los primeros seis meses de vida, comparados con los de niños expuestos pronto a la leche de vaca. Los resultados preliminares indican menos riesgos en los que beben poca leche de vaca. Otros estudios indagan si virus como el coxsackie (que causa enfermedad en manos, pies y boca, común en la infancia) aumentan el riesgo de diabetes tipo 1.

Genes defectuosos. La investigación intenta localizar los genes responsables de la diabetes, que regulan funciones como la producción de insulina o que contribuyen a las complicaciones. Un equipo internacional de investigadores, llamado Consorcio para la Genética en Diabetes Tipo 1, reúne información de familias de todo el mundo y la analiza para indicios sobre los genes que contribuyen al tipo 1. Los institutos nacionales de la salud hacen un estudio similar sobre la diabetes tipo 2. Un estudio llamado GoKinD (Genética de Riñones en Diabetes) intenta encontrar genes relacionados con la nefropatía diabética o daño renal.

La comprensión de la genética en la diabetes tendría utilidades ilimitadas en nuevos medicamentos y terapias. Los investigadores del Centro de Diabetes Joslin, en Boston, anunciaron el aislamiento y clonación del tercero de tres genes considerados responsables de regular la producción de insulina de las células beta en el páncreas. Los investigadores creen que pueden usar dichos genes para crear células, aparte de las beta, para fabricar insulina. Quizá esas células con modificaciones genéticas puedan implantarse en personas para sustituir las células beta.

Péptidos. Estos fragmentos de proteína regulan algunos procesos en el cuerpo que contribuyen a la diabetes tipo 1 y los científicos trabajan en ellos para desarrollar terapias para tratar la enfermedad. La droga DiaPep277 busca evitar los ataques en el páncreas al desencadenar la liberación de citocinas, hormonas que regulan las células del sistema inmunitario y detienen el progreso del tipo 1 recién diagnosticado. En estudios en animales y pruebas preliminares en personas, el DiaPep277 preservó la función de la insulina sin afectar la habilidad del sistema inmunitario de proteger al cuerpo de las infecciones.

Alto a la destrucción. Las células T son soldados aptos para la defensa del cuerpo contra invasores y enfermedades, pero si atacan las células beta productoras de insulina en el páncreas (por motivos desconocidos), causan diabetes tipo 1. Doce pacientes recién diagnosticados con el tipo 1 fueron tratados con un anticuerpo que evita el aumento de células T. Resultados en *The New England Journal of Medicine,* en mayo de 2002: en 14 días de tratamiento, nueve de los pacientes que recibieron el anticuerpo mantuvieron o mejoraron la producción de insulina luego de un año, comparado con sólo dos pacientes en un grupo de control que no recibió el anticuerpo. La mayoría de los diabéticos tipo 1 perdió el 80% de las células beta a la hora del diagnóstico. Los científicos creen que al combatir las células T se preserva el 20% de la capacidad para producir insulina en pacientes tipo 1 recién diagnosticados; un buen margen para controlar la glucosa.

Trabaje para perder peso

Mantener un peso bajo es un factor importante para controlar la diabetes tipo 2, pero no se sabe bien cómo el cuerpo regula el apetito, el metabolismo, la acumulación de grasa y otros factores. Como los índices de obesidad en Estados Unidos continúan en aumento, junto con la diabetes, ese gobierno lanzó campañas de educación pública para que se preste atención a los peligros de la obesidad. Los investigadores trabajan para crear nuevas herramientas para el control de la región abdominal.

El principio para bajar de peso no cambia: para perder kilos necesita quemar más calorías de las que ingiere. Esto es difícil para muchas personas porque el cuerpo parece programado para mantener un peso consistente. Los investigadores buscan entender cómo funcionan los controles internos del cuerpo. Éstas son algunas percepciones recientes.

Genes de "grasa". Lo que hace (o no hace) tiene mucho que ver con cuánto pesa, pero también es evidente que la obesidad es cuestión familiar. Según algunos cálculos, entre 40 y 70% de la masa corporal y la formación de grasa en el abdomen lo determinan los genes. Ahora que se delineó el genoma humano, los científicos tratan de enfocarse en los genes (y es probable que sean muchos) que contribuyen al control del peso. Un desarrollo interesante fue el descubrimiento de un defecto genético que controla la producción de una hormona recién identificada que regula el apetito, llamada leptina. Los investigadores buscan grupos de genes en dos cromosomas diferentes que pueden predisponer a las personas a la grasa abdominal y a la resistencia a la insulina. Se espera determinar cómo interactúan entre sí los genes relevantes y poder crear medicamentos que corrijan las fallas que afectan la grasa en la estructura genética individual.

Eficacia de la leptina. Los defectos genéticos quizá no sean la influencia más importante sobre la leptina. Casi todas las personas obesas tienen muchas hormonas de leptina, pero parece que no las ayudan a indicarles cuándo está satisfecho el apetito.

Los investigadores no están seguros, pero quizá tengan otra pieza del rompecabezas. En un estudio en el Centro Médico Diaconiano Beth Israel de Harvard, los científicos identificaron una proteína que al parecer ayuda a regular señales que permiten que la leptina actúe. La proteína tiene dos efectos importantes: hace que los ratones de laboratorio permanezcan delgados, incluso si se alimentan con una dieta grasosa, y aumenta la sensibilidad a la insulina. Esto convierte la proteína PTP1B (fosfatasa 1B de proteína tirosina) en un agente poderoso contra la obesidad y la diabetes tipo 2. Esta investigación, costeada por los institutos nacionales de la salud y la Asociación Norteamericana para la Diabetes, aún no pasa de las pruebas con animales, pero da una base para más estudios.

Supresión del apetito. Todos sueñan con una píldora que actúe como un interruptor y quite el apetito. No es probable que un solo agente químico lo logre, pues la necesidad de comer está regulada por un proceso bioquímico complejo en el que intervienen muchos jugadores. Los investigadores intentan identificarlos y enfrentarlos.

Un candidato descrito en la revista británica de ciencia *Nature* es la molécula OEA (oleyleth-anolamida). Los niveles de OEA en el intestino aumentan al comer. Los científicos creen que el compuesto desencadena sensaciones de saciedad que hacen que se deje de comer. En estudios en la Universidad de California, las ratas que tomaban OEA disminuían el consumo de comida y su peso. Una compañía francesa desarrolló una droga químicamente similar y ya se prueba en personas.

Otro prospecto es el compuesto C75, que disminuye el apetito al afectar a la vez varias sustancias químicas en el cerebro. Las ratas de laboratorio obesas inyectadas con C75 comieron menos incluso después de ayunar, según un estudio de la Escuela de Medicina de la Universidad Johns Hopkins. El compuesto aumenta el metabolismo y hace que los animales quemen más energía, lo que significa que ayuda a perder peso al disminuir y quemar calorías. Las pruebas en personas se harán en tres años.

La obesidad y el cerebro. Si usted ha visto fotografías de personas extremadamente delgadas por el consumo de heroína, entonces tiene una imagen de lo que hacen los narcóticos: además de dañar su mente, quitan el apetito y hacen que pierda peso. Dañar la mente y el cuerpo no es un camino hacia la buena salud. Los científicos hallaron el vínculo entre la pérdida de peso y las sustancias químicas en el cerebro que producen placer. La dopamina, un neurotransmisor producido al satisfacer necesidades como el sexo y el hambre, es de gran interés. Investigadores del Laboratorio Nacional Brookhaven descubrieron que la gente obesa tiene menos receptores en las células para la dopamina, que las personas con peso normal. Se cree que comer en exceso es causa de una mayor necesidad de estimulación para producir satisfacción. Implicación: otras actividades que aumentan la dopamina en el cerebro (como el ejercicio) calman los antojos.

Más estudios de esos investigadores muestran otra diferencia en la gente obesa: las áreas del cerebro que procesan señales sensuales de la comida (boca, labios y lengua) son más activas que en las personas con peso normal. Esto aumenta la posibilidad de que las drogas que hacen menos apetitosa la comida ayuden a perder peso, a pesar de los puntos activos del cerebro.

Control de complicaciones

Si sigue todos los consejos de este libro, sus herramientas para evitar complicaciones futuras serán muchas, incluso sin más avances médicos. Los desarrollos más importantes para prevenir el daño de la diabetes continúan enfocados en comprender que un control rígido de la glucosa en la sangre reduce sus riesgos. Los investigadores buscan formas de minimizar el impacto de la diabetes en su salud, incluso si la glucosa queda fuera de su control.

Los avances son potencialmente significativos, porque muchas personas con diabetes (en especial las que tienen tipo 2, que se desarrolla sin síntomas durante un periodo prolongado) ya tienen complicaciones cuando reciben el diagnóstico.

Protección para los ojos

La pérdida de visión que conduce a la ceguera es una de las complicaciones de la diabetes más temida. Un buen control de la glucosa en la sangre disminuye 76% el riesgo de problemas en la

vista. Los avances médicos mejoran más ese porcentaje. Entre las posibilidades que se exploran para evitar el daño en la vista causado por la diabetes están:

Genes para combatir la ceguera. Además de la cirugía y el tratamiento con láser para la retinopatía diabética (en la que los vasos sanguíneos frágiles se revientan en los ojos y dañan la retina), los científicos añadirán la terapia de genes. En experimentos con ratones, los investigadores del Instituto para Ojos Johns Hopkins Wilmer usaron la terapia de genes para reducir 90% el desarrollo de vasos sanguíneos de una retinopatía. Uno de los genes que usaron hace que el cuerpo produzca endostatina, sustancia que inhibe el desarrollo anormal de vasos sanguíneos en tumores. Un segundo gene es el PEDF (factor de pigmento derivado del epitelio), proteína que se encuentra en el ojo y que promueve la supervivencia de las células de la retina. La seguridad del uso de estos genes en seres humanos aún no está establecida.

Los inhibidores ECA. Además de que se usan para disminuir la presión arterial alta, los inhibidores ECA (enzima convertidora de angiotensina) mejoran la sensibilidad a la insulina y preservan el funcionamiento de los riñones. La investigación sugiere que los inhibidores ECA mejoran la circulación en los ojos. Si se toman antes de que los vasos sanguíneos proliferen por la retinopatía, disminuyen el riesgo de proliferación y hemorragias.

Una proposición osada. Una de las formas en que los niveles altos de glucosa causan complicaciones es que el azúcar en la sangre se convierte en una sustancia llamada sorbitol, una forma modificada de glucosa que se desarrolla en los tejidos. En los ojos, el sorbitol contribuye a la visión borrosa y en los nervios atrapa agua en las células, lo que causa hinchazón en los nervios. Los científicos descubrieron que la enzima aldosa reductasa acelera la conversión de glucosa en sorbitol. Las compañías farmacéuticas intentan desarrollar medicamentos que bloqueen los efectos de la aldosa reductasa. Los inhibidores de esta enzima no impresionaron a los clínicos, según el doctor Hellman, y se continúa con la investigación para descubrir fármacos efectivos.

Ayuda de pies a cabeza

Desde el corazón hasta los riñones y los pies, éstos son los avances más prometedores para tratar o prevenir otras complicaciones de la diabetes.

Fármacos con doble tarea. Las tiazolidinadionas o glitazonas son fármacos que pueden ser benéficos, igual que los inhibidores ECA. Además de hacer sensibles las células a la insulina y prevenir el daño en riñones y ojos debido a la presión arterial alta, algunos estudios indican que las glitazonas relajan el endotelio, una capa de células que recubre los vasos sanguíneos y las cavidades del corazón. Si este efecto se demuestra en estudios posteriores, las glitazonas podrían ser útiles para combatir las complicaciones cardiovasculares, al disminuir la glucosa.

La hormona del crecimiento. Los estudios indican que la hormona del crecimiento desencadena el daño en los riñones. En un estudio, los ratones de laboratorio con diabetes, con células genéticamente programadas para no responder a la hormona del crecimiento, no se enfermaron de los riñones y otros ratones diabéticos sí. Los investigadores intentan desarrollar medicamentos que, cuando haya probabilidad de enfermedad grave, bloqueen la acción de las hormonas del crecimiento al reclamar un "espacio para estacionarse" en las células reservadas para la hormona. Los antagonistas de la hormona del crecimiento previenen el daño en la vista causado por diabetes.

Evite la rigidez. Otro proceso que contribuye al daño por complicaciones es la rigidez de los tejidos debida a productos finales de glicosilación avanzada o los AGE (estructuras que se forman cuando los azúcares se unen con los aminoácidos de las proteínas en un proceso a veces vinculado con el endurecimiento de la carne). Los AGE contribuyen en toda complicación de la diabetes, incluyendo retinopatía, afección nerviosa y cardiovascular, presión arterial alta y úlceras en los pies. Una prioridad de la investigación es impedir su acción. Aunque algunos agentes químicos son prometedores, pocos son efectivos y seguros. La investigación de los inhibidores AGE continúa. Los científicos buscan fármacos que rompan los vínculos entre las proteínas creadas por los AGE, después de que se formaron.

Sustitutos biológicos de la piel. Aunque otras complicaciones podrían parecer más terribles, las úlceras en los pies que no sanan son el motivo más común por el que la gente con diabetes ingresa en los hospitales. Una forma de tratarlas son las operaciones de injertos de piel, que requieren anestesia y pueden causar infección y cicatrices. Hay un tipo de terapia que evita estas complicaciones si se usa lo que se conoce como sustitutos biológicos de piel o equivalentes a piel viva. También llamados "vendajes vivos", son productos de la biotecnología que contienen los ingredientes de la piel (como colágeno y otras proteínas) y se fusionan con el tejido vivo para acelerar la curación. La FDA ya aprobó algunos de estos productos (como Regranex, de levadura, y Dermagraft, cultivado en laboratorios con células de piel neonatal).

Arreglos en el páncreas

Ya sea que tenga diabetes tipo 1 o tipo 2, parte del problema es que tiene dañado el páncreas. Está arruinado (tipo 1) o está lesionado y sólo es sombra de lo que fue (tipo 2). Cuando la diabetes tipo 2 progresa, la condición del páncreas, en particular de las células beta que producen insulina, puede empeorar. Esto lleva a una pregunta: ¿por qué no desechar las partes dañadas y obtener unas nuevas?

Los trasplantes de páncreas no son nada nuevo, pero no son un tratamiento ampliamente prescrito. Un problema es que el cuerpo suele rechazar tejidos extraños, lo que significa que los pacientes deben tomar medicamentos para controlar el sistema inmunitario, lo que hace que el cuerpo contraiga otras formas. Otra desventaja es que para el millón aproximado de candidatos para trasplantes de páncreas con diabetes tipo 1 cada año (en EUA), sólo hay entre 1,000 y 3,000 páncreas disponibles (obtenidos de cadáveres). Por fortuna, pronto habrá otras alternativas.

Trasplante de células de los islotes

Quizá no haya motivo para desechar todo el páncreas (que produce enzimas digestivas y hormonas, además de insulina) si los problemas son causados por las células beta. Ésa es la idea detrás de los trasplantes de células de los islotes de Langerhans, en los que se reemplazan grupos o isletas de células, incluidas las células beta, que están reunidos en el páncreas.

El procedimiento se inició con animales en la década de 1970 y ya es posible hacerlo con personas. Cientos de diabéticos de todo el mundo han recibido trasplantes de células de los islotes. Por desgracia, los porcentajes de éxito a largo plazo no son buenos y el procedimiento sólo trabaja 8% del tiempo.

Un motivo por el que el porcentaje de éxito ha sido tan bajo es que las drogas inmunosupresoras, como los esteroides, son tóxicas para las células beta. Se espera superar este obstáculo con un procedimiento de trasplante de células de los islotes que se hizo en Canadá, en la Universidad de Alberta, en Edmonton. La técnica combina tres fármacos nuevos libres de esteroides, que previenen el rechazo de las células trasplantadas y evitan los ataques al sistema inmunitario que causan la diabetes tipo 1.

Los primeros resultados del llamado Protocolo Edmonton fueron electrificantes: los investigadores reportaron que en una prueba pequeña, algunos pacientes tipo 1 dejaron de usar insulina hasta por 14 meses. El protocolo se ha usado con éxito en más de 30 pacientes, de los cuales 85% estuvo libre del tratamiento con insulina por más de un año y muchos de ellos detu-

EL DESAFÍO DEL ABASTECIMIENTO

Incluso si se afinan las técnicas para el trasplante de células de los islotes, existe una barrera para el tratamiento: la falta de donación de páncreas de los cuales extraer las células.

Para solucionar este dilema, los investigadores buscan formas de producir células de los islotes sin depender de un donador. Los estudios examinan cómo se multiplican las células de los islotes, para hacerlas desarrollarse más rápidamente (trabajo ya iniciado en animales). Indagan también la posibilidad de usar células de animales, como los cerdos, en seres humanos.

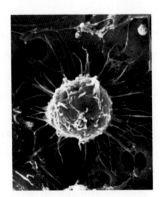

Quizá el área de investigación más significativa (y controversial) incluya el uso de células madre embriónicas, que tienen la capacidad de convertirse en cualquier tipo de célula en el cuerpo. Los estudios de laboratorio indican que las células madre pueden manipularse genéticamente para producir insulina, por lo que son viables para los trasplantes. Otras opciones son el uso de células madre adultas extraídas de la médula ósea o de la sangre, que produjeran insulina, o convertir células del hígado en células productoras de insulina. La investigación en animales indica que las células madre pueden desarrollarse de huevos no fertilizados, en lugar de embriones; si se puede hacer en seres humanos, se evitaría la ética del uso de tejido de embriones.

vieron la diabetes durante dos años o más, reportó el doctor Furlanetto, de la Fundación para la Investigación de Diabetes Juvenil. "Dicha investigación aumentó el interés en todo este campo", comenta él. Nuevos estudios del tratamiento se llevan a cabo en centros médicos en Estados Unidos y Europa.

Los trasplantes de células de los islotes aún no son perfectos. Algunos trasplantes fracasaron con el tiempo y los efectos secundarios a largo plazo de las nuevas drogas inmunosupresoras no son claros. Los estudios continúan y los investigadores esperan que finalmente estén disponibles nuevos enfoques para restablecer el funcionamiento del páncreas.

Páncreas artificial

A pesar de todo el progreso logrado con los trasplantes, algunos investigadores creen que una opción diferente está a punto de ser una realidad (el desarrollo de un sistema mecánico que imite las funciones de control de insulina del páncreas). Dicho sistema requiere dos partes básicas: un monitor interno para registrar los niveles de glucosa en la sangre y un dispositivo que responda automáticamente a los cambios de glucosa liberando la cantidad adecuada de insulina para mantener estable el azúcar.

Los elementos básicos de ese sistema ya se inventaron. Medtronic MiniMed desarrolló un sensor implantable, que registra continuamente los niveles de glucosa en la sangre, y una bomba de insulina implantable. Ambos dispositivos se prueban en la actualidad en estudios clínicos. Cuando esté disponible comercialmente, la bomba se comunicará con el sensor implantable (o con un sensor externo) mediante ondas electromagnéticas de frecuencia de radio, para proporcionar al paciente la cantidad exacta de insulina necesaria en un momento dado.

Los investigadores intentan mantener los dispositivos funcionando en el interior del cuerpo por periodos prolongados, comunicándose entre sí, para que los niveles de glucosa y la respuesta de insulina del sistema siempre se compaginen. "Esta tecnología ya es factible", dice el doctor Furlanetto, "y con más trabajo, revolucionará el tratamiento de la diabetes". Algunos investigadores creen que un glucómetro implantable y un sistema de bombeo combinados estarán disponibles en tres a cinco años.

DE LAS CÉLULAS DE LOS ISLOTES AL HELADO

Desde que le diagnosticaron diabetes tipo 1, a los 11 años, Merry Brunson, de Greeley, Colorado, se resignó a las inyecciones diarias de insulina y a los análisis de glucosa en la sangre por el resto de su vida. Antes de los 40 años, esa perspectiva no había cambiado, pero sí su condición.

"Al crecer, no notaba tanto cuando mi glucosa disminuía demasiado", dice ella. "Mi familia lo notaba más que yo. Mis hijos preguntaban: '¿Te encuentras bien, mamá? Necesitas comer algo.' Mis hijos y mi esposo me seguían para asegurarse de que estaba bien." Su esposo la encontraba convulsionándose mientras dormía debido al bajo nivel de glucosa en la sangre, pero el colmo fue cuando tuvo dos ataques mientras estaba con sus hijos.

Se sentó a ver la televisión, quedó inconsciente y tuvo convulsiones. Los niños llamaron a los servicios de emergencia y vieron cómo se llevaban a su madre en una ambulancia, mientras los bomberos permanecían con ellos en casa hasta que llegó Ed, su esposo. "No recuerdo lo sucedido", asegura Merry, "pero fue molesto para los niños. Me asusté mucho. ¿Qué sucedería si los niños estaban conmigo y perdía el control detrás del volante?" Algo tenía que cambiar. Su educador de diabetes sugirió el uso de una bomba de insulina que la ayudó, pero la glucosa en la sangre disminuía a niveles peligrosos y ella sentía que estaba perdiendo el control.

Su padre oyó hablar acerca del Protocolo Edmonton (una nueva forma de trasplantar células de los islotes productoras de insulina, sin rechazo del cuerpo). Ella indagó que los investigadores de la Universidad de Miami parecían tener más experiencia con el procedimiento y se registró. Viajó varias veces entre Colorado y Florida para pruebas y dos procedimientos en los que le introdujeron células de los islotes en el hígado, mediante un catéter. "Siempre estuve despierta", dice Merry.

Poco después de dejar el hospital, ella y Ed fueron a saborear una buena comida. Sin necesidad de insulina ni nerviosa por su glucosa en la sangre, Merry la revisó dos horas después de los alimentos y antes de irse a la cama. Ambas lecturas fueron normales. "Entonces comprendí que todo funcionaba. Fue increíble."

En la actualidad, su diabetes está tan bien controlada, que se pregunta si aún padece la enfermedad. Sufre de aftas en la boca (un efecto secundario del tratamiento) y aún vigila su glucosa en la sangre con regularidad, pero Merry se siente segura para vivir su vida y come lo que se le antoja, dentro de límites saludables. "¡A veces como helado cubierto de chocolate, lo que nunca hacía!", comenta Merry.

RECETAS

Panqués de zanahoria y nuez

Estos panqués integrales están endulzados con sidra, pasas, zanahorias y una pizca de azúcar morena. El yogur descremado es sustituto del aceite o la mantequilla que hay en otros panqués.

Rinde 12 panqués

Aceite en aerosol para cocinar
- ⅓ de taza de pasitas doradas o pasas de Corinto
- ¼ de taza de sidra de manzana o jugo de naranja
- ¾ de taza de harina de centeno
- ¾ de taza de harina de trigo integral
- ¾ de taza de harina de maíz
- 2 cditas. de polvo para hornear
- 1 cdita. de bicarbonato de sodio
- ½ cdita. de sal
- 1 taza de yogur natural descremado
- 2 cdas. de azúcar morena
- 1 huevo grande
- 1 clara de huevo grande
- 2 zanahorias medianas, peladas y picadas finamente (1 ½ tazas)
- 2 cdas. de pacanas o nueces toscamente picadas

1. Precaliente el horno a 200°C. Rocíe 12 moldes para panqué de 6.35 cm con aceite en aerosol o cúbralos con forros de papel para panquecitos. Remoje las pasitas en la sidra 15 minutos. Aparte, combine las harinas de centeno, de trigo integral y de maíz, el polvo para hornear, el bicarbonato de sodio y la sal. Haga un hueco en el centro.

2. Mezcle el yogur, el azúcar, el huevo y la clara de huevo. Incorpore las zanahorias, las pasas y la sidra. Vierta la mezcla sobre los ingredientes secos y revuelva hasta que se combinen, pero sin hacerlo en exceso.

3. Vierta ¼ de taza de la mezcla en cada molde para panqué y espolvoree con las nueces. Hornee de 18 a 20 minutos o hasta que se doren, y al insertar un palillo en el centro, salga limpio.

INFORMACIÓN NUTRIMENTAL POR PORCIÓN:
calorías 137; grasa saturada 0.5 g; grasa total 2 g; proteínas 5 g; carbohidratos 26 g; fibra 2 g; sodio 242 mg; colesterol 19 mg

Granola con nueces tostadas y arándanos

Una mezcla nutritiva con un toque de dulce, que le garantiza un buen día.

Rinde 5 tazas

- 3 tazas de avena común o de cocción rápida
- ½ taza de nueces toscamente picadas
- 2 cdas. de germen de trigo
- 2 cdas. de semillas de ajonjolí
- ¼ cdita. de sal
- ⅓ de taza de miel
- 1 cda. de azúcar morena clara
- 1 cda. de aceite de oliva extraclaro
- 1 cdita. de vainilla
- 1 taza de arándanos secos

1. Precaliente el horno a 150°C. En un molde para horno de 33 x 45 cm mezcle la avena, las nueces, el germen de trigo, las semillas de ajonjolí y la sal. Hornee unos 30 minutos hasta que la avena y las nueces estén tostadas y aromáticas. Retire el molde del horno. Aumente la temperatura a 175°C.

2. Caliente a fuego medio la miel, el azúcar y el aceite. Cocine 1 minuto, hasta que el azúcar se derrita. Retire del fuego y añada la vainilla.

3. Rocíe la mezcla de miel sobre la de avena y revuelva para cubrir. Hornee unos 10 minutos; mueva ocasionalmente, hasta que la avena se tueste.

4. Con una cuchara, deshaga los grumos. Añada los arándanos. Guarde en un recipiente hermético.

INFORMACIÓN NUTRIMENTAL POR PORCIÓN:
calorías 154; grasa saturada 0.5 g; grasa total 5 g; proteínas 4 g; carbohidratos 25 g; fibra 3 g; sodio 41 mg; colesterol 0 mg

Omelette de claras con verduras y queso Cheddar

¡Del tazón mezclador a la mesa en 10 minutos!
Pocos carbohidratos, colesterol y grasa.

Rinde 1 porción

- 3 claras de huevo
- 2 cditas. de eneldo fresco picado (opcional)
- ⅛ de cdita. de sal
- ⅛ de cdita. de pimienta negra recién molida
- ½ taza de espinaca fresca en rebanadas delgadas
- 1 tomate mediano, picado
- 2 cdas. de queso Cheddar descremado, picado
  Aceite en aerosol para cocinar

1. Bata las claras de huevo, 1 cdita. de agua, el eneldo (si lo usa), la sal y la pimienta, a punto de listón. Mezcle la espinaca, el tomate y el queso en un tazón chico.

2. Rocíe ligeramente la sartén o la cacerola con el aceite en aerosol; caliente 1 minuto a fuego medio. Vierta la mezcla en la sartén y cocine hasta que los huevos empiecen a secarse en la parte de abajo.

3. Extienda el relleno sobre la mitad de la omelette; deje un borde de 1 cm y reserve 1 cda. de la mezcla para el adorno. Levante la omelette por el borde cercano al mango y doble a la mitad, dejando que el relleno sobresalga. Cocine 2 minutos. Deslice la omelette sobre un plato y adorne.

INFORMACIÓN NUTRIMENTAL POR PORCIÓN:
calorías 109; grasa saturada 0 g; grasa total 0.5 g; proteínas 18 g; carbohidratos 8 g; fibra 1 g; sodio 906 mg; colesterol 3 mg

Waffles con salsa de manzana y frambuesa

Los waffles calientes y crujientes son exquisitos para el desayuno o el almuerzo. Se endulzan con fruta y sidra, y el jocoque los hace bajos en grasa.

Rinde 8 waffles

- 1 taza de sidra de manzana
- 2 manzanas verdes o rojas, en trozos de 2.5 cm
- ½ cdita. de vainilla
- 1 taza de frambuesas frescas
- ¼ de taza de semillas de lino (linaza)
- ¼ de taza de harina de trigo integral
- ¼ de taza de harina de trigo sarraceno
- ¼ de taza de harina común
- 2 cditas. de azúcar morena
- 2 cditas. de polvo para hornear
- ¼ de cdita. de sal
- 1 huevo grande, separado, y dos claras grandes
- 1 taza de jocoque
  Aceite en aerosol para cocinar

1. Hierva la sidra en una cacerola mediana, a fuego alto, por 1 minuto. Añada las manzanas y cocine a fuego bajo unos 4 minutos, hasta que estén blandas. Retire del fuego y enfríe a temperatura ambiente. Incorpore la vainilla y las frambuesas.

2. Muela las semillas en un molino de especias o un miniprocesador (hasta obtener una consistencia de harina gruesa). Páselas a un tazón grande; añada la harinas de trigo integral, la de trigo sarraceno y la común, el azúcar morena, el polvo para hornear y la sal. Mezcle todo.

3. Aparte, mezcle la yema y el jocoque. Bata 3 claras a punto de turrón. Haga un hueco en el centro de los ingredientes secos; incorpore la mezcla de yema y jocoque. Añada las claras.

4. Rocíe una wafflera (con dos cuadros de 10 cm) con aceite en aerosol y precaliéntela. Vierta la mezcla en la wafflera (½ taza por waffle). Cocine unos 2 minutos, hasta que se doren y estén crujientes. Repita con el resto de la mezcla. Sírvalos calientes con salsa de manzana y frambuesa.

INFORMACIÓN NUTRIMENTAL POR WAFFLE:
calorías 130; grasa saturada 0.5 g; grasa total 3 g; proteínas 5 g; carbohidratos 22 g; fibra 4 g; sodio 187 mg; colesterol 28 mg

Caviar de berenjena

Este aromático platillo se puede preparar con anticipación, pues se conserva en el refrigerador durante una semana.

Rinde 1 taza (6 porciones)

    4 dientes de ajo, sin pelar
    1 berenjena (½ kilo)
    3 cdas. de nueces finamente picadas
    2 cditas. de jugo de limón
    1 cdita. de aceite de oliva
    ½ cdita. de cilantro y ½ de comino, molidos
    ¼ de cdita. de páprika
    ⅛ de cdita. de canela molida
    ⅛ de cdita. de sal

1. Precaliente el horno a 200°C. Envuelva los dientes de ajo en papel de aluminio. Pinche la piel de la berenjena con un tenedor y colóquela en una bandeja para hornear junto con el envoltorio de ajos. Hornee 30 minutos o hasta que los ajos estén blandos. Hornee la berenjena 20 minutos más, hasta que esté blanda. Deje enfriar.

2. Desenvuelva los ajos, exprímalos en un tazón mediano y macháquelos. Corte a la mitad la berenjena y raspe la pulpa en el tazón; deseche casi todas las semillas. Con el tenedor, incorpórele las nueces, el jugo de limón, el aceite, el cilantro, el comino, la páprika, la canela y la sal. Colóquela en un tazón y sírvala a temperatura ambiente o bien fría, con galletas de trigo integral.

INFORMACIÓN NUTRIMENTAL POR PORCIÓN:
calorías 20; grasa saturada 0 g; grasa total 1 g; proteínas 1 g; carbohidratos 2 g; fibra 0 g; sodio 18 mg; colesterol 0 mg

Dip picante de cangrejo

Estos trozos de cangrejo en una salsa picante son un entremés exquisito. Saboree este agasajo sólo en cantidades pequeñas; limítese a dos o tres galletas con dip.

Rinde 24 porciones

    350 g de cangrejo fresco en tiras o 2 latas (175 g
         cada una) de carne de cangrejo, escurrida
    225 g de queso crema sin grasa, suavizado

      1 taza de crema agria descremada
      1 cebolla chica, finamente picada
      1 cda. de rábano picante preparado
      2 cditas. de salsa inglesa
      ¼ cdita. de salsa roja picante
      3 cdas. de pan molido
      ½ cdita. de páprika
    125 g de galletas de trigo bajas en sodio (unas 72)

1. Precaliente el horno a 175°C. Rocíe una sartén para asar o un platón hondo para pay con aceite en aerosol. Perfore la carne de cangrejo; deseche el caparazón y el cartílago. Enjuáguela y escúrrala.

2. Revuelva el queso crema en un tazón, hasta que esté homogéneo. Incorpore la crema agria, la cebolla, el rábano picante y la salsa inglesa y la picante. Mezcle el cangrejo. Ponga en un platón para horno y aplome la parte superior.

3. Mezcle el pan molido y la páprika, y rocíelas sobre el cangrejo. Hornee 20 minutos o hasta que se formen burbujas. Sirva muy caliente, con galletas.

INFORMACIÓN NUTRIMENTAL POR PORCIÓN:
calorías 57; grasa saturada 0.5 g; grasa total 1 g; carbohidratos 6 g; proteínas 5 g; fibra 0 g; sodio 129 mg; colesterol 12 mg

Palitos de parmesano

Son perfectos para un bocadillo saludable y sirven para acompañar la sopa o la ensalada.

Rinde 40 palitos

3 ¼ tazas de harina
1 taza de queso parmesano
2 cditas. de romero fresco picado o
½ cdita. de romero seco
2 cditas. de sal
1 cdita. de pimienta
1 cdita. de levadura seca que esponje rápido
1 ¼ tazas de agua caliente (50° a 55°C)
¼ de taza de sémola o de harina de maíz
1 cdita. de aceite de oliva

1. Mezcle 1 ½ tazas de harina, el queso parmesano, el romero, la sal, la pimienta y la levadura. Añada el agua y 1 ½ tazas más de harina; forme una masa suave. Enharine la superficie de trabajo. Ponga la masa en la superficie enharinada y amase unos 10 minutos, hasta que esté homogénea y elástica; use la harina sobrante para que la masa no se pegue. Divídala en dos partes iguales. Cubra con un trapo húmedo y deje reposar 10 minutos.

2. Rocíe dos hojas de papel encerado de 40 x 30 cm con 1 cda. de sémola cada una y con la masa forme rectángulos de 25 x 15 cm. Úntelos con aceite y cúbralos con un trapo. Deje que se esponjen en un lugar tibio, unos 30 minutos, hasta que duplique su tamaño. Refrigere una pieza de masa.

3. Precaliente el horno a 200°C. Cubra dos bandejas para hornear con papel encerado y rocíelo con la mitad de la sémola restante. Corte la masa no refrigerada a lo ancho en 20 tiras iguales, cada una de 20 cm de largo. Sostenga las tiras de masa por los extremos, retuérzalas y estírelas hasta que midan 30 cm de largo. Colóquelas con una separación de 2.5 cm en las bandejas para hornear. Sin cubrirlas, deje que se esponjen 10 minutos.

4. Rocíe ligeramente los palitos con aceite en aerosol. Hornee 10 minutos. Saque los palitos del horno y rocíelos de nuevo con aceite en aerosol. Hornee unos 8 minutos más, hasta que estén dorados y crujientes. Enfríelos sobre una rejilla. Repita el proceso con la masa sobrante.

INFORMACIÓN NUTRIMENTAL POR PALITO DE PAN: calorías 56; grasa saturada 0.5 g; grasa total 1 g; proteínas 2 g; carbohidratos 9 g; fibra 0 g; sodio 163 mg; colesterol 2 mg

Pizza en molde

¡Disfrute esta saludable pizza preparada en casa! Será una comida completa si le agrega ensalada y un postre de fruta fresca. Coma sólo una porción de pizza.

Rinde 6 porciones

½	taza más 2 cdas. de agua tibia (entre 41° y 46°C)
1	paquete (6 g) de levadura seca activa
⅛	de cdita. de azúcar
2	tazas de harina
½	cdita. de sal
1	cda. de aceite de oliva
225	g de salchichas de pavo
1	taza de salsa para pizza
1	taza de queso mozzarella semidescremado, rallado
1	pimiento verde chico, finamente rebanado
1	pimiento rojo chico, finamente rebanado
1	pimiento amarillo chico, finamente rebanado
	Aceite en aerosol para cocinar

1. Rocíe ligeramente con aceite un molde para hornear (de 45 x 30 cm) y una cacerola grande.

2. En un tazón, ponga el agua, la levadura y el azúcar y deje reposar unos 5 minutos, hasta que se forme espuma. Aparte, mezcle la harina y la sal. Añada la mezcla de levadura, rocíe aceite y bata con una cuchara de madera, hasta que la masa se separe del tazón. Amásela 3 minutos en una superficie enharinada. Cubra con un trapo húmedo y deje reposar 5 minutos.

3. Precaliente el horno a 215°C. Quite las envolturas a las salchichas, póngalas en la cacerola y caliente a fuego medio. Cocínelas unos 5 minutos, hasta que empiecen a dorarse, y aplaste la carne con una cuchara. Escurra sobre toallas de papel.

4. En la cacerola, con la masa forme un rectángulo de 40 x 30 cm. Haga un borde de 1 cm pellizcándolo. Extienda la salsa para pizza sobre la masa. Cubra la pizza con el queso, los pimientos y la salchicha. Hornee unos 10 minutos, hasta que el queso se derrita y la masa se dore.

INFORMACIÓN NUTRIMENTAL POR PORCIÓN:
calorías 326; grasa saturada 3 g; grasa total 10 g; proteínas 21 g; carbohidratos 38 g; fibra 2 g; sodio 708 mg; colesterol 41 mg

Palomitas con chile

Tienen pocas calorías y se preparan en un palomitero de aire caliente. Si las prepara con anticipación, hornéelas en un molde a 175°C, de 6 a 8 minutos, antes de servirlas.

Rinde 10 porciones de 1 taza

1	cdita. de páprika
½	cdita. de chile en polvo
¼	de cdita. de sal
⅛	de cdita. de ajo en polvo
	Pimienta de Cayena al gusto
1	cda. de queso parmesano rallado
10	tazas de maíz palomero, sin sal ni aceite
	Aceite en aerosol sabor a mantequilla, o agua

1. Precaliente el horno a 175°C. En un tazón, mezcle la páprika, el chile en polvo, la sal, el ajo en polvo, la pimienta y el queso. Extienda el maíz en una capa, en dos moldes para horno grandes, y rocíe con aceite en aerosol o agua en un atomizador. Con un tenedor, espolvoree los sazonadores sobre el maíz y revuelva para que se cubra.

2. Hornee de 5 a 10 minutos o hasta que estén crujientes. Sirva o guarde en un recipiente hermético.

INFORMACIÓN NUTRIMENTAL POR PORCIÓN:
calorías 29; grasa saturada 0 g; grasa total 0 g; proteínas 1 g; carbohidratos 5 g; fibra 0 g; sodio 66 mg; colesterol 0 mg

Ensalada de col y manzana con aderezo de Roquefort

Parece demasiado bueno para ser verdad: ¡un aderezo suave y sin grasa de queso tipo Roquefort!

Rinde 8 porciones

- ⅔ de taza de crema agria descremada
- ⅔ de taza de yogur natural descremado
- ¼ de taza de vinagre de manzana
- 1 cda. de mayonesa con poca grasa
- 4 cditas. de azúcar
- 1 cdita. de salsa roja picante
- 1 cdita. de sal
- ⅓ de taza de queso Roquefort, desmoronado (50 g)
- 8 tazas de col morada o verde, finamente picada
- 4 manzanas Granny Smith, en trozos delgados
- 2 pimientos rojos, cortados en tiras

1. En un tazón, mezcle la crema agria, el yogur, el vinagre, la mayonesa, el azúcar, la salsa picante y la sal. Incorpore el queso Roquefort.

2. Añada la col, las manzanas y los pimientos rojos y revuelva para mezclar. Sirva a temperatura ambiente o bien fría.

INFORMACIÓN NUTRIMENTAL POR PORCIÓN:
calorías 150; grasa saturada 1 g; grasa total 3 g; proteínas 5 g; carbohidratos 30 g; fibra 5 g; sodio 441 mg; colesterol 5 mg

Ensalada verde oriental

Las proteínas de esta ensalada provienen del tofu del aderezo cremoso. Para hacer el jugo de jengibre, pase una pieza de 1 cm de jengibre fresco por un exprimidor de ajos o rállelo y oprima con una cuchara para sacar el jugo; deseche la pulpa.

Rinde 4 porciones

Para el aderezo:
- 100 g de tofu (requesón de soya)
- ¼ de taza de agua
- 1 cda. de salsa de soya baja en sodio
- 1 diente de ajo, machacado
- 2 cditas. de vinagre de arroz
- ½ cdita. de jugo de jengibre
- ¼ de cdita. de azúcar

Para la ensalada:
- 1 lechuga romana chica o 175 g de hojas de espinaca, cortadas en tiras de 1 cm (6 tazas)
- 2 zanahorias medianas, peladas y ralladas (1 ½ tazas)
- 4 rábanos, en rebanadas delgadas (⅓ de taza)

1. Para preparar el aderezo utilice un procesador o una licuadora y bata el tofu, el agua, la salsa de soya, el ajo, el vinagre, el jugo de jengibre y el azúcar, durante 1 minuto o hasta que la mezcla esté homogénea.

2. Para preparar la ensalada ponga la lechuga, las zanahorias y los rábanos en una ensaladera. Vierta el aderezo sobre las verduras y mezcle para que queden bien cubiertas.

INFORMACIÓN NUTRIMENTAL POR PORCIÓN:
calorías 55; grasa saturada 0 g; grasa total 1 g; proteínas 4 g; carbohidratos 8 g; fibra 3 g; sodio 143 mg; colesterol 0 mg

Sopa griega de espinaca, huevo y limón

Esta crema de espinaca estilo griego ¡no lleva crema! y tiene poquísima grasa.

Rinde 4 porciones

- 3 tazas de caldo de pollo, sin grasa y poca sal
- 3 cebollitas de Cambray, finamente rebanadas
- 3 dientes de ajo, machacados
- 1 paquete (275 g) de espinacas congeladas picadas
- ½ cdita. de orégano
- 1 taza de arroz integral, cocido
- 1 cdita. de ralladura de limón
- 3 cdas. de jugo de limón fresco
- ½ cdita. de sal
- 1 huevo grande, más 2 claras

1. En una cacerola, mezcle ¼ de taza de caldo, las cebollitas y el ajo. Cocine a fuego medio 2 minutos o hasta que las cebollitas estén blandas.

2. Añada las 2 ¾ tazas de caldo restantes, las espinacas y el orégano; deje hervir. Cocine a fuego bajo unos 5 minutos, tapado, hasta que las espinacas estén blandas.

3. Incorpore el arroz, la cáscara de limón, el jugo de limón y la sal; cocine a fuego bajo. Ponga ½ taza del líquido caliente en un tazón y bata junto con el huevo entero y las claras. Sin dejar de batir, vierta la mezcla de huevo caliente en la sopa.

INFORMACIÓN NUTRIMENTAL POR PORCIÓN:
calorías 114; grasa saturada 0.5 g; grasa total 2 g; proteínas 8 g; carbohidratos 17 g; fibra 3 g; sodio 728 mg; colesterol 53 mg

Crema de poro y papa

Esta sopa con poca grasa es ideal para iniciar la comida o como un rico plato principal.

Rinde 7 ½ tazas

- 1 cda. de aceite de oliva o de canola
- 225 g de poros, la parte blanca, en rebanadas gruesas
- 1 cebolla grande, toscamente picada
- 6 tazas de caldo de pollo o de verduras
- ½ kg de papas, peladas y cortadas en cubos
- ⅛ de cdita. de sal y otro tanto de pimienta blanca
- ⅓ de taza de crema agria descremada
  Cebollines picados, para adorno (opcional)

1. En una cacerola, caliente el aceite a fuego medio. Añada los poros, la cebolla y ¾ de taza de caldo. Tape y cocine 10 minutos o hasta que estén blandos, pero no dorados; mueva seguido.

2. Añada las papas a la cacerola y revuelva para que se cubran con la mezcla de poro y cebolla.

3. Vierta la mitad del caldo restante y deje hervir. Cocine a fuego bajo, parcialmente tapado, de 15 a 20 minutos, hasta que las papas estén blandas.

4. Retire del fuego. Con un cucharón, pase el contenido de la cacerola a la licuadora o el procesador de alimentos y haga un puré homogéneo.

5. Vierta el resto del caldo en la cacerola. Añada el puré de verduras y cocine a fuego bajo la sopa, de 2 a 3 minutos, sin dejar de revolver. Sazone con sal y pimienta.

6. Retire del fuego e incorpore la crema agria. Sirva la sopa en tazones y adorne con los cebollines.

INFORMACIÓN NUTRIMENTAL POR TAZA:
calorías 111; grasa saturada 1 g; grasa total 3 g; proteínas 4 g; carbohidratos 17 g; fibra 2 g; sodio 105 mg; colesterol 2 mg

no en el procesador de alimentos y píquelos finamente. Vierta la mezcla en un tazón grande.

4. Ponga los tomates y la albahaca en el procesador y píquelos finamente, sin que se hagan puré.
Añada la mezcla de pimienta al tazón.

5. Ponga en el procesador el ajo, el aceite, el vinagre de vino, el pan remojado y el jugo de tomate y
licúelos. Luego incorpórelos a la sopa.

6. Añada la pimienta negra. Tape el tazón y refrigere la sopa por lo menos 1 hora antes de servirla.

INFORMACIÓN NUTRIMENTAL POR PORCIÓN:
calorías 129; grasa saturada 1 g; grasa total 5 g; proteínas 3 g;
carbohidratos 19 g; fibra 3 g; sodio 167 mg; colesterol 0 mg

CARNES

Asado de res y hierbas

En esta receta saludable, sólo tiene que asar una
porción generosa de verduras con un trozo chico
de carne para obtener una comida nutritivamente
balanceada.

Rinde 6 porciones

  1 kg de rollo de costilla de res magro, sin hueso
  ⅛ cdita. de sal y otro tanto de pimienta
  1 taza de hierbas frescas, como perejil, albahaca,
      salvia, romero, tomillo y cebollinos, o 1½ cdas.
      de cada una de ellas, pero secas
  2 cdas. de mostaza tipo Dijon
  1 cda. de aceite de oliva o de canola
  3 cebollas grandes, cortadas en ocho trozos
  6 calabacitas chicas, cortadas en tres trozos
  1 coliflor, cortada en ramitos

1. Precaliente el horno a 175°C. Con un cuchillo
filoso, elimine toda la grasa y el cartílago de la
carne. Sazone ésta con sal y pimienta.

2. Ponga las hierbas frescas y la mostaza en el procesador, píquelas finamente y combine la mezcla.
Con una espátula limpie los lados del tazón y pase
la mezcla a un tazón chico. (Mezcle las hierbas
secas y la mostaza en el tazón.)

3. Extienda la mezcla de hierbas sobre la carne y
cubra todos los lados. Rocíe con aceite el fondo de
una bandeja para asar grande y coloque ahí la
carne. Ásela, sin tapar, durante 30 minutos.

Gazpacho rojo

Marine en aceite y especias las verduras finamente
picadas y sírvalas heladas. Así podrá disfrutar de un
fresco sabor y de los beneficio de las vitaminas de
las verduras crudas.

Rinde 6½ tazas

  75 g de pan francés o italiano
  1 pimiento rojo o verde de buen tamaño, tosca-
      mente picado
  1 cebolla morada, toscamente picada
  1 pepino chico, pelado, sin semillas y rebanado
 225 g de tomates, sin corazón y cortados en cuartos
  ¼ de taza de albahaca o perejil
  1 diente de ajo, finamente picado
  2 cdas. de aceite de oliva
  2 cdas. de vinagre de vino tinto o blanco
  3 tazas de jugo de tomate con poca sal
  ⅛ de cdita. de pimienta negra recién molida

1. Retire la corteza del pan y córtelo en trozos.
Póngalo en un tazón y cúbralo de agua. Déjelo
reposar al menos 5 minutos.

2. Escurra el agua del tazón y oprima el pan con las
manos para sacarle toda el agua. Reserve el pan
remojado.

3. Ponga el pimiento, la cebolla morada y el pepi-

4. Acomode las cebollas, las calabacitas y la coliflor alrededor de la carne y cubra bien las verduras con el aceite.

5. Ase la carne y las verduras 1 hora o hasta que al insertar un termómetro en el centro de la carne marque 71°C (para término medio). Voltee ocasionalmente las verduras, para que se cocinen parejo.

6. Saque la bandeja del horno. Con una cuchara para escurrir, pase las verduras a un platón y manténgalas calientes. Ponga la carne en un platón, tápela y déjela reposar 5 minutos. Rebánela y sírvala con las verduras.

INFORMACIÓN NUTRIMENTAL POR PORCIÓN:
calorías 317; grasa saturada 3 g; grasa total 10 g; proteínas 39 g; carbohidratos 20 g; fibra 7 g; sodio 278 mg; colesterol 82 mg

Bistés de espaldilla con cebolla morada

Puede sustituir la espaldilla por tapa de bola. Si lo desea, cocine este platillo en un asador al aire libre. Haga agujeros en el papel de aluminio que cubre las cebollas.

Rinde 4 porciones

- 2 cebollas moradas medianas (rebanadas de 1 cm)
- 2 dientes de ajo, machacados
- ²/₃ de taza de vinagre balsámico o de malta
- 1 cda. de aceite de oliva
- 2 cdas. de jalea de grosella negra o frambuesa sin semillas
- ½ cdita. de sal
- ½ cdita. de pimienta roja molida (de Cayena)
- ½ kg de bistés de espaldilla

1. Coloque las cebollas, el ajo, el vinagre, el aceite, la jalea, la sal y la pimienta roja en una bolsa grande de plástico de cierre hermético. Saque el aire y selle la bolsa; amase el escabeche a través de la bolsa, hasta que se mezcle. Con un cuchillo filoso, haga cortes de 3 mm de profundidad en ambos lados de la carne, formando rombos. Introduzca la carne en la bolsa del escabeche, séllela y agite hasta que la carne quede bien cubierta. Ponga la bolsa en un platón y marine la carne en el refrigerador entre 30 minutos y 3 horas.

2. Precaliente el asador; ponga la rejilla a 13 cm de la llama. Coloque un cuadrado de 20 cm de papel de aluminio en un extremo de la bandeja del asador. Con una cuchara perforada, saque las cebollas del escabeche y acomódelas sobre el aluminio. Ponga la carne en la bandeja, junto a las cebollas. Ase las cebollas 5 minutos de cada lado y la carne de 5 a 6 minutos de cada lado, para término tres cuartos, y de 7 a 8 minutos, para término medio. Retire las cebollas cuando estén listas y manténgalas calientes.

3. Ponga la carne asada en una tabla para picar y déjela reposar 10 minutos; rebánela delgada contra la dirección de la fibra, sosteniendo el cuchillo en ángulo. Ponga las rebanadas en platos y vierta los jugos encima. Sírvala con las cebollas asadas.

INFORMACIÓN NUTRIMENTAL POR PORCIÓN:
calorías 264; grasa saturada 6 g; grasa total 14 g; proteínas 24 g; carbohidratos 16 g; fibra 1 g; sodio 352 mg; colesterol 57 mg

Teriyaki de chuletas de cordero

Disfrute con esta receta los sabores de Oriente.

Rinde 4 porciones

6	cebollitas de Cambray
2	cdas. de semillas de ajonjolí
¼	de taza de salsa de soya baja en sodio
2	cdas. de vinagre de manzana
2	cdas. de miel
1	diente de ajo chico, machacado
¾	de cdita. de jengibre molido
8	chuletas de cordero con hueso (de 100 g cada una), bien limpias
225	g de tallarines
4	zanahorias medianas
1	pimiento rojo
1	taza de elotitos, escurridos
1½	cditas. de maicena

1. Corte 2 cebollitas en rebanadas delgadas y el resto en trozos de 5 cm. Tueste el ajonjolí en una sartén antiadherente, a fuego de medio a alto, 3 minutos, sin dejar de revolver. Retírelas de la llama. Mezcle la salsa de soya, el vinagre, la miel, el ajo, el jengibre y las cebollitas rebanadas.

2. Enrolle el extremo angosto de las chuletas y sostenga con palillos. Ponga las chuletas en un platón para horno y vierta la mezcla de soya. Tape y refrigere de 1 a 2 horas; mueva ocasionalmente.

3. Cueza los tallarines de acuerdo con las instrucciones del paquete. Escúrralos. Corte las zanahorias y el pimiento en tiras, y escáldelos durante 3 minutos. Añada el resto de las cebollitas y los elotes. Escalde 2 minutos más hasta que estén apenas blandos. Escurra y mezcle con los tallarines.

4. Precaliente el asador. Saque las chuletas del escabeche y vierta éste en una cacerola chica. Ase las chuletas a 15 cm del fuego, 4 minutos de cada lado para término medio. Colóquelas en un platón, retire los palillos y manténgalas calientes.

5. Hierva el escabeche de fuego medio a alto. Cocine 2 minutos, sin dejar de mover. Disuelva la maicena en ⅓ de taza de agua fría e incorpórela al escabeche. Hierva 2 minutos, batiendo o hasta que la salsa espese. Mezcle la mitad de la salsa con los tallarines y rocíe el resto sobre las chuletas.

INFORMACIÓN NUTRIMENTAL POR PORCIÓN:
calorías 390; grasa saturada 3 g; grasa total 8 g; proteínas 27 g; carbohidratos 52 g; fibra 6 g; sodio 615 mg; colesterol 90 mg

Cerdo sofrito
con tallarines

En este delicioso platillo sofrito se emplea una técnica de la cocina china, en la que los trozos de
carne, pescado o pollo se recubren con maicena,
se cocinan brevemente y se enjuagan con agua
fría. Este método sella los jugos y ablanda la carne,
proporcionándole una textura agradable.

Rinde 4 porciones

- 1   clara de huevo grande
- 2   cdas. de maicena
- 1   cda. de agua fría
- 325 g de lomo de cerdo sin hueso, cortado en tiras
    de 5 cm x 6 mm x 6 mm
- 2   cdas. de aceite vegetal
- 1   cebolla amarilla mediana, cortada en cubos de 1
    cm (1 taza)
- 1   zanahoria mediana, pelada y finamente
    rebanada ($^1/_2$ taza)
- 100 g de hongos, finamente rebanados (1 $^1/_4$ tazas)
- 75 g de ejotes, recortados y cortados por la mitad
    a lo largo (1 taza)
- $^1/_2$ cdita. de jengibre molido
- 1 $^3/_4$ tazas de concentrado de pollo o de caldo de
    pollo con poca sal
- 1   cda. de salsa de soya baja en sodio
- 175 g de espagueti, fetuchini o tallarines, cocidos y
    escurridos
- 2   cebollitas de Cambray, con rabo, finamente
    rebanadas ($^1/_4$ de taza)

1. En un tazón mediano, mezcle la clara de huevo,
1 cucharada de maicena y el agua. Añada la carne
y mueva para que se cubra bien. Envuelva con
plástico autoadherible transparente y refrigere al
menos 30 minutos o toda la noche.

2. En una cacerola grande con agua hirviendo, cocine las tiras de carne durante 45 segundos.
Escúrralas y enjuáguelas con agua fría; séquelas con
toallas de papel.

3. En una sartén antiadherente de 30 cm, caliente a
fuego alto 1 cucharada de aceite. Añada la cebolla y
la zanahoria y sofría 2 minutos. Agregue los hongos,
los ejotes y el jengibre; baje la llama, tape y cocine 3
minutos. Aparte, mezcle el caldo, la salsa de soya y la
cucharada restante de maicena; deje aparte. Con
una cuchara, pase las verduras a un platón.

4. Suba la llama y añada a la sartén la cucharada
restante de aceite. Agregue la carne y el espagueti
y sofría 1 minuto. Incorpore la mezcla de caldo y las
verduras y cocine 2 minutos o hasta que la salsa
espese; mueva ocasionalmente. Añada las cebollitas y sirva.

INFORMACIÓN NUTRIMENTAL POR PORCIÓN:
calorías 394; grasa saturada 3 g; grasa total 11 g; proteínas 28 g;
carbohidratos 45 g; fibra 2 g; sodio 260 mg; colesterol 54 mg

Albondigón relleno
de espinacas

Si mezcla carne de res y de pavo molidas y la relle-
na de espinaca, obtendrá un saludable plato.

Rinde 6 porciones

- $^1/_2$ kg de carne de res magra y molida
- 225 g de carne de pavo magra, molida
- 1   cebolla chica, finamente picada
- $^1/_2$ taza de pan recién molido
- $^1/_8$ de cdita. de sal de ajo
- 1   cda. de pasta de tomate
- 1   clara de huevo
- $^1/_2$ taza queso ricotta semidescremado
- 1   paquete (275 g) de espinacas picadas
    congeladas, ya descongeladas y escurridas
- $^1/_8$ de cdita. de sal y otro tanto de pimienta
- 2   cebollas grandes, finamente rebanadas
- 2   zanahorias, toscamente picadas
- 1   lata (800 g) de tomates machacados

1. En un tazón, mezcle la carne de res y de pavo, la cebolla picada, el pan molido, el ajo, la sal y la pasta de tomate. En otro tazón, mezcle la clara de huevo, el queso, las espinacas, la sal y la pimienta.

2. Precaliente el horno a 175°C. Ponga la mezcla de carne en una hoja grande de papel encerado y con las manos forme un rectángulo de 23 x 25 cm.

3. Ponga la mezcla de espinaca a lo largo y en el centro de la carne; deje 2.5 cm sin cubrir en cada extremo corto.

4. Con la ayuda del papel encerado, levante los bordes largos de la carne. Doble la carne sobre el relleno para cubrirlo.

5. Con los dedos, una los bordes de la carne. Coloque el rollo de carne en una bandeja antiadherente para asar, con el lado de la unión hacia abajo. Añada las cebollas, las zanahorias y los tomates.

6. Hornee 1 ½ horas o hasta que la carne y las verduras estén cocidas. Ponga la carne en un platón. En la licuadora, haga puré las verduras y sirva la carne con la salsa.

INFORMACIÓN NUTRIMENTAL POR PORCIÓN:
calorías 294; grasa saturada 2 g; grasa total 6 g; proteínas 32 g; carbohidratos 28 g; fibra 2 g; sodio 405 mg; colesterol 71 mg

Chuletas de ternera con salsa de limón y ajo

Verá que el sabor a ajo de estas chuletas es muy suave, y que podrá disfrutar de su aromático sabor a limón, que es el que domina.

Rinde 4 porciones

- 1 diente de ajo grande
- 4 chuletas de ternera (de 100 g cada una)
- ½ cdita. de sal
- 1 cda. de mostaza tipo Dijon
- 1 limón, en rebanadas muy delgadas
- ⅔ de taza de caldo de pollo sin grasa ni sal
- ¼ de taza de jugo de limón fresco
- 2 cditas. de maicena

1. Precaliente el horno a 190°C. Envuelva el ajo en papel de aluminio y hornéelo 45 minutos o hasta que esté blando (sentirá suave el paquete al oprimirlo). Cuando se enfríe, corte el extremo del diente, saque la pulpa y macháquela bien.

2. Precaliente el asador. Unte las chuletas con ¼ de cucharadita de sal y con la mostaza. Ponga 3 rebanadas de limón sobre cada chuleta. Áselas a 10 cm del fuego, 2 minutos o hasta que estén cocidas. Páselas a un platón; cubra con papel de aluminio.

3. En una cacerola chica, bata el caldo, el jugo de limón y la maicena. Añada la sal restante y hierva 1 minuto o hasta que la salsa espese un poco. Vierta la salsa sobre la carne.

INFORMACIÓN NUTRIMENTAL POR PORCIÓN:
calorías 169; grasa saturada 1 g; grasa total 3 g; proteínas 28 g; carbohidratos 6 g; fibra 0 g; sodio 384 mg; colesterol 96 mg

AVES

Pollo asado con hierbas

Cuando se asa el pollo, la grasa se escurre y llega menos cantidad de ella a su plato. Puede preparar la receta en el asador.

Rinde 4 porciones

- 1 pollo (1.5 kg), cortado en piezas; reserve las alas para otro uso
- 3 dientes de ajo, finamente picados

3 cdas. de perejil picado
2 cdas. de albahaca picada
2 cdas. de menta picada
⅓ de taza de aceite de oliva o de canola
½ cdita. de pimienta
⅛ de cdita. de sal

1. Retire la piel de las piezas de pollo con ayuda de un cuchillo con punta filosa. Una vez que quite la piel con los dedos, tome el cuchillo para retirar la grasa y haga dos o tres cortes en cada una de las piezas.

2. Para preparar el escabeche: en un tazón chico, mezcle el ajo, el perejil, la albahaca, la menta, el aceite, la pimienta y la sal.

3. Ponga las piezas de pollo en un platón grande, añada el escabeche y voltee el pollo en la mezcla para que quede bien cubierto. Tape el platón y marine en el refrigerador al menos 4 horas, volteando la carne ocasionalmente.

4. Prepare la parrilla o precaliente el asador; si usa parrilla, colóquela a 10 cm del fuego. Acomode las piezas de pollo hacia abajo sobre la parrilla y reserve el escabeche. Ase el pollo durante 20 minutos o hasta que se dore de un lado; úntelo una vez con el escabeche que reservó. Voltee las piezas y úntelas con el resto del escabeche; ase 10 minutos más o hasta que estén bien cocidas y los jugos estén claros.

INFORMACIÓN NUTRIMENTAL POR PORCIÓN:
calorías 306; grasa saturada 3 g; grasa total 15 g; proteínas 40 g; carbohidratos 2 g; fibra 0 g; sodio 208 mg; colesterol 126 mg

Gallinitas Cornish con limón y ajo

El secreto de esta receta consiste en que 6 dientes de ajo se ablandan mientras se cocinan, obteniéndose un rico sabor casi dulce. Puede asar las gallinas si lo prefiere.

Rinde 4 porciones

6 dientes de ajo, picados
¼ de taza más 2 cdas. de jugo de limón
2 gallinitas Cornish (de ½ kg cada una), partidas y sin piel
½ cdita. de pimienta negra
1 cdita. de azúcar

1. En un tazón chico, mezcle el ajo con ¼ de taza de jugo de limón y unte la mezcla en las gallinas. Cubra las gallinas con plástico autoadherible transparente y marínelas en el refrigerador 2 horas.

2. Precaliente el asador; coloque la parrilla a 20 cm del fuego. Rocíe las gallinas con la pimienta; acomódelas en una bandeja para asar y áselas 8 minutos; déles vuelta y áselas de 7 a 8 minutos más o hasta que los jugos estén claros al pinchar un muslo con un tenedor. Si nota que la carne se está dorando demasiado, cúbrala con papel de aluminio.

3. En un tazón chico, mezcle las 2 cucharadas restantes de jugo de limón y el azúcar. Cuando ya estén bien cocidas las gallinas, sáquelas del horno y úntelas con la mezcla de limón y azúcar. Para servirlas, acompáñelas con espárragos al vapor y arroz silvestre.

INFORMACIÓN NUTRIMENTAL POR PORCIÓN:
calorías 247; grasa saturada 2 g; grasa total 7 g; proteínas 41 g; carbohidratos 5 g; fibra 0 g; sodio 114 mg; colesterol 119 mg

Pollo estilo marroquí con almendras

Para una presentación estilo marroquí, sirva alcuzcuz en un platón redondo, coloque las piezas de pollo y bañe con la salsa. Adorne con ramitas de cilantro y acompañe con vasos de té de menta.

Rinde 8 porciones

3 cdas. de aceite de oliva

1 ½ cditas. de comino molido

1 cdita. de páprika

1 cdita. de cúrcuma

¼ de cdita. de pimienta inglesa molida (*allspice*)

8 piernas de pollo enteras (1.8 kg), separadas en piernas y muslos, sin piel

1 cebolla grande, finamente picada

4 dientes de ajo, finamente picados

1 taza de chabacanos secos

½ taza de cilantro picado

1 cdita. de sal

½ taza de almendras cortadas en lascas

1. En una sartén, caliente el aceite a fuego medio. Añada el comino, la páprika, la cúrcuma y la pimienta inglesa, y cocine durante 1 minuto. Trabaje por tandas; añada el pollo y fríalo 4 minutos de cada lado o hasta que se dore. Luego páselo a una cacerola grande.

2. Agregue la cebolla y el ajo a la sartén y cocínelos 10 minutos o hasta que se doren y estén blandos. Luego póngalos en la cacerola con el pollo.

3. Añada 1 ½ tazas de agua a la sartén y hiérvala. Ponga los chabacanos, ¼ de taza de cilantro y la sal en la sartén y deje hervir. Vierta la mezcla de chabacano en la cacerola con el pollo. Deje hervir, cocine a fuego bajo 30 minutos o hasta que el pollo esté blando. Añada las almendras y el cilantro restante.

INFORMACIÓN NUTRIMENTAL POR PORCIÓN:
calorías 305; grasa saturada 2.5 g; grasa total 15 g; proteínas 29 g; carbohidratos 15 g; sodio 407 mg; colesterol 104 mg

Pollo sofrito con chícharos y elote

Ésta es una deliciosa receta que se prepara fácilmente y lo ayudará a quedar bien cuando tenga visitas.

Rinde 4 porciones

4 cditas. de salsa de soya baja en sodio

4 cditas. de aceite de ajonjolí oscuro

1 cda. de vino de arroz, jerez seco o vinagre de arroz

½ kg de pechugas de pollo, sin piel ni hueso, cortadas en cubos de 1.5 cm

½ taza de concentrado de pollo o caldo de pollo con poca sal, mezclado con 2 cditas. de maicena

1 cda. de aceite vegetal

1 cda. de jengibre fresco picado

1 cda. de ajo picado

4 cebollitas de Cambray, sólo la parte blanca, rebanadas (⅓ de taza)

100 g de chícharos japoneses, pelados (1 taza)

1 lata (400 g) de elotitos, escurridos y enjuagados

1. En un tazón mediano, mezcle con el vino 2 cucharaditas de salsa de soya y 2 de aceite de ajonjolí. Añada el pollo y ponga a marinar durante 30 minutos. En un tazón chico, incorpore la mezcla de maicena y caldo con las 2 cucharaditas restantes de salsa de soya y aceite.

2. En una sartén antiadherente de 30 cm, caliente el aceite vegetal a fuego alto. Añada el jengibre, el ajo y las cebollitas; sofría 30 segundos. Agregue el pollo y sofría 2 minutos o hasta que ya no esté rosado el exterior. Añada los chícharos y los elotes y sofría 2 minutos más.

3. Ponga la mezcla de caldo y maicena en la sartén, cocine a fuego bajo de 2 a 3 minutos o hasta que la salsa espese un poco y los jugos estén claros, no rosados, al pinchar el pollo con un tenedor.

INFORMACIÓN NUTRIMENTAL POR PORCIÓN:
calorías 302; grasa saturada 2 g; grasa total 11 g; proteínas 31 g; carbohidratos 23 g; fibra 2 g; sodio 536 mg; colesterol 66 mg

Enchiladas de pavo y frijoles negros

Este atractivo plato se saborea con salsa y sin culpa, pues no contiene grasa.

Rinde 4 porciones

2 ½ tazas de salsa

¼ de taza de cilantro picado

1 cdita. de comino molido

8 tortillas de maíz (15 cm)

225 g de pechugas de pavo cocidas, deshebradas

l taza de frijoles negros de lata, enjuagados y escurridos

1 cebolla morada chica, finamente picada

1 taza de queso Cheddar descremado, finamente picado (100 g)

Aceite en aerosol para cocinar

1. Precaliente el horno a 175°C. Rocíe con el aceite un platón para horno de 18 x 28 cm.

2. Mezcle la salsa, el cilantro y el comino en un tazón de unos 15 cm diámetro.

3. Sumerja una tortilla en la mezcla de salsa y cúbrala por completo. Colóquela en un plato o sobre una hoja de papel encerado. Ponga 2 cucharadas de la mezcla de salsa en la tortilla y ⅛ del pavo, frijoles y cebolla roja. Espolvoree 1 cucharada de queso. Enrolle la tortilla y póngala con el lado de la unión hacia abajo en un platón para horno. Repita la operación con el resto de las tortillas.

4. Vierta el resto de la mezcla de salsa sobre las enchiladas y rocíe con la ½ taza restante de queso. Hornee unos 15 minutos, hasta que burbujeen.

INFORMACIÓN NUTRIMENTAL POR PORCIÓN:
calorías 369; grasa saturada 3.5 g; grasa total 7 g; proteínas 34 g; carbohidratos 45 g; fibra 9 g; sodio 1,088 mg; colesterol 62 mg

Brochetas de pavo con hinojo y pimientos rojos

Marine trozos de pechuga de pavo en vino blanco y hierbas frescas. Colóquelos en brochetas con cebollitas y áselos hasta que doren.

Rinde 4 porciones (2 brochetas cada una)

Para las brochetas de pavo:

- 8 tallos de romero fresco u 8 brochetas de madera
- ½ kg de pechuga de pavo, sin piel ni hueso
- ½ cdita. de sal
- ½ cdita. de pimienta negra recién molida
- ¼ de taza de vino blanco seco
- 3 cdas. de jugo de limón fresco
- 2 dientes de ajo grandes, picados
- 1 cda. de hojas frescas de romero, picadas
- 1 cda. de hojas frescas de salvia, picadas
- 1 cda. de hojas frescas de tomillo
- 1 cdita. de semillas de hinojo, machacadas
- 2 cdas. de aceite de oliva extra virgen
- 16 cebollas blancas chicas, peladas

Para el aderezo de pimientos rojos:

- 2 pimientos rojos grandes
- ½ bulbo de hinojo, pelado
- ⅓ de taza de aceitunas negras sin hueso
- 1 cda. de jugo de limón fresco
- 1 cda. de aceite de oliva extra virgen
- 1 diente de ajo grande, picado
- ½ cdita. de pimienta negra recién molida

1. Si usa tallos de romero, quite las hojas del extremo inferior de cada tallo y consérvelas; deje un tramo de 6 cm con hojas en el extremo superior.

Remoje los tallos de romero (o las brochetas de madera si las usa) en agua, mientras el pavo está marinándose.

2. Corte el pavo en 24 cubos de 4 cm cada uno. Rocíelos con sal y pimienta y extiéndalos, formando una sola capa, en un platón para horno poco hondo. En un tazón chico, bata el vino, el jugo de - limón, el ajo, el romero, la salvia, el tomillo y las semillas de hinojo; incorpore el aceite. Vierta el escabeche sobre el pavo y mueva para que todas las piezas se cubran. Tape con plástico autoadherible transparente y marine en el refrigerador durante 30 minutos; voltéelo una vez.

3. Mientras, prepare el aderezo. Quite las semillas a los pimientos y córtelos en cubos de 6 mm. En un recipiente, mezcle los cubos de pimiento, el hinojo y las aceitunas con el jugo de limón, el aceite, el ajo y la pimienta.

4. Precaliente la parrilla o el asador a fuego alto. Ensarte las piezas marinadas de pavo y las cebollas en los tallos de romero remojados o en las brochetas. En una cacerola, hierva el resto del escabeche a fuego alto.

5. Ase las brochetas 12 minutos, bañándolas a menudo con el escabeche, o hasta que el pavo esté cocido y dorado. Sirva 2 brochetas a cada persona, con ½ taza de aderezo y una porción generosa de alcuzcuz o arroz silvestre.

INFORMACIÓN NUTRIMENTAL POR PORCIÓN:
calorías 321; grasa total 14 g; grasa saturada 2 g; proteínas 36 g; carbohidratos 12 g; fibra 2 g; sodio 431 mg; colesterol 95 mg

Piccata de pavo

El exquisito aroma de esta elegante entrada es un buen inicio para una gran comida. El pavo es un sustituto saludable y menos costoso de la ternera, en esta receta clásica que contiene muchas proteínas y poca grasa y carbohidratos.

Rinde 4 porciones

- 1 cda. de aceite de oliva
- 4 chuletas de pavo (de 100 g cada una)
- 2 cdas. de harina
- 2 dientes de ajo, picados
- 1 cdita. de ralladura de limón
- ¼ de taza de jugo de limón
- 1 taza de caldo de pollo, sin grasa y con poca sal

- 1 cdita. de maicena diluida en 1 cda. de agua
- 1 cda. de alcaparras, enjuagadas y escurridas
- 2 cdas. de perejil picado

1. Caliente a fuego medio el aceite en una sartén antiadherente. Enharine el pavo y elimine el exceso. Saltéelo hasta que se dore y se cocine bien, más o menos 2 minutos por cada lado. Con tenazas o con una cuchara para escurrir, pase el pavo a un platón y cúbralo con papel de aluminio para mantenerlo caliente.

2. Ponga el ajo en la sartén y muévalo 1 minuto, hasta que esté blando. Añada la ralladura de limón, el jugo de limón y el caldo de pollo; deje que hierva 1 minuto.

3. Incorpore la mezcla de maicena y las alcaparras; cocine 1 minuto, hasta que espese un poco. Añada el perejil. Bañe el pavo con la salsa.

INFORMACIÓN NUTRIMENTAL POR PORCIÓN:
187 calorías; grasa saturada 1 g; grasa total 4 g; proteínas 30 g; carbohidratos 6 g; fibra 0.5 g; sodio 178 mg; colesterol 70 mg

Teriyaki de atún asado

Aunque se usa el asador del horno, también puede cocinar el atún en uno al aire libre.

Rinde 4 porciones

- 2 cdas. de salsa de soya baja en sodio
- 1 cda. de vino de arroz, jerez seco o vinagre de arroz
- 1 diente de ajo grande, picado
- 1 cda. de jengibre fresco, picado, o 1 cdita. de jengibre molido
- 4 filetes de atún, de 2 cm de grueso (de 175 g c/u)
- 1 cda. de aceite vegetal

1. En un platón grande y poco hondo, mezcle la salsa de soya, el vino de arroz, el ajo y el jengibre. Coloque el atún en la mezcla y voltéelo para que se cubra; tape y refrigere al menos 30 minutos.

2. Precaliente el asador; coloque la rejilla a 15 cm del fuego. Deseche el escabeche y seque los filetes con toallas de papel; unte ambos lados con aceite. Ponga el atún en una bandeja para asador y áselo 3 minutos de cada lado o hasta que la carne se separe fácilmente al introducir un tenedor. Sirva con pimientos salteados y arroz integral al vapor.

INFORMACIÓN NUTRIMENTAL POR PORCIÓN:
calorías 225; grasa saturada 1 g; grasa total 5 g; proteínas 40 g; carbohidratos 1 g; fibra 0 g; sodio 304 mg; colesterol 76 mg

Camarones asados con salsa de mostaza

Con medio kilo de camarones y seis sazonadores, disfrutará un saludable asado sin grasa.

Rinde 4 porciones

- 2 ½ cdas. de mostaza tipo Dijon
- 1 ½ cdas. de jugo de limón recién exprimido
- 2 cditas. de cilantro molido
- 2 cditas. de comino molido
- ½ cdita. de pimienta
- ½ cdita. de sal
- 24 camarones grandes, pelados y desvenados

1. Mezcle la mostaza, el jugo de limón, ½ cucharadita de cilantro, ½ cucharadita de comino y ¼ de cucharadita de pimienta. Coloque aparte.

2. Combine la sal, 1 ½ cucharaditas de cilantro, 1 ½ cucharaditas de comino y ¼ de cucharadita de pimienta. Añada los camarones y revuelva.

3. Precaliente a fuego medio el asador. Coloque los camarones en cuatro brochetas largas. Póngalos en el asador y cocine 1 minuto por lado hasta que estén opacos. Sírvalos a temperatura ambiente o fríos con la salsa de mostaza.

INFORMACIÓN NUTRIMENTAL POR PORCIÓN:
calorías 88; grasa saturada 0.5 g; grasa total 2 g; proteínas 15 g; carbohidratos 3 g; fibra 1 g; sodio 684 mg; colesterol 135 mg

Ostiones salteados con salsa de tomate

Ostiones muy calientes y tomatitos van de la sartén a la mesa, para una comida rápida y nutritiva.

Rinde 4 porciones

- ½ kg de ostiones
- 4 cditas. de maicena
- 2 cditas. de aceite de oliva
- 3 dientes de ajo, picados
- 2 tazas de tomatitos cherry
- ⅔ de taza de vermut seco o vino blanco
- ½ cdita. de sal
- ⅓ de taza de albahaca fresca picada
- 1 cda. de agua fría

1. Espolvoree los ostiones con 3 cucharaditas de maicena y elimine el exceso. Caliente el aceite en una sartén antiadherente grande, a fuego medio. Añada los ostiones y saltee hasta que se doren y cuezan bien, unos 3 minutos. Páselos a un tazón.

2. Ponga el ajo en la sartén y cocine 1 minuto. Agregue los tomates y cocine unos 4 minutos, hasta que empiecen a disolverse. Añada el vino, la sal y la albahaca. Deje hervir y cocine 1 minuto.

3. Mezcle el resto de la maicena con agua fría; añada la mezcla a la sartén y cocine 1 minuto, moviendo hasta que la salsa espese un poco.

4. Ponga los ostiones en la sartén, baje la llama y cocine hasta que se calienten, quizá 1 minuto.

INFORMACIÓN NUTRIMENTAL POR PORCIÓN:
calorías 176; grasa saturada 0.5 g; grasa total 3.5 g; proteínas 20 g; carbohidratos 10 g; fibra 1 g; sodio 483 mg; colesterol 37 mg

Lenguado horneado en papel encerado

El hornear en papel encerado o de aluminio ablanda el pescado y realza todos los sabores.

Rinde 4 porciones

  1 limón
  2 cdas. de aceite de oliva (o 1 si usa aluminio)

  1 cda. de vino blanco seco (opcional)
  ½ cdita. de pimienta con limón
  ⅛ de cdita. de sal (opcional)
  ½ kg de espárragos finos (o medianos, a la mitad), pelados y cortados en trozos de 5 cm
  4 filetes de lenguado o de platija (de 100 a 175 g cada uno), frescos o descongelados

1. Precaliente el horno a 230°C. Prepare cuatro cuadrados de 30 cm de papel encerado o de aluminio; dóblelos a la mitad y en el doblez recorte una silueta de medio corazón.

2. Con el pelador de verduras, corte tiras de 1.5 cm de cáscara de limón. Corte cada tira en tiras más delgadas y colóquelas en un tazón con 2 cucharadas de jugo de limón.

3. Incorpore el aceite, el vino (si lo usa), la pimienta y la sal (si la usa) a la cáscara y el jugo de limón. Añada los espárragos y mezcle bien.

4. Ponga un filete sobre la mitad del papel en forma de corazón y cúbralo con una cuarta parte de la mezcla de espárragos y limón. Doble el papel sobre los espárragos.

5. Empezando por un extremo, cierre los bordes con dobleces chicos. Trabaje alrededor del papel para sellar el paquete. Doble el extremo debajo del paquete.

6. Hornee en una bandeja para horno, de 10 a 12 minutos o hasta que el papel se infle y el pescado esté cocido. Sirva de inmediato y abra el papel.

INFORMACIÓN NUTRIMENTAL POR PORCIÓN:
calorías 196; grasa saturada 1 g; grasa total 9 g; proteínas 24 g; carbohidratos 6 g; fibra 2 g; sodio 105 mg; colesterol 55 mg

Pescado al vapor con jengibre y ajonjolí

Domine el arte de cocinar al vapor y será un mago en comidas sabrosas, rápidas y con poca grasa. El pescado al vapor con especias es delicioso.

Rinde 4 porciones

  2 cdas. de jengibre fresco, rallado
  3 dientes de ajo, picados
  ½ cdita. de ralladura de limón
  ½ taza de cilantro picado
  4 filetes de tilapia (de 150 g cada uno)

½ cdita. de sal
2½ cditas. de aceite de ajonjolí oscuro
2 cdas. de jugo de limón fresco
½ taza de agua
1 cdita. de maicena diluida en 1 cda. de agua

1. Mezcle el jengibre, el ajo, la ralladura de limón y la mitad del cilantro. Coloque los filetes con el lado de la piel hacia arriba y rocíelos con la mezcla de sal y cilantro. En un platón refractario, dóblelos a la mitad y rocíe con aceite de ajonjolí.

2. Ponga una rejilla para pastel en una sartén en donde quepa el platón con el pescado y añada agua hasta la rejilla. Tape y hierva a fuego bajo.

3. Coloque el platón con pescado sobre la rejilla. Tape y cocine al vapor 5 minutos. Con una espátula pase el pescado a un plato y tápelo para mantenerlo caliente.

4. Vierta los líquidos de la cocción en una cacerola chica. Añada el jugo de limón y el agua; hierva. Agregue la mezcla de maicena y cocine, sin dejar de revolver, 1 minuto o hasta que la salsa espese un poco. Añada el resto del cilantro. Coloque la salsa sobre la mesa.

INFORMACIÓN NUTRIMENTAL POR PORCIÓN:
calorías 182; grasa saturada 1 g; grasa total 6.5 g; proteínas 27 g; carbohidratos 3 g; fibra 0 g; sodio 107 mg; colesterol 120 mg

Pescado relleno con salsa de elote

Rellene el pescado entero con una salsa de verduras o fruta, en lugar del tradicional relleno de pan.

Rinde 4 porciones

1 cda. de aceite de oliva o de canola
1 cebolla, finamente picada
1 diente de ajo, finamente picado
2 tallos de apio, en rebanadas gruesas
½ cdita. de chile en polvo
1 taza de granos de elote, frescos o congelados
1 pepino chico, pelado, sin semillas y en cubos
1 chile jalapeño fresco o de lata, picado
3 cdas. de perejil fresco, picado, o 1 cda. si lo usa seco
2 cdas. de jugo de limón
⅛ de cdita. de sal y otro tanto de pimienta
1 o 2 pescados, como huachinango, perca o trucha (1 kg en total)

1. Precaliente el horno a 230°C. En una sartén antiadherente, caliente el aceite a fuego medio.

Saltee la cebolla y el ajo sin dejar de mover, 5 minutos o hasta que estén blandos y dorados. Añada el apio y el chile; cocine de 3 a 4 minutos.

2. Pase la mezcla de cebolla a un tazón grande. Añada el elote, el pepino, el jalapeño, el perejil, el jugo de limón, la sal y la pimienta; mezcle.

3. Rocíe una bandeja para horno con aceite en aerosol. Rellene la cavidad del pescado con la mezcla de salsa y colóquelo en la bandeja.

4. Hornee de 40 a 55 minutos o hasta que la carne se separe con facilidad al introducir un tenedor.

INFORMACIÓN NUTRIMENTAL POR PORCIÓN:
calorías 268; grasa saturada 1 g; grasa total 6 g; proteínas 37 g; carbohidratos 17 g; fibra 3 g; sodio 202 mg; colesterol 63 mg

VERDURAS

Col morada estofada con manzanas

Las manzanas y la col morada contienen mucha fibra y son apetitosas aun sin mantequilla o aceite.

Rinde 6 porciones

 1 col morada mediana (¾ de kg), sin corazón y finamente rebanada
 2 manzanas Granny Smith, peladas, sin corazón y ralladas (1 ½ tazas)
 1 cda. de azúcar morena
 2 cdas. de harina
 ¼ de cdita. de pimienta negra
 1 taza de vino tinto seco o jugo de manzana

1. En una cacerola de acero inoxidable o esmaltada, mezcle la col, las manzanas, el azúcar, la harina y la pimienta. (El hierro o el aluminio reaccionan con la col, que adquiere un tono café.) Añada el vino y deje hervir a fuego alto.

2. Baje la llama, tape y cocine a fuego bajo de 20 a 30 minutos hasta que la col se ablande; revuelva. Sirva con chuletas de cerdo o piezas de caza.

INFORMACIÓN NUTRIMENTAL POR PORCIÓN:
calorías 108; grasa saturada 0 g; grasa total 1 g; proteínas 2 g; carbohidratos 20 g; fibra 4 g; sodio 40 mg; colesterol 0 mg

Tomates asados

Esta receta súper rápida convierte al tomate en una elegante guarnición para acompañar aves, carne o pescado.

Rinde 4 porciones

 ⅓ de taza de hojas frescas de albahaca, picadas, o 1 ½ cditas. de albahaca seca, desmenuzada
 ¼ de taza de hojas de perejil, picadas
 ¼ de taza de pan molido
 2 dientes de ajo, picados
 ¼ de cdita. de sal o al gusto
 1 cda. de aceite de oliva
 4 tomates, cortados a la mitad horizontalmente

1. Precaliente el asador; coloque la rejilla a 15 cm de la llama. Cubra la bandeja del asador con una hoja de papel de aluminio. En un tazón chico, mezcle la albahaca, el perejil, el pan molido, el ajo, la sal y el aceite.

2. Ponga las mitades de tomate, con el lado cortado hacia arriba, sobre la bandeja preparada y ase 2 minutos. Cubra con la mezcla de albahaca y pan molido y ase 3 minutos más, o hasta que el copete esté dorado y los tomates calientes.

INFORMACIÓN NUTRIMENTAL POR PORCIÓN:
calorías 85; grasa saturada 1 g; grasa total 4 g; proteínas 2 g; carbohidratos 11 g; fibra 2 g; sodio 194 mg; colesterol 0 mg

Verduras asadas

Obtenga los saludables beneficios de cada deliciosa porción de estas exquisitas verduras.

Rinde 4 porciones

 2 bulbos de hinojo chicos (225 g cada uno), limpios
 1 berenjena chica (½ kg), cortada a lo largo en 2 rebanadas de 1.5 cm de grueso
 4 tomates medianos, cortados a la mitad
 3 pimientos grandes (de preferencia, 1 verde, 1 rojo y 1 amarillo), en tiras de 1.5 cm de ancho
 ½ cdita. de sal
 ½ cdita. de pimienta
 2 cdas. de jugo de naranja
 8 hojas de albahaca, en tiras
 1 diente de ajo, picado
 1 cdita. de ralladura de naranja
    Aceite vegetal en aerosol

1. Precaliente la parrilla a fuego alto. Preparación del hinojo: Retire los tallos con hojas y déjelos aparte. Pele los bulbos y córtelos verticalmente en rebanadas de 1.5 cm. Rocíe el hinojo, la berenjena, los tomates y los pimientos con aceite en aerosol (de preferencia de oliva) y con sal y pimienta.

2. Ase las verduras unos 4 minutos de cada lado, hasta que estén blandas y se hayan dorado parejo; voltéelas sólo una vez. Páselas a un platón y rocíeles el jugo de naranja.

3. Pique finamente las hojas de hinojo que reservó y mezcle 1 cucharada con la albahaca, el ajo y la ralladura de naranja. Espolvoree sobre las verduras; sírvalas calientes o a temperatura ambiente.

INFORMACIÓN NUTRIMENTAL POR PORCIÓN:
calorías 118; grasa saturada 0 g; grasa total 1 g; proteínas 4 g; carbohidratos 28 g; fibra 9 g; sodio 364 mg; colesterol 0 mg

* * * * *

VARIACIÓN DEL ADEREZO: Marine 30 minutos o más las verduras, en una mezcla de 1/2 taza de vinagre balsámico, 1 diente de ajo picado, 1 cucharada de cebolla picada y 1 cucharada de perejil picado. Escurra y cubra con aceite en aerosol antes de cocinar. Áselas unos 4 minutos de cada lado, hasta que estén blandas y se hayan dorado parejo; voltéelas una vez. Sazone con sal y pimienta. Sirva.

VARIACIÓN DE VERDURAS: Hay muchas verduras que saben exquisitas asadas. Aunque no las marine, cubra las verduras con aceite en aerosol antes de asarlas. Rebane zanahorias o calabacitas a lo largo. Rebane cebollas y sepárelas en aros, o córtelas en cuatro partes y ensártelas en una brocheta. También puede ensartar rebanadas de champiñones. Los espárragos frescos y limpios pueden ir directamente al asador, perpendiculares a la rejilla.

Chícharos japoneses con limón

Saboréelos mientras pueda, pues los suculentos chícharos japoneses están disponibles sólo una corta temporada a principios del verano. Sus vainas y rico sabor los convierten en un agasajo delicioso con poca grasa.

Rinde 4 porciones

700	g de chícharos japoneses
2	cditas. de aceite de oliva
3	chalotes, finamente rebanados
1	diente de ajo, picado
1	cda. de ralladura de limón
1	cdita. de sal

8   semillas de cilantro, enteras

8   granos enteros de pimienta negra

¼   de cdita. de pimienta inglesa (allspice)

1   diente de ajo, entero

1   cdita. de azúcar

1   cda. de mantequilla o margarina (opcional)

1. En una cacerola de acero inoxidable o esmalta-da, ponga a hervir a fuego medio los betabeles, el caldo, el vinagre, los clavos, las semillas de cilantro, los granos de pimienta, la pimienta inglesa, el ajo y el azúcar. Baje la llama; cocine a fuego bajo, tapa-do, 35 minutos o hasta que los betabeles estén blandos. Páselos a un platón.

2. Hierva el líquido restante 5 minutos o hasta que se consuma a ¼ de taza. Añada la mantequilla (si la usa) y vierta el líquido sobre los betabeles. Sírvalos con salmón asado o bacalao y papas al vapor.

INFORMACIÓN NUTRIMENTAL POR PORCIÓN (SIN MANTEQUILLA):
calorías 62; grasa saturada 0 g; grasa total 0 g; proteínas 2 g; car-bohidratos 14 g; fibra 4 g; sodio 117 mg; colesterol 0 mg

PASTA, FRIJOLES Y CEREALES

Ensalada de pasta y res

Aunque ligera para una cálida noche de verano, deja satisfecho a cualquiera.

Rinde 4 porciones

225   g de pasta de tamaño pequeño

6   tazas de tallos de brócoli

275   g de sirloin, sin grasa

1¼   tazas de yogur descremado natural

3   cdas. de mayonesa con poca grasa

1   cda. de vinagre balsámico

1   taza de hojas de albahaca

1   cdita. de sal

½   kg de tomates medianos, en cuartos

1   cebolla morada mediana, en rebanadas

1. Cueza la pasta según las indicaciones del paquete. Añada los tallos de brócoli en los últimos 2 minutos de cocción; escurra.

2. Precaliente el asador. Ase la carne a 10 cm del fuego, 4 minutos por cada lado (para término

1. Quite las hebras de ambos lados de los chícha-ros japoneses.

2. Caliente el aceite a fuego medio. Añada los cha-lotes y el ajo; fría y mueva por 3 minutos o hasta que los chalotes estén blandos.

3. Añada los chícharos, la ralladura de limón y la sal. Cocine y revuelva 4 minutos o hasta que los chícharos estén blandos.

INFORMACIÓN NUTRIMENTAL POR PORCIÓN:
calorías 99; grasa saturada 0.5 g; grasa total 2.5 g; proteínas 4 g; carbohidratos 15 g; fibra 5 g; sodio 454 mg; colesterol 0 mg

Betabeles sazonados

Sirva estos ricos betabeles calientes, fríos o al tiem-po. Si los sirve fríos, no use mantequilla.

Rinde 4 porciones

6   betabeles medianos (700 g), pelados, en cuartos

1   taza de concentrado de pollo o de caldo de pollo bajo en sodio

¼   de taza de vinagre de sidra

3   clavos enteros

medio). Pase la carne a una tabla y córtela en rebanadas delgadas, en diagonal.

3. En el procesador, ponga el yogur, la mayonesa, el vinagre, la albahaca y la sal, y haga una mezcla homogénea. Ponga el aderezo en un tazón grande.

4. Ponga la carne y los jugos acumulados en la tabla para cortar, revolviendo para cubrirla. Añada la pasta, el brócoli, los tomates y la cebolla; revuelva. (Puede preparar la receta con anticipación y refrigerarla.) Sírvala a temperatura ambiente.

INFORMACIÓN NUTRIMENTAL POR PORCIÓN:
calorías 471; grasa saturada 4.5 g; grasa total 15 g; proteínas 29 g; carbohidratos 58 g; fibra 7 g; sodio 781 mg; colesterol 50 mg

Tallarines y verduras en frío

Una exquisita ensalada que puede servirse con hamburguesas de pavo asadas.

Rinde 6 porciones

225 g de tallarines de trigo integral
1/3 de taza de hojas de cilantro
2 cdas. de crema de cacahuate
2 cdas. de salsa de soya baja en sodio
2 1/2 cditas. de miel
1 cda. de vinagre de arroz o de sidra
1 cda. de aceite de ajonjolí oscuro

2 dientes de ajo, pelados
1/2 cdita. de sal
1/4 de cdita. de pimienta de Cayena
2 zanahorias, en tiras
1 pimiento rojo, en tiras
1 tallo grande de apio, en tiras
2 cebollitas de Cambray

1. Cocine los tallarines según las indicaciones del paquete. Escurra y reserve 1/2 taza del agua de la cocción.

2. En el procesador, haga puré el cilantro, la crema de cacahuate, la soya, la miel, el vinagre, el aceite, el ajo, la sal y la pimienta. Coloque en un tazón.

3. Agregue al puré el agua reservada, los tallarines, las zanahorias, el pimiento, el apio y las cebollitas. Revuelva. Enfríe al menos 1 hora antes de servir.

INFORMACIÓN NUTRIMENTAL POR PORCIÓN:
calorías 200; grasa saturada 1 g; grasa total 5.5 g; proteínas 7 g; carbohidratos 33 g; fibra 6 g; sodio 422 mg; colesterol 0 mg

Polenta de hierbas

Hay dos formas de preparar este platillo campesino italiano. Puede cocinar la harina de maíz hasta que espese, añadir las verduras y servir como estofado, o enfriar la harina, cortar en rodajas y asar.

Rinde 6 porciones

1 taza de harina de maíz amarillo
2 tazas de agua
2 tazas de leche descremada
1/8 de cdita. de sal y otro tanto de pimienta
2 cdas. de perejil, cebollín o albahaca, picado
2 cdas. de queso parmesano finamente rallado

1. Mezcle la harina con 1 taza de agua. En una cacerola antiadherente, hierva la leche y el agua restante. Sazone con sal y pimienta.

2. Baje la llama y añada lentamente la mezcla de harina a la mezcla de leche. Cocine, sin dejar de mover, 5 minutos o hasta que hierva y espese.

3. Baje más la llama y cocine a fuego bajo la polenta, 10 minutos o hasta que la mezcla sea homogénea y espese; revuelva con frecuencia.

4. Retire la cacerola del fuego. Añada las hierbas picadas y el queso; revuelva para que los ingredientes se mezclen perfectamente.

5. Ponga la polenta en una bandeja para horno y extiéndala, formando una capa de 6 cm. Enfríe 2 horas para que se cuaje. Precaliente el asador.

6. Con un cortador de galletas, corte ruedas, y con los recortes haga más. O corte triángulos. Ase sobre una rejilla, 5 minutos, hasta que doren.

INFORMACIÓN NUTRIMENTAL POR PORCIÓN:
calorías 128; grasa saturada 1 g; grasa total 2 g; proteínas 6 g; carbohidratos 22 g; fibra 2 g; sodio 128 mg; colesterol 5 mg

Lasaña de salchichas y hierbas

Es difícil imaginar que la lasaña de salchichas contenga poca grasa y calorías, ¡pero ésta sí!

Rinde 8 porciones

15	tiras de lasaña (325 g)
425	g de queso ricotta semidescremado
1/3	de taza de queso parmesano recién rallado
1/2	taza de albahaca fresca, picada
1/4	de taza de sustituto de huevo, sin grasa
1/4	de cdita. de pimienta
225	g de salchichas de pavo, sin envoltura
3	cebollas medianas, picadas
2	latas (400 g cada una) de salsa de tomate sin sal
1/2	cdita. de sal
1	paquete (225 g) de queso mozzarella semidescremado, rallado

1. Cueza la lasaña. Escurra y enfríe 5 minutos en una cacerola con agua fría. Colóquela en una rejilla sobre toallas de papel. Mezcle en un tazón el ricotta, 2 cucharadas de parmesano, la albahaca, el sustituto de huevo y la pimienta.

2. Cocine la salchicha y las cebollas en una sartén antiadherente, a fuego medio, de 7 a 10 minutos o hasta que se cueza bien; aplástelas con una cuchara. Añada 1 1/2 tazas de salsa de tomate y la sal.

3. Precaliente el horno a 175°C. Extienda 1/2 taza de salsa de tomate en el fondo de un platón para horno de 33 x 23 cm. Acomode la lasaña: ponga 3 tiras una junto a otra en el platón. Extienda encima una tercera parte de la mezcla de queso ricotta. Cubra con una tercera parte de la mezcla de salchichas y rocíe con 1/2 taza de queso mozzarella. Repita el proceso con otras dos capas. Entreteja las tiras en forma de rejilla y recórtelas según sea necesario. Extienda el resto de la salsa de tomate encima y

cubra con los quesos mozzarella y parmesano restantes.

4. Cubra flojamente con papel de aluminio. Hornee 40 minutos. Retire el aluminio y hornee 20 minutos más, hasta que la mezcla burbujee en las orillas. Deje reposar 15 minutos antes de cortarla.

INFORMACIÓN NUTRIMENTAL POR PORCIÓN:
calorías 381; grasa saturada 5 g; grasa total 10 g; proteínas 29 g; carbohidratos 46 g; fibra 4 g; sodio 722 mg; colesterol 43 mg

Tabule

Este colorido y saludable platillo de Medio Oriente puede refrigerarse hasta 4 días (si usa rábanos, añádalos justo antes de servir).

Rinde 4 porciones

	Agua hirviendo
3/4	de taza de bulgur
1	cebolla morada mediana, picada (1 taza)

1 tomate mediano, toscamente picado, con su jugo (1 taza)

½ pepino, sin semillas y picado toscamente

4 rábanos grandes, en tiras (opcional)

1 taza de perejil de hoja plana, toscamente picado

2 cdas. de menta fresca, picada, o 2 cditas. de hojas de menta secas, restregadas

1 cda. de aceite de oliva o de canola

1 cdita. de ralladura de limón

4 cdas. de jugo de limón

¾ de cdita. de sal

10 gotas de salsa de chile rojo picante

1. En un tazón refractario grande, vierta 1 taza de agua hirviendo sobre el bulgur y deje reposar 20 minutos o hasta que el agua se absorba. En un tazón chico, vierta suficiente agua hirviendo sobre la cebolla sólo para cubrirla y déjela reposar 10 minutos. Escurra.

2. Añada al bulgur la cebolla, el tomate, el pepino, los rábanos (si los usa), el perejil, la menta, el aceite, el jugo y la ralladura de limón, la sal y la salsa. Mezcle bien. Tape y refrigere 6 horas o hasta que enfríe. Sírvalo frío o a temperatura ambiente.

INFORMACIÓN NUTRIMENTAL POR PORCIÓN:
calorías 153; grasa saturada 1 g; grasa total 4 g; proteínas 5 g; carbohidratos 28 g; fibra 8 g; sodio 418 mg; colesterol 0 mg

Frijoles estilo Tex-Mex

Cueza perfectamente los frijoles. Añada las verduras y sirva con arroz o pan de maíz para un platillo principal sin carne. Prepare un guiso con salchicha y arroz o use los frijoles para rellenar enchiladas.

Rinde 6 porciones

1 taza de frijoles de riñón rojos, secos

2 cdas. de aceite de oliva o de canola

2 cebollas, toscamente picadas

2 dientes de ajo, finamente picados

2 pimientos rojos o verdes, picados

1 lata (400 g) de tomates machacados

1 hoja de laurel

¼ de cdita. de tomillo seco

⅛ de cdita. de cada uno: comino molido, sal y pimienta

1 taza de caldo de verduras concentrado

1. Cubra los frijoles con agua fría y déjelos reposar 8 horas. Escúrralos. En una olla grande, hiérvalos

en 2 litros de agua, durante 10 minutos; baje la llama y cocine a fuego bajo 45 minutos. Escúrralos.

2. En una cacerola de fondo y paredes gruesos, caliente el aceite. Saltee las cebollas y el ajo 5 minutos, sin dejar de revolver. Añada los pimientos y saltee 5 minutos más.

3. Añada los tomates, las hierbas, el comino, la sal y la pimienta; revuelva y deje hervir. Añada los frijoles y el caldo. Tape parcialmente y cocine a fuego bajo 20 minutos. Deseche la hoja de laurel.

INFORMACIÓN NUTRIMENTAL POR PORCIÓN:
calorías 201; grasa saturada 1 g; grasa total 5 g; proteínas 10 g; carbohidratos 32 g; fibra 10 g; sodio 131 mg; colesterol 9 mg

POSTRES

Moras estilo bávaro

Este cremoso "tesoro de moras" contiene poca grasa, pero ni siquiera lo notará.

Rinde 6 porciones

1 taza de leche semidescremada

¼ de taza de leche en polvo, descremada

2 paquetes (650 g) de moras congeladas

½ taza más 1 cda. de azúcar

¼ de cdita. de sal

1 taza de crema agria sin grasa

1 paquete de gelatina sin sabor

¼ de taza de agua fría

½ taza de moras frescas

1. Bata las dos leches hasta que se mezclen bien. Coloque en el congelador 30 minutos.

2. En una cacerola mediana, ponga las moras congeladas, ½ taza de azúcar y la sal, y caliente a fuego bajo. Cocine unos 10 minutos, hasta que el azúcar se disuelva, las moras se rompan y la mezcla se consuma a 2 ¼ tazas. Deje enfriar a temperatura ambiente. Añada ⅔ de la taza de crema agria.

3. Ponga la gelatina en agua fría en una taza refractaria. Deje reposar 5 minutos para que se ablande. Coloque la taza en una cacerola chica con agua hirviendo y caliente 2 minutos o hasta que la gelatina se disuelva. Enfríe a temperatura ambiente.

4. Con una batidora manual, bata la leche helada a punto de listón. Añada la cucharada de azúcar y bata a punto de turrón. Agregue la mezcla de gelatina. Incorpore las mezclas de leche y de moras.

5. Sirva en 6 platos de postre o en copas. Enfríe unas 2 horas hasta que se cuaje. Al servir, adorne con crema agria y moras frescas.

INFORMACIÓN NUTRIMENTAL POR PORCIÓN:
calorías 202; grasa saturada 0.5 g; grasa total 1 g; proteínas 7 g; carbohidratos 43 g; fibra 3 g; sodio 178 mg; colesterol 2 mg

Pastel ángel de chocolate

Puede espolvorear este exquisito pastel con azúcar glass o adornar cada una de las porciones con crema batida sin azúcar.

Rinde 12 porciones

1	taza de harina para pastel, cernida
1 ¼	tazas de azúcar granulada
⅓	de taza de cocoa en polvo, amarga
¾	de cdita. de canela molida
½	cdita. de sal
1 ½	tazas de claras de huevo (12 huevos grandes)
1 ½	cditas. de cremor tártaro
2	cditas. de extracto de vainilla
2	cdas. de azúcar glass, cernida (opcional)

1. Precaliente el horno a165°C. En un tazón mediano, cierna juntas la harina, ¾ de taza de azúcar granulada, la cocoa, la canela y la sal.

2. En un tazón grande y perfectamente limpio, bata las claras de huevo con batidora eléctrica a alta velocidad, hasta que formen espuma. Añada gradualmente ¼ de taza del azúcar restante en un chorro continuo, sin dejar de batir, hasta que las claras estén duras y brillantes, pero no secas. Añada la vainilla. Rocíe ¼ de taza del azúcar restante sobre las claras e incorpore con suavidad. Agregue suavemente la mezcla de harina.

3. Vierta la mezcla en un molde de 25 cm sin engrasar, y hornee 45 minutos o hasta que al insertar un palillo en el centro, salga limpio. Invierta el molde y deje enfriar. Pase el pastel a un platón y espolvoréelo con azúcar glass (si la usa).

INFORMACIÓN NUTRIMENTAL POR PORCIÓN:
calorías 133; grasa saturada 0 g; grasa total 1 g; proteínas 5 g; carbohidratos 29 g; fibra 0 g; sodio 147 mg; colesterol 0 mg

Galletas italianas

Estas crujientes galletas se hornean dos veces. Primero forme una hogaza y luego hornéela hasta que esté firme. Rebánela en galletas y hornee de nuevo.

Rinde 20 galletas

	Aceite en aerosol
2 ½	tazas de harina
1 ¼	tazas de azúcar
2	huevos grandes
2	claras de huevo
1	cda. de aceite de canola
2	cditas. de extracto de anís o de vainilla

1. Precaliente el horno a 175°C. Rocíe ligeramente un molde para horno de 40 x 25 cm con aceite en aerosol y enharínelo.

2. En un tazón mediano, mezcle la harina y el azúcar. En un tazón chico, bata ligeramente los huevos, las claras, el aceite y el extracto de anís. Con una espátula de hule, incorpore la mezcla de huevo a los ingredientes secos, hasta formar una masa.

3. Con la espátula de hule, pase la masa al molde. Moje con agua la espátula y forme con la masa un rollo de 48 x 8 cm.

4. Hornee de 30 a 35 minutos; en ese tiempo, el rollo se habrá aplanado. Sáquelo del horno y corte a lo ancho rebanadas de 2 cm; colóquelas en una bandeja para horno limpia y hornee 15 minutos más o hasta que estén crujientes. Sáquelas del horno y enfríelas en una rejilla.

INFORMACIÓN NUTRIMENTAL POR GALLETA:
calorías 120; grasa saturada 0 g; grasa total 1 g; proteínas 3 g; carbohidratos 25 g; fibra 0 g; sodio 12 mg; colesterol 21 mg

Pastel de queso marmoleado

Este delicioso postre encaja en casi cualquier plan de dieta.

Rinde 12 porciones

75	g de galletas graham de miel con poca grasa (6 galletas enteras)
½	taza de germen de trigo tostado
1	taza de azúcar más 1 cda.
2	cdas. de aceite de oliva extra ligero
½	kg de tofu, bien escurrido
½	kg de queso crema descremado
3	cdas. de harina
1	huevo grande más 2 claras grandes
1	cdita. de vainilla
¼	de taza de jarabe de chocolate

1. Precaliente el horno a 175°C. Coloque en el procesador las galletas, el germen de trigo y 1 cucharada de azúcar, y muela. Añada el aceite y procese hasta que se humedezcan. Ponga la mezcla en un molde redondo de 23 cm; oprima el fondo y los costados. Hornee 10 minutos, hasta que esté firme.

2. Ponga en el procesador (no necesita limpiarlo) el tofu escurrido, la taza de azúcar restante, el queso crema, la harina, el huevo entero, las claras y la vainilla. Forme una mezcla homogénea.

3. Mida 1 taza de la mezcla de tofu, colóquela en un tazón chico e incorpore el jarabe de chocolate. Vierta el resto de la mezcla de tofu en la masa.

4. Vierta la mezcla de chocolate en forma de círculo sobre la masa y revuelva con un cuchillo. Hornee 45 minutos. Apague el horno y no lo abra en otros 45 minutos. Deje que esté a temperatura ambiente, antes de refrigerarlo durante la noche.

INFORMACIÓN NUTRIMENTAL POR PORCIÓN:
calorías 225; grasa saturada 1 g; grasa total 5 g; proteínas 11 g; carbohidratos 35 g; fibra 1 g; sodio 245 mg; colesterol 21 mg

Yogur de fresa congelado

El yogur congelado, un postre refrescante y ligero, requiere un aparato para hacer helados. Siga las indicaciones del fabricante para el congelado.

Rinde 6 porciones

1	sobre de gelatina sin sabor
1	taza de leche semidescremada
⅓	de taza de azúcar
1 ¼	tazas de yogur natural descremado
1	taza de fresas frescas; si son congeladas, descongélelas
1	cda. de kirsch (opcional)

1. Rocíe la gelatina sobre la leche y deje reposar 1 minuto. Añada el azúcar y caliente a fuego bajo unos 2 minutos, revolviendo, hasta que se disuelva.

2. Deje enfriar hasta que se espese y revuelva ocasionalmente. Ponga la mezcla en un tazón y añada el yogur, sin dejar de batir. Añada las fresas y el kirsch (si decide usarlo).

3. Congele la mezcla en una heladera.

INFORMACIÓN NUTRIMENTAL POR PORCIÓN:
calorías 76; grasa saturada 0 g; grasa total 0 g; proteínas 4 g; carbohidratos 14 g; fibra 1 g; sodio 44 mg; colesterol 2 mg

A

R

CREDITOS